상담을 위한 이론과 실제

상담 커뮤니케이션

Counseling Communication

정성숙 지음

상담 커뮤니케이션

펴 낸 날 2020년 5월 20일

지 은 이 정성숙
펴 낸 이 이기성
편집팀장 이윤숙
기획편집 윤가영, 정은지
표지디자인 윤가영
책임마케팅 강보현, 류상만
펴 낸 곳 도서출판 생각나눔
출판등록 제 2018-000288호
주 소 서울 잔다리로7안길 22, 태성빌딩 3층
전 화 02-325-5100
팩 스 02-325-5101
홈페이지 www.생각나눔.kr
이 메 일 bookmain@think-book.com

• 책값은 표지 뒷면에 표기되어 있습니다.
ISBN 979-11-7048-086-0(93180)

• 이 도서의 국립중앙도서관 출판 시 도서목록(CIP)은 서지정보유통지원시스템 홈페이지(http://seoji.nl.go.kr)와 국가자료공동목록시스템(http://www.nl.go.kr/kolisnet)에서 이용하실 수 있습니다(CIP2020017328).

상담을 위한 이론과 실제

상담 커뮤니케이션

Counseling Communication

정성숙 지음

실전 상담 능력을 키워주는 상담소통 입문서

현장에서 바로 적용 가능한 심리상담 필수 지침
상담 전문가를 키워내는 커뮤니케이션 가이드북

생각나눔

· CONTENTS ·

들어가는 말_ 8

제1부

상담에 대한 개관

1장 상담의 기본개념 _12

일반상담 / 기독교상담 / 집단상담 / Rogers의 12단계

2장 상담의 진행단계 _29

상담에 관한 기술 / 상담을 위한 준비 / 상담과정 / 종결과 추수상담

3장 가치와 윤리 _43

상담자와 가치 / 상담윤리 / 상담자의 윤리 / 내담자에 대한 윤리 / 상담사의 이미지

4장 슈퍼비전 _55

슈퍼비전에 대한 이해 / 상담자 발달수준에 따른 슈퍼비전 모델

제2부

상담의 중요개념

1장 통찰 _68

통찰의 개념 / 통찰력과 관찰력의 차이

2장 투사 _70

투사의 개념 / 투사적 동일시 / 투사 벗기 / 투사 사례

3장 주도성 _75
주도성의 개념 / 주도적인 행동 / 주도적인 말

4장 자각 _77
자각의 개념 / 자각의 종류 / 자각의 유의

제3부

상담자의 인격

1장 인격적 존중 _86
인격의 구조 / 인격의 요소 / 인격회복의 과정 / 존중

2장 적절한 경계선 _97
경계선 세우기 / 적절한 경계선 유지

제4부

상담 기술

1장 대화기술 _106

경청 / 언어 / 대화 / 태도 / 감정 표현 / 공감 / 직면 / 설득 커뮤니케이션

2장 상담사례 이해 기술 _164

사례 개념화 / 통찰 및 해석 / 상담의 효과를 높이는 치료요인 / 상담사례 분석 / 상담을 통한 자존감 회복

어록_ 197

심리용어 해설_ 221

들어가는 말

상담은 사람을 살리는 작업이다. 교육이 사람의 지적영역을 향상시키고 이를 통하여 삶을 업그레이드시키는 작업이라면, 상담은 사람의 인생 자체의 존립을 결정하는 데 일조하는 보다 심오한 작업이라 할 수 있다. 그러기에 상담자는 상담의 지식과 아울러 성숙한 인성, 풍부한 경험 등이 필수적이다.

본서는 상담이론과 소통기술의 어프로치approach들을 통람한 상담소통 입문서이다. 언어심리학자로서, 대학교수로서, 무엇보다 상담자로서의 오랜 경험을 통하여 확신하게 된 것은, 상담자가 당면하는 심각한 문제들이 상담이론에 앞서 상담자와 내담자의 보다 효과적인 소통이라는 것이다. 그러기에, 상담 현장에서 가장 중요하다고 할 수 있는 상담자의 소통능력에 도움을 줄 수 있는 실제적 상담소통 입문서가 필요함을 절감하게 되었다.

오늘날 훌륭한 상담학개론이나 이론서는 많다. 그러나 상담은 교육이 아니라 소통이다. 말로써 공감을 표현하고 수용하여 내담자를 돕고 치유해가는 작업이다. 상담 현장에서도 많은 상담자가 학문을 통하여 익혀온 상담 지식은 많으나 그 지식을 풀어나가는 효과적인 테크닉이 미숙하여 보다 좋은 결과를 얻지 못하는 현장을 많이 보아왔다. 이 점을 안타깝게 여기며, 상담 현장에서 가장 중요한 테크닉은 상담자의 소통능력이라는 것을 알고 있는바, 언론학과 상담심리학을 함께 연구해 온 저자가 상담에 있어서 필요 절실한 상담 소통에 대한 집필을 결단하게 되었다. 그러기에 본서는 상담이나 심리요법을 수량적 측면에서 접근하기보다 실제 현장에서 상담자와 내담자 간의 소통과 이를 통한 내담자 심리치유의 확실한 개선을 돕고자 저술되었다.

본서는 상담이론의 중요 핵심개념과 실제를 조직적으로 개략하고 체계적으로 제시함으로써 상담자들이 상담 현장에 접목하기 편리하도록 각 항목의 예시를 수록하고 실질적인 방법을 보다 구체적으로 설명하였다. 또한, 본서에서는 주로 심리상담 기법의 관점에서 기술하였는데 본서를 통하여 필요한 지식을 얻고 그 지식을 상담 현장에 적용하여 '좀 더'가 아닌 '확실한' 결과를 얻기 바란다. 더하여, 상담 현장에서의 실질적인 커뮤니케이션을 위해 어록과 심리용어 해설을 부록으로 실었다. 모쪼록 본서가 상담자의 지침서가 되고, 상담 전문가로서 거듭 태어나는 데 일조하기를 소망한다.

|제1부|

상담에 대한 개관

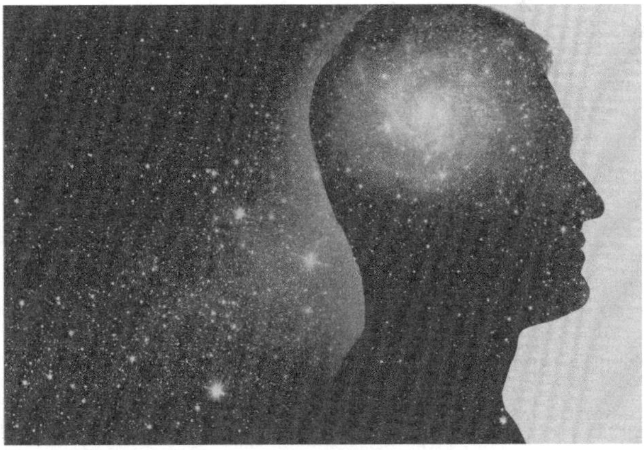

1장 상담의 기본개념

상담이란 무엇인가?

"상담이란 치료자와의 안전한 관계에서 자아의 구조가 이완되어 과거에는 부정했던 경험을 자각해서 새로운 자아로 통합하는 과정이다."

– Rogers, 1951

"상담은 자기와 환경에 대한 의미 있는 이해를 촉진시키고, 장래의 목표나 가치관을 확립해서 명료화하도록 하는 상호작용의 과정이다"

– Shertzer & Stone, 1980

상담은 정의하는 사람의 관점과 사상의 발로에 따라 다양한 답이 나올 수 있으나 본서에서는 '목적을 가진 전문적 대화'라고 정의하고 접근하고자 한다. 결국, 상담이란 한 사람의 퍼스낼리티personality의 성장과 통합을 돕는 것을 목적으로 하며, 상담을 위해서는 전문훈련이 필요한 작업이기 때문이다.

상담은 일반적인 위로가 아니다. 마음을 탐색하는 과정이다. 그러므로 내담자가 스스럼없이 자신의 속마음을 털어놓고 자신의 감정을 토로하며 자신을 성찰할 수 있도록 도와야 한다. 상담은 상담과정을 통해 문제를 해결하고 이러한 과정을 통해 성장을 도모함으로 내담자로 하여금 건강한 사회인으로 거듭나게 돕는 것을 말한다. 상담은 사람의 마음이 소통하게 되는 현장이다. 그러기에 상담은 무엇보다 상호존중과 상호 배려가 전제되어야 한다.

상담의 프레임frame

1. 상담은 교육이 아닌 공감이다.
2. 상담은 지적이 아닌 수용이다.
3. 상담은 과거가 아닌 미래를 지향한다.
4. 상담은 내담자가 자존감을 갖도록 돕는다.
5. 상담은 내담자가 자립능력을 갖도록 돕는다.
6. 상담은 내담자가 건강한 자아를 이루도록 돕는다.
7. 상담은 내담자가 결단력을 키울 수 있도록 돕는다.
8. 상담은 내담자의 건강한 심리를 통한 원활한 소통능력을 돕는다.
9. 상담에서 상담자는 적게 말하고 많이 듣는 법을 배운다.
10. 상담에서 상담자는 언어와 비언어의 이해능력을 키운다.

1. 일반상담

상담의 개념 정의

앞에서 말한 바와 같이 상담에 대한 정의는 이론가마다 관점에 따라 다양하다. 그러나 상담의 정의를 내림에 있어서는 상담의 목적과 상담받는 이유, 가치관의 명료화 등이 포함되어야 한다. 즉 상담이란 오랜 기간 동안 상담자로서의 교육과 훈련을 받은 전문가가 삶의 현장에서 어려움과 고통에 직면한 사람들의 문제를 해결하도록 돕고 인격의 전인적인 면에서 성장할 수 있도록 조력하는 활동이며 과정이라고 할 수 있다.

상담의 구성요소

상담에서 중요한 구성요소 세 가지는 상담자, 내담자 그리고 관계이다.

상담은 상담이 필요한 사람이 자신의 이야기를 들어줄 전문적인 사람을 만남으로 시작되며 이때 내담자, 상담자 그리고 관계라는 상담구조가 형성된다. 상담은 내담자와 상담자가 만나서 상담관계를 형성함으로써 이루어진다. 상담과정에서 상담자와 내담자의 상호작용은 매우 다양하며 개인에 따라 제각기 독특한 면을 지니고 있다. 상담이라는 관계 속에서 사건과 상황 그리고 그에 대한 반응은 제각기 다를 수 있기에 상담에 있어 상담사례는 하나의 참고사항이지 절대적인 지침서는 될 수 없다. 상담결과에 영향을 미치는 요소로는 상담자의 능력, 상담자에 대한 신뢰도, 내담자의 간절함 등이다. 상담자에 대한 신뢰도는 상담과정에서 이루어지나 내담자의 간절함은 상담 시작의 발로가 된다. 내담자의 필요가 절박할수록 상담의 효과는 클 것이라 예측할 수 있다.

상담자

상담자는 상담에 임함에 있어 먼저, 내담자가 가지고 있는 가려지거나 숨겨진 문제 또는 독특한 문제 등 가능한 많은 정보를 가지고 임하는 것이 상담을 진행해 나가는 데 도움이 된다. 그리고 그 문제들에 어떻게 접근하여 효율적으로 개선해 나갈 것인가에 관해서 연구해야 한다. 그러한 가운데 상담자는 겸손한 마음과 내담자는 변화될 수 있다는 확신을 가지고 내담자와 만나야 한다.

한 내담자는 첫 회 상담을 시작한 후 20분이 지나자 놀라움과 의아심을 나타내며 "선생님은 어떻게 저의 마음을 그렇게도 잘 알고 계시죠? 제 마음을 읽고 계시네요. 오늘 처음 만났는데 마치 오래전부터 알던 분 같아요."라고 말했다. 숙련된 상담자라면 한두 번은 듣게 되는 반응이다. 이렇게 시작되는 상담이라면 내담자의 상담자에 대한 신뢰도는 높아가게 되고 긍정적인 상담결과를 기대해 볼 수 있다.

상담자는 내담자에 관한 관심이 중요하다. 상담을 요청한 내용을 꼼꼼히 읽어보고 그의 간절한 마음을 잠시 공감해 보는 것이다. 초보 상담자의 경우, 배워 알고 있는 상담 기술로 접근하여 내담자를 기존 사례의 하나에 접목하려는 우(愚)를 범하곤 한다. 앞서 지적한 "상담과정에서 상담자와 내담자의 상호작용은 매우 다양하며 개인에 따라 제각기 독특한 면을 지니고 있다. 상담이라는 관계 속에서 사건과 상황 그리고 그에 대한 반응은 제각기 다를 수 있기에 상담에 있어 상담사례는 하나의 참고사항이지 절대적인 지침서는 될 수 없다."라는 것을 기억해야 한다. 상담자의 능력이란 지식과 더불어 공감과 수용의 능력을 말한다.

내담자

상담에 처음 임할 때 내담자의 가장 큰 문제점은 낮은 자존감이다. 내담자는 대표적인 두 가지 양상을 띠는데, 첫째, 무력감과 두려움, 회피기제 등의 감정을 나타내며 사실적인 사건과 상황은 말하나 이에 대한 내담자 자신의 감정은 숨기고(때론 자신의 감정을 스스로도 알지 못하며) 상담의 목적만 이루려고 하는 모습이다. 열쇠 없이 자물쇠를 열려 하는 얼토당토않은 요구를 하는 셈이다. 상담자를 절대적인 존재로 바라보며 의존적으로 접근한다. 둘째, 분노, 불안감, 억울한 마음을 피력하고자 하여 부단히 넋두리를 늘어놓는다. 이에 대한 상담자의 상담기법에 대해서는 뒤에서 다루기로 한다.

중요한 것은 나타나는 모습이 아니라 기저에 심리이다. 내담자들의 회피기제나 계속되는 넋두리 모두 낮은 자존감의 현상이다. 그러므로 상담자는 내담자의 행동 이전에 그들의 심리를 먼저 다루어야 한다.

상담관계

상담 현장은 교육 현장이 아니다. 교육 현장은 선생과 학생 간의 가르치고 배운다는 것을 가정하고 있으며, 우월한 위치와 열등한 위치를 암시하는 지적인 과정에 의존하고 있다. 그러기에 상담자가 내담자에게 권위적으로 대하거나 내담자에게 지시하는 듯한 태도는 좋지 않다. 초보 상담자일 경우 내담자를 교정하고 교육하려는 경향이 있다. 상담은 교육이 아니다. 내담자의 마음을 읽어주고, 공감해 주고, 수용해 주는 것이다. 자칫 내담자의 잘못된 생각과 행동을 수정하고 바로 잡으려는 상담자의 태도는 내담자에게 도움이 되지 않는다. 효율적인 상담을 위해서 상담자는 내담자의 존재 전체를 수용해야 한다. 내담자가 자신의 현 상태는 물론 그의 잠재적 가능성까지 모두 인정하면서 내담자의 전인격을 스스로 체험하도록 도와야 한다. 그러기 위해서는 상담자 역시 자기 마음을 내담자에게 열어야 한다. 내담자에게는 개방을 요구하면서 상담자 자신은 정작 마음을 닫고 있다면 원활한 상담은 이루어지기 어렵다.

또한, 상담은 의사와 환자 간의 권위 있는 조언을 하고 순종적으로 받아들이는 의존의 관계 또한 아니다. 상담관계의 특징은 철저한 상호성이다. 즉 상호 간에 이해하고 주고받는 관계이다. 상담자– 내담자 간의 상호 개방과 수용을 통해서 원활한 소통이 이루어질 때, 비로소 온전한 상담관계가 구축되고 내담자의 진정한 인격 변화가 가능해진다. 상담자는 상담관계가 사회적 유대관계라는 것을 철저히 인식하여 초기 면담을 통해 이러한 특수한 관계의 인간관계를 이해하고 또 맺어가는 데 상담자로서 노력해야 한다.

요약하면, 상담의 기본 프레임frame은 '나- 너'의 관계이다. 내담자의 문제 해결과 성장을 돕는 상담자의 역할은 상담자- 내담자의 인격적 관계 위에서 수행된다. 상담의 목표를 결정하는 것 또한 내담자의 몫이며, 상담자는 단지 협력하여 돕는다는 사실을 인식하여야 한다. 상담목표와 상담자의 가치관은 중요한 관계가 있다. 상담자가 실제로 그 목표를 수용하고 있는지를 확인하기 위해 상담자 스스로 자기의 활동을 비판적으로 검토해볼 필요가 있다. 상담자가 단순히 믿는다고 말하는 것이 아닌 실제 실행 여부를 고찰하는 것이다.

상담자가 기억해야 할 또 하나의 전제사항은 상담자와 내담자는 심리적으로 반드시 일정한 거리를 유지해야 한다는 것이다. 이를 위해 이중관계의 상담은 배제해야 한다.

2. 기독교상담

> "기독교상담은 통전적이어야 한다. 즉 인간이 생활하는 삶의 모든 영역에서 치유 받고 성장할 수 있게 노력해야 한다."
>
> – Clinebell, 1984

기독교상담의 구성요소는 내담자, 상담자, 성령이다.

기독교상담은 기독교적 가치관에 근거하여 인간과 세상을 바라본다. 기독교

상담은 성경의 교훈과 가르침에 따라 이 세상을 바라보고 그것에 근거하여 인간을 돕고자 하는 것이다. 따라서 일반상담과는 상담 시작의 근거가 다르다.

기독교상담과 일반상담의 비교

일반상담은 인간의 횡적인 관계를 상담의 대상으로 삼는 반면 기독교 상담은 하나님과의 수직적인 문제를 다룬다. 즉, 일반상담은 인간의 내면인 심리적 병리현상이나 증상들을 상담과 치료의 대상으로 하지만 기독교상담은 일반상담에서의 목표도 수용하면서 인간의 종교 욕구, 하나님과의 관계 등을 함께 다룬다. 무엇보다 기독교상담은 기독교적 전제와 원리를 따른다. 그러기에 기독교 상담자는 성경의 원리를 상담에 적용하기 위해서 일반적인 상담 지식에 앞서 성경과 신학적인 훈련을 우선 받아야 하고 깊은 영성으로 훈련된 후 상담 지식을 취하고 훈련하는 것이 바람직하다.

일반상담의 목표가 인간의 내면을 치유하여 심리적 병리현상을 개선하는 것이라면, 기독교상담은 내담자의 역기능적 사고와 행동을 기독교 세계관을 근거로 하여 건강한 신앙을 회복하도록 돕는 것이다.

3. 집단상담

집단상담의 정의

집단 구성원 간의 상호작용을 근간으로 하여 내담자 개개인의 문제를 해결하고 이를 통하여 그들 개인의 삶에 성장과 변화가 일어나게 돕는 집단적 접근방법이다.

집단상담은 무엇보다 인격적 성장과 생활의 적응에 역점을 둔다. 여기서는 병리적인 현상을 치료한다기보다는 행동 수정을 위한 직면이 자주 사용되기도 한다. 그러므로 집단상담에 방해가 되는 극단적인 개인행동이나 심각한 개인적인 문제를 가진 구성원은 제외하도록 한다.

집단상담의 목적

집단상담은 예방적, 발달적, 교정적 목적을 동시에 가지고 있다. 집단상담의 구체적인 목표는 집단상담 참가자들에 의해 결정되는 것이 이상적이다.

집단상담의 목표는 다음과 같다.

① 자존감을 높인다.

② 자아통찰력을 발달시킨다.

③ 행동에 대한 책임을 증가시킨다.

④ 자신과 타인을 신뢰하는 것을 배운다.

⑤ 보다 성숙한 사회활동 기술을 습득한다.

⑥ 타인의 요구와 감정에 좀 더 민감해진다.

⑦ 애정을 가지고 솔직하게 직면하는 방법을 배운다.

집단상담의 주의할 점

집단상담에 있어서 '비밀 엄수'는 매우 중요한 사항으로서 상담자는 '비밀 엄수'의 중요성을 집단 구성원들에게 인지시켜야 할 책임이 있다. '비밀 엄수'는 그룹이 처음 형성될 때부터 설명되어야 하고, 상담과정에서도 확실히 지켜져야 한다. 그렇지 않으면 그 집단은 유지되기 어렵다. 사람들은 원하지 않는 사실 노출에 대한 불안감을 가지고 있는 한 그들 사생활의 비밀을 기꺼이 나누지 않기 때문이다. 집단상담에서 나눈 비밀이 누설되는 경우는 보통 부주의에 기인된 것일 때가 대부분이다. 어떤 사람이 어떤 사실이나 사건을 부주의로 또는 미처 인지하지 못함으로 발설하는 경우가 있다. 이때 그 이야기는 옮겨가면서 왜곡된다. 그러므로 상담자에게는 상담 내용의 비밀을 지키도록 그룹회원들을 주의시키는 데 최선을 다하는 것이 매우 중요한 일이다.

4. Rogers의 12단계

로저스는 공감적 이해, 무조건적 존중 및 진실성의 세 가지 태도를 상담의 필요조건으로 제시하였고, 상담의 과정에 대한 단계는 소개하지 않았다. 다만 자신의 상담사례에 대하여 아래와 같은 12단계로 상담의 과정을 요약하였다.

1단계: 내담자가 상담자에게 도움 청하기

내담자는 도움을 받기 위하여 찾아온다. 따라서 상담을 청하는 것은 주로 내담자이다. 내담자는 도움을 받으려고 온 것이며, 그런 의미에서 스스로 책임 있는 행동을 시작한 것이다. 이런 자의(自意)가 상담에서는 매우 중요하다.

2단계: 상담관계 성립

상담이라는 상황을 규정한다. 상담자가 문제에 대한 해답을 가지고 있는 것이 아니며, 내담자가 원한다면 상담자의 도움으로 자기의 문제를 해결해 나가는 것이 상담이라는 것을 이해시켜야 한다. 이 점을 내담자에게 이해시키기 위해서는 일반적으로 말로 설명할 때도 있고, 때로는 구체적 결정, 약속 시간을 지키는 책임이라든가 어떤 결정을 하는 책임에 관해서 쉬운 말로 규정하여 설명할 수도 있다.

3단계: 피상적 감정 표출

상담자는 내담자가 문제에 관한 감정을 솔직하고 자유롭게 표현하도록 격려한다. 이는 상담자의 우호적인 태도, 관심을 기울이는 태도, 받아들이려는 태도에 의해서 가능해지며, 상담자의 숙달된 기술에 의해서도 조성된다. 내담자의 분노, 불안, 죄책감, 양가감정 등의 흐름이 상담시간에 쏟아져 나오는 것을 막지 않으며 그대로 표현되도록 북돋워주도록 한다. 그렇게 함으로써 내담자가 상담시간이 자기를 위한 시간이며, 자기의 행동 여부와 참여 정도에 따라 상담의 성과가 달려있다는 것을 알게 한다.

4단계: 부정적 자기 표출

상담자는 내담자의 표출하는 부정적 감정을 받아들이고 이를 정리해 주어야 한다. 이것이 실제 상담 현장에서는 매우 어려운 일이기에 상담자로서 숙련되기까지 많은 수련 시간이 요구된다. 부정적 감정을 받아들인다는 것은 내담자가 하는 말이 무슨 의미를 담고 있는지 이해하는 것에서 더 나아가 그 말이 내포하고 있는 감정을 진정으로 이해하고 받아들인다는 뜻이다. 상담자는 모든 노력을 다하여 내담자로 하여금 자신이 부정적 감정을 가지고 있고, 부정적 감정도 자신의 일부이지만 전부가 아니라는 것을 알게 하고 수용하도록 상담의 분위기를 조성하여야 한다. 감정은 덮는 것이 아니라 표현될 때 치유의 가능성이 커진다는 것을 내담자에게 인지시킬 필요가 있다.

5단계: 긍정적 감정 표출

부정적 감정이 표현된 후에는 미약하나마 성장에 도움이 되는 긍정적 감정과 충동이 나타나게 된다. 초보 상담자는 내담자가 긍정적 감정을 표현하고 경험하는 것을 볼 때 굉장히 보람을 느끼고 함께 긍정적 감정을 느낀다. 전에 표현했던 감정이 맹렬하고 깊을수록 뒤따라오는 긍정적 감정과 변화와 성숙에 대한 욕구도 더 커진다. 이때 상담자는 서두르거나 내담자에게 어떠한 감정도 강요해서는 안 된다.

6단계: 상담자의 감정수용

상담자는 내담자의 부정적 감정을 받아들인 것과 마찬가지로 긍정적 감정을 인정하고 받아들인다. 긍정적 감정을 받아들인다는 것은 상대방이 말하는 것에 동의하고 칭찬한다는 그런 의미가 아니다. 내담자가 느끼는 긍정적인 감정을 있는 그대로 함께 느껴주고 그 자체를 수용해서 심리적으로 수용한다는 의미다. 상담자의 수용은 내담자가 갖고 있는 도덕, 가치, 관습이 좋은 것이든 나쁜 것이든 상관하지 않고 내담자가 느끼는 그대로의 분노, 수치, 자부심, 애정 등의 감정을 이해하고 받아들이는 것이다. 이 과정에서 상담자가 주의할 사항은 상담은 교육이 아니며, 어떠한 상황이나 사건을 판단하거나 지시해서는 안 된다는 것이다.

7단계: 내담자의 자기이해 및 수용과 통찰

부정적 감정과 긍정적 감정을 있는 그대로 수용해 주면 내담자에게 자기이해 및 자기수용이 일어나면서 자신의 내면 상태에 대한 통찰이 일어난다. 자기 자신의 모습에 대하여 부정적이건 긍정적이건 어떤 감정이 있다는 것을 이해하고 수용하게 되면 그 감정을 정리할 수 있는 계기가 된다. 내담자는 새로운 시각에서 자기 자신을 보게 되며 이때 새로운 차원의 통찰이 이루어지게 된다. 이러한 통찰이 일어나면 자기이해와 자기수용이 더 깊어지게 되며 그 결과 자신의 부정적인 감정에 대하여 이전에 했던 대로 방어적이거나 저항을 할 필요가 줄어들고 긍정적인 감정도 과대평가할 필요를 덜 느끼게 된다. 이 과정에 접어들면 내담자 자신도 자신에게 일어나는 감정을 보다 편안한 마음으로 있는 그대로 받아들이게 된다.

8단계: 새로운 의사결정

통찰이 나타난 후에는 여러 가지 의사결정을 할 수 있는 새로운 길이 보이게 된다. 상담에 있어서 내담자는 여러 가지 대안들을 고려하여 자신의 의사에 따라 스스로 결정을 내려야 한다. 상담자는 내담자로 하여금 여러 길을 보다 선명하게 보도록 도움을 주어서 현명한 결정을 하도록 도와야 한다. 그런데 합리적인 의사결정을 하기 위해서는 통찰이 있어야만 보다 분명해지므로 통찰은 문제해결을 위한 필수 조건이라 할 수 있다. 이때 상담자는 내담자가 자신의 마음과 상황을 통찰하도록 돕는 것은 좋으나 앞서 판단을 유도하거나 강요하지 않도록 주의해야 한다.

9단계: 피상적인 긍정적 변화행동

차츰 내담자는 긍정적 행동을 취하게 된다. 처음에는 대단히 작은 일에서부터 긍정적 행동을 시작하게 된다. 그러나 그 작은 일은 중요한 뜻을 가진다. 이 경우 중요한 것은 상담자가 압력을 주거나 서두르지 않는다는 점이다. 서서히 점진적으로 바람직한 방향으로 행동하도록 이끌어 주는 일이 필요하다. 이것은 내담자가 자기 이해와 통찰을 성취하였기 때문에 가능한 것이다.

10단계: 깊은 자기이해

보다 완전하고 정확한 자기 이해를 하게 된다. 내담자가 상당한 정도로 통찰을 달성하게 되고, 감정적으로 긍정적 행동을 취할 수 있게 되며 그다음은 더 깊은 성장으로 진행된다. 우선 더 많은 통찰을 할 수 있게 되며, 자기의 언행을 더 깊이 보게 되는 시각을 갖게 되어 좀 더 완전하고 정확한 자기이해를 할 수 있게 된다.

11단계: 통합된 긍정적 변화행동

내담자는 보다 통합된 긍정적 행동을 점점 더 많이 하게 된다. 의사결정을 하는 데 두려움이 적어지며, 자기가 하는 행동에 더 자신을 가지게 된다. 이 과정이 상담자와 내담자 상호 간의 개인적 유대가 가장 강해질 때이다. 흔히 내담자는 처음으로 상담자를 한 인간으로서 알고 싶어 하고 신상에 관해서 물어보고 진정으로 우호적 감정을 갖게 된다. 내담자가 심리적인 여유를 갖게 되므로 나타나는 현상이다. 어떤 행동을 하는 데 있어 그 전과 같이 두려움에 차있거나 의존하려고 하지 않는다. 약간의 문제가 남아있긴 하지만 그것을 다룰 수 있다는 자신감과 유능감을 가지게 된다. 상담자는 이러한 변화를 지지해 줄 필요가 있다.

12단계: 종결

이제 도움을 받을 필요를 덜 느끼게 되고 상담을 종결해야겠다는 생각을 내담자가 하기에 이른다. 흔히 상담자의 시간을 많이 뺏어서 미안하다고 말하기도 한다. 상담자는 줄곧 지금까지 한 것처럼 이러한 내담자의 감정, 즉 떠나야겠다는 생각, 반면 떠나가는 좀 아쉽다는 느낌 등을 수용하고 인정한다. 그러는 가운데 상담의 종결 시기가 자연적으로 정해지고, 성숙하고 건강한 분위기 속에서 상담이 종결된다. 때로는 상담자 측에서 상담 종결을 인지시키기도 한다.

상담을 위한 작은 지식

심리학

'심리학'이라는 말의 역사는 고대 그리스 시대로 거슬러 올라갈 수 있지만, 전문 학술용어로서의 심리학은 1520년이 되어서야 출현했다. 마르코 마룰리치Marko Marulic라는 세르비아인이 처음으로 'psychologia'라는 단어를 대중심리를 설명하는 글에 발표했다. 심리학이라는 단어가 처음으로 등장한 순간이었다. 70년 후 루돌프 괴겔Rudolph Goeckel이라는 독일인이 또다시 이 단어로 『인격의 제고야말로 심리학이다』라는 책을 출간했다. 이것은 인류 역사상 최초로 심리학이라는 학술용어가 사용된 책이었다. 그 후 사람들은 부단히 심리학 관련 책들을 출간했고, 이제 심리학 서적은 세계 많은 사람에게 가장 많이 읽히는 종류의 책이 되었다.

심리상담과 심리치료의 종류

심리상담과 심리치료에는 많은 유파가 존재한다. 그중 가장 일반적인 것으로는 '정신분석 치료', '심리행동 치료', '내담자 중심 치료', '현실 치료', '행동 치료', '상호작용 치료', '인지 치료' '게슈탈트 치료', '합리적 정서 치료' 등이 있다. 미국 심리상담협회의 통계에 따르면 등록된 심리상담과 치료법은 300여 종류가 넘을 뿐 아니라 끊임없이 늘어나는 추세다.

미국의 심리학자 페리 랜던Perry Landon은 이 모든 치료법은 크게 두 종류로 분류할 수 있다고 주장한다. 하나는 '인지 깨달음insights' 치료로, 의식 측면과 무의식 측면의 상호소통을 포함해 사람의 인지 방식을 바꾸고 끌어올림으로써 그 심리적 어려움과 장애를 완화하는 데 목적이 있다. 또 하나는 '행동교정behavioral modification' 치료로 새로운 조건반사를 구축함으로써 나쁜 행동방식을 교정하는 데 목적이 있다. 실전에서는 종종 두 가지 방법이 함께 쓰여 서로를 보충한다.

2장 상담의 진행단계

1. 상담에 관한 기술

상담은 상담자와 내담자라는 인간관계로 맺어지는 소통의 현장이다. 상담을 위한 준비와 기술을 훈련하고 연마해 나가는 것은 상담자의 몫이다. 상담자가 그 능력을 키워나가려면 상담과정에서 자신의 말과 행동, 내담자에 대한 반응까지 일거수일투족을 강도 높게 자신을 성찰해 나가야 한다.

상담의 가치는 내담자가 소극적인 상태에서 적극적인 상태로, 부정적인 마음에서 긍정적인 마음으로, 절망에서 소망으로 변화되도록 촉구되기 때문이다. 상담자는 과정을 통해 상담자의 지도가 아닌 내담자의 자아성찰과 자아인식에 의해 조금씩 변화되어가도록 돕는 가운데 내담자로 하여금 상담자가 끄집어내고자 하는 말들을 내뱉을 수 있게 이끌어내야 한다. 수준 높은 상담사는 내담자가 현재 직면한 어려움을 스스로 극복할 수 있게 할 뿐 아니라, 그 가운데서 인생의 지혜를 배울 수 있게 한다.

상담과 심리치료는 갖가지 기술과 방법이 모두 같은 심리학 기본 이론에서 나온다는 공통점이 있다. 정신을 동력으로 하는 유파와 인본주의 사조, 인지 행동 이론 등이 그 예이다. 구체적인 실천 과정에서, 상담은 기본적으로 상담 관계에서 상담자와 내담자가 평등하며 내담자가 독립적으로 사고하고 결정하도록 돕는 게 주요 목표라면 심리치료는 의사와 환자의 관계에서 환자의 심리 장애나 병리현상을 치료하는 게 주목적이다. 따라서 상담에서는 내담자에 대한 존중과 이해, 내담자와의 상호작용을 더욱 강조한다고 볼 수 있다.

상담의 결국은 내담자의 자주와 자립을 돕는 것이다. 상담사는 당연히 진실해야 한다. 진실하게 반응하고 배려의 마음으로 최선을 다해야 한다. 내담자를 돕고 세워가는 데 중요한 것은 상담자의 지식이 아니라 따뜻한 마음과 공감이 우선이다. 이것을 통해 적절한 방법으로 접근해 나가는 것이 전문적인 능력이 된다.

2. 상담을 위한 준비

상담자는 상담을 진행하기 위해서 준비해야 할 사항들이 있다. 상담을 위한 준비는 상담을 진행하는 데에 있어서 매우 중요한 역할을 한다. 실제적 준비사항은 다음과 같다.

1) 시간과 장소

상담관계에서 상담자와 내담자는 동등한 인격체로서 배려와 존중이 우선되어야 한다. 그렇다고 해서 내담자의 요구를 무조건 들어주어서는 안 된다. 상담사는 교육과 훈련으로 준비된 전문가이지만 내담자는 그렇지 못함을 유념해야 한다. 내담자는 감정의 기복이 심할 수 있고, 마음이 조급할 수 있다. 그러기에 때로는 즉흥적으로 상담하려 하거나 일방적으로 약속을 잡으려 하는 돌발적 행위를 하는 경우가 있는데 이는 배제되어야 한다. 상담은 미리 시간과 장소를 약속하여 진행하는 것이 상식이다. 상담자와 내담자 모두가 심리적인 준비를 하여야 하며, 시간과 장소는 서로의 편리를 고려하되 상담 진행에 도움이 될 수 있는 격 있고 안정된 장소가 좋다.

2) 상담실

상담실은 상담에만 전념할 수 있는 조용한 곳이어야 한다. 지정상담소에서 진행하는 것이 가장 효율적이다. 외부의 잡음이나 타인의 출입이 빈번한 곳, 벽면이 유리로 되어있다든지 너무 외부에 노출된 공간은 적합하지 않다.

상담실은 상담의 중요한 구성 부분으로서 아늑하고 정결한 분위기로 내담자에게 심리적 안정감을 더해줄 수 있어야 한다. 편안한 의자들과 탁자, 조명 등에 유의해야 하며 뾰족한 기구들이나 깨지는 물건들은 사전에 확인하여 위험한 요소들을 제거한다. 상담실 배치가 내담자에게 주는 심리적 영향을 결코 소홀히 해서는 안 된다.

3) 상담자의 복장

일반적인 만남에서의 첫 이미지가 중요하듯 상담에서도 내담자들에게 있어서 상담자의 첫 이미지는 매우 중요하다. 상담자의 이미지란 표정만이 아니라 복장, 복장의 색상, 언어, 태도, 눈빛 등 전체적 요소를 말한다. 상담자의 복장은 차분한 색상의 정장계통으로 하는 것이 바람직하다. 상담자의 언어와 태도는 뒤에서 자세히 언급하도록 한다.

4) 상담신청카드

상담을 시작하기 전에 상담신청카드는 반드시 기재하여야 한다. 상담기관에서는 신청카드를 통해서 내담자의 정보를 종합적으로 입수할 수 있고, 내담자의 상태를 알 수 있는 자료가 되기 때문에 시간 절약과 보다 효과적인 상담을 할 수 있다.

5) 상담주기

상담의 주기는 일정하게 잡기 어렵다. 보편적으로 주 2회로 하되, 1회 상담 소요 시간은 50분이 적당하다. 최근 미국에서는 일반적으로 5회 이하의 만남을 단기 치료라 하고, 15회 이상의 만남을 장기 치료라 한다. 한국은 일반적으로 10회를 상담주기로 하여 진행하고 있다. 그 후 더 진행해야 하는가에 대한 여부는 상담자가 내담자의 상태를 파악하고, 내담자의 의견과 상충되지 않도록 합의하에 결정하는 것이 바람직하다.

3. 상담과정

상담은 내담자로 하여금 자기 행위와 자기 마음을 탐색하게 해나가는 과정이다. 사람의 어떤 행위나 습관적인 동기 뒤에는 무의식 동기가 숨어있는 경우가 많다. 프로이트는 정신분석의 목표야말로 '의식적 행위 배후에 있는 무의식적 동기를 찾아내는 것'이라고 주장했다.

상담이 어려운 것은 대개 표면적인 행동이나 상황 뒤에 있는 어떤 것을 밝혀내야 하기 때문이다. 이 과정에서 상담사는 항상 정신분석가의 역할을 할 필요가 있다. 프로이트처럼 각성을 유도할 수 있는 문제들을 계속 제기해 듣고 깨닫게 해서 마음 깊은 곳에 뭉친 매듭을 하나하나 풀어나가야 한다. 그래서 프로이트는 정신분석의 목표는 바로 무의식적 행위 배후에 있는 의식적 원인을 찾아내는 것이라고 했다.

내담자가 상담을 받게 되는 동기는 주로 두 가지로 집약할 수 있다. 문제problem와 성장growth이다. 내담자가 삶에서 갈등, 고통, 어려움, 혼란, 좌절, 불안 등의 문제에 직면했을 때 이 문제들을 본인이 감내하기 어려운 수준에 도달하면 도움을 줄 사람을 찾게 되고 이때 내담자의 자아는 매우 연약한 상태에 처해있다. 그러므로 이때 상담자는 내담자와 긍정적이고 따뜻하면서도 지지적인 치료관계를 만들기 위해 노력해야 한다.

상담과정에서 상담사가 유념해야 할 사항은 지적이 아닌 공감이며, 비판이 아닌 수용이라는 것이다. 상담자는 공감적이고 무비판적이며 내담자를 있는 그대로 대하여야 하는데, 이는 내담자로 하여금 상처와 고통을 토로할 수 있게 한다. 상담자가 내담자를 있는 그대로 받아들일 때 내담자는 자신이 존재할 가치가 있음을 느끼게 된다. 이를 통해 내담자는 자존감이 높아지고 불신과 불안이 줄어들며 대인관계능력이 생기게 된다. 이러한 과정이 진행되면서 내담자는 점차 자신의 감정과 사고를 탐색하게 되며 새로운 이해를 통해 변화가 일어난다.

인간관계의 문제는 인간관계를 통하여 풀어야 한다. 상담관계는 인간관계를 정상화시키는 기능을 감당한다. 상담과정에서 상담자의 진실한 배려와 따뜻한 시선은 내담자로 하여금 인간에 대한 불신과 분노를 녹여줄 수 있는 계기가 된다. 또한, 내담자의 학습기능을 회복시키고 문제해결과 성장의 계기를 제공한다.

상담의 진행과정은 보다 효과적인 상담결과를 위해 다음의 5단계 모델을 제시한다.

1단계: 신뢰관계를 형성하라

내담자의 상담자에 대한 신뢰도는 상담의 성공 여부를 결정짓는 중요한 핵심요소이다. 내담자로서는 상담의 첫 시간이 가장 두렵고 불안하다. 자신의 문제를 표현하는 방법과 자기노출에 대한 거부감, 상담 결과에 대한 불안 등 여러 가지 감정을 가지고 상담자를 대면하게 된다. 내담자로서 도움을 요청한다는 자체의 불편한 마음을 상담자가 보듬고 진행해 나가며 내담자가 문제해결에 대한 기대감을 갖도록 하는 데는 상담자의 공감하는 태도와 진솔함이 가장 중요하다.

2단계: 소망을 부여하라

상담자는 내담자의 말을 경청하고, 소망을 줄 수 있어야 한다. 내담자가 자신의 문제를 고백하는 것은 상당한 용기를 가지고 하는 것이다. 그 고백을 '듣는 것hearing'이 아니라 '경청listening'하는 것이다. 관심 있게 듣고 적절하게 대답해 주어야 한다. 내담자는 상담에 앞서 낙심하고 절망상태에 있기 때문에 상담자가 내담자에게 소망을 주는 것은 중요한 작업이다.

3단계: 문제를 이해하라

무엇보다 상담자는 내담자가 가지고 있는 문제와 상황을 이해해야 한다. 이해의 근저에는 사랑과 배려가 있다. 진심으로 내담자를 사랑하고 배려해야 한다. 상담 현장에서 늘 직면하게 되는 것은 문제의 주관성이다. 어떠한 문제가 어떠한 사람에게는 문제가 되지만, 어떠한 사람에게는 문제가 되지 않을 수도 있다. 중요한 것은 문제 그 자체보다, '그 문제를 내담자가 어떻게 받아들이고 있는가'이다. 그러기에 내담자를 이해하고 진심으로 공감하지 않으면 문제의 참된 이해는 어렵다. 내담자가 현재 안고 있는 문제를 분석하고 그 문제를 내담자가 어떠한 관점으로 받아들이고 있는지를 이해하는 것이 중요한 관건이다.

4단계: 자료를 수집하고 분석하라

상담자가 상담을 성공적으로 진행하기 위해서는 내담자로부터 적절한 자료를 수집하고 이 자료를 정확히 분석해야 한다. 자료를 수집하는 방법에는 커뮤니케이션을 통한 방법과 비언어적 커뮤니케이션이 있다. 커뮤니케이션이라 함은 상담 가운데 이루어지는 대화(목소리의 톤과 강약고저)라 할 수 있으며, 비언어적 커뮤니케이션으로는 얼굴 표정, 눈빛, 제스처, 옷차림, 태도 등을 말한다.

비언어적 자료는 상담에 있어서 매우 중요하다. 비언어적 자료는 내담자의 말로 표현된 자료보다 문제의 핵심을 나타내는 경우가 많다. 모든 상담자는 말로 표현되지 않는 비언어적 자료를 관찰하고 분석하는 법을 배워야 한다.

5단계: 변화의 열매를 맺으라

내담자의 문제를 인식하는 태도의 변화는 감정의 변화를 가져온다. 변화는 문제해결을 의미한다. 변화는 문제해결이 아니라 근본적인 해결이다. 이로 인해 사고와 정서와 행동이 바뀌며 파생되었던 모든 문제가 해결되게 된다. 변화는 고치기 어려운 습관의 변화를 의미하기 때문에 고쳐야 할 습관의 유형들을 인식하고 변화를 위하여 상황을 재구조화하는 노력과 주변 사람들의 도움을 받아야 한다.

상담과정의 마지막 단계로서 내담자가 실천을 통하여 열매를 맺게 되는 단계이다. 이 단계는 내담자가 삶을 구체적으로 평가할 수 있는 단계이다. 이렇게 되면 상담을 종결할 수 있다.

4. 종결과 추수상담

상담자와 내담자 사이의 상담관계는 일정한 단계에 이르게 되면 종결하게 된다. 상담자와 내담자가 상담의 목적과 목표를 설정하고 그 목표를 향해 나아가지만, 그 목표에 대한 도달 여부는 엄격한 평가가 필요하다. 상담의 종결은 내담자의 문제해결뿐만 아니라 내담자의 변화와 직결된다. 상담이 목표한 대로 잘 진행되고 있다면 상담이 진행되는 과정에서 변화가 일어난다. 심리적 역동은 상담관계의 발전과 목표 추구 과정은 물론 궁극적으로 상담 성과에 지대한 영향을 미친다.

내담자의 의존성은 단계별로 다음과 같다.

① 관계 형성, 문제평가 단계에서 내담자의 심리적 역동은 현저히 증가한다.
② 목표 설정 단계에서는 상담자에게 의지하게 된다. 이 단계에서 내담자 의존성은 상담자로부터 내담자 책임으로 옮겨지기 시작한다.
③ 개입 및 치료 단계에서는 내담자가 자신의 행동, 태도, 정서의 변화에 관해 책임감을 갖게 되므로 의존성은 줄어들고 독립성이 증가한다.
④ 종결 단계에서는 의존성에서 독립성으로 진화하는 최종적인 성취가 일어난다. 내담자가 자기를 스스로 관리할 수 있는 독립성을 갖게 되었다면 상담이 진정으로 성공했다고 볼 수 있다.

상담이 성과가 어느 정도 파악이 되면 이제 상담의 종결이 가까워지고 있음을 의미하는 것이다. 마지막 단계에서는 상담자가 내담자와의 상담 성과를 파괴하지 않고 상담관계를 종결할 수 있는지가 관건이다. 이는 상담자의 의도적인 사전 고려를 통해 민감하고 점진적으로 수행될 때 가능하다. 그리고 상담관계가 3~4회 정도 남았을 때 상담자는 관계가 마침내 끝내야 할 시기가 왔음을 인식하고 내담자에게 전달해야 한다.

종결 시점에서 내담자는 자기 신뢰의 느낌, 통합된 느낌, 진취적인 느낌을 가지며 미래에 대해 낙관적인 경험을 하게 된다. 자신을 위한 노력에 관심이 집중되어 있으므로 상담자와의 관계를 포기하고 싶어 하지 않고 상실감을 함께 느끼게 된다. 상담자는 다음과 같은 경우에 종결할 수 있다. 상담자의 능력이 부족하다고 판단되는 경우에 내담자의 복지를 위한 전문적인 책임감을 가지고 종결하도록 한다. 생산적이지 못한 내담자일 경우, 내담자의 입장을 생각해서 다른 상담가에게 의뢰하는 문제를 다뤄야 할 것이다. 부분적 성공을 거두었지만 상담을 계속할 수 없을 경우에는 내담자의 상실감, 분노, 새로운 환경에 적응하기 위한 수단, 공포 등을 성공적인 종결을 위해 반드시 중요하게 다뤄야 한다.

예정된 종결을 부인denial하는 내담자일 경우에는 일시적 위기가 올 수 있다. 이 부인은 회복과정의 한 부분이기 때문에 점차적으로 사라지게 되며, 회기가 끝나갈수록 내담자는 자신의 공허함이 자신의 풍부한 자원으로 채워지기 때문에 상담을 끝낼 수 있다고 결정하게 된다. 그러나 내담자가 종결할 준비가 되어있더라도 8주, 3개월, 6개월 등의 기간을 두고 추수 약속을 하여 내담자가 원할 때 다시 상담할 수 있다는 사실을 말해 줌으로써 안전장치를 마련해 두는 것이 좋다.

상담의 조기종결

상담의 조기종결은 실패한 상담의 경우가 대부분이다. 상담을 조기종결 하는 것은 상담자에 의한 경우와 내담자에 의한 경우로 구분할 수 있다.

1) 상담자에 의한 조기종결

상담의 목표를 달성하기 전에 상담자의 환경적인 원인과 심리적인 원인으로 인하여 상담을 종결하는 경우가 있다. 환경적인 원인으로는, 상담자가 전근하거나 피치 못할 사정으로 인한 이주 등의 경우이다. 이러한 경우 상담자와 내담자 사이에 신뢰관계가 형성되지 않았다면 별문제가 없으나 신뢰관계가 형성되었다면 내담자에게 큰 아픔을 주게 된다. 이러한 경우 내담자가 내면세계를 개방했다는 점에서 볼 때는 상담의 긍정적 효과가 있으나 아직 문제가 해결되지 않았거나 새로운 습관을 받아들이지 못한 과정일 경우에는 내담자에게 배신감과 같은 고통이 될 수 있다. 심리적 원인으로는 상담자의 계속적인 역전이와 내담자와의 관계성에 문제가 생겼을 경우이다. 이와 같이 상담자는 조기종결에 따른 내담자의 정서적인 반응을 다루는 일에 유의해야 한다.

2) 내담자에 의한 조기종결

이 경우는 상담자가 내담자 자신에게 도움이 되지 않는다고 생각하고 내담자가 상담을 거부하는 경우이다. 상담자에 대한 내담자의 거부적 태도는 상담의 어느 과정에서든지 일어날 수 있다. 상담자와 내담자 사이에 긴장관계가 형성되면 그 긴장을 피하기보다는 개방적으로 다루며, 이 문제를 놓고 진지하게 토론할 필요가 있다. 상담자나 내담자는 서로의 견해가 다를 수 있으며 문제에 접근하는 방식이 다를 수 있다. 상담자와 내담자 모두에게 아픔이 아닌 유익한 경험이 되도록 잘 마무리해야 한다.

3) 상담 실패에 대한 점검

우리의 상담이 모두 성공할 수는 없다. 실패를 향하고 있을 경우에는 상담이 실패하는 요인들을 신속하게 점검하여야 한다.

① 상담자로서 지식화되어있는가?

② 필요한 모든 자료를 잘 준비하였는가?

③ 문제의 초점이 분명하였는가?

④ 사례에 대한 선입관이 있었는가?

⑤ 내담자의 변화에 확신이 있었는가?

⑥ 내담자가 자료를 숨기거나 왜곡했는가?

⑦ 내담자와의 적절한 관계를 유지하였는가?

⑧ 내담자의 비언어를 주의 깊게 분석하였는가?

⑨ 상담자로서 내담자와 같은 문제를 가지고 있는가?

⑩ 내담자의 변화를 구체적으로 성취하려고 노력하였는가?

상담을 위한 작은 지식

정신분석Psychoanalysis **이론**

'정신분석'이론은 프로이트가 창시했다. 그 내용은 무의식 이론, 인격이론, 성욕이론, 정신방어 이론 등을 포함해 복잡하다. 그 이론의 주요 내용은 다음과 같다.

1. 사람의 심리활동은 의식, 전의식, 무의식(또는 잠재의식)으로 나뉜다. 의식은 사람이 인지할 수 있는 심리활동을 가리키고, 전의식은 평소엔 느끼지 못하지만 기억하려는 노력이나 정신을 집중해서 느낄 수 있는 심리활동을 가리킨다. 무의식은 평소에 느끼지 못하지만, 오히려 제거되지 않고 억압되어 있는 심리활동을 가리킨다. 프로이트는 심리장애가 형성되는 건 대개 개인의 무의식 속에 억압된 욕망이나 생각이 해방을 얻지 못하기 때문이라고 생각한다.

2. 인격은 이드, 자아, 초자아 세 부분으로 구성된다. 이드는 개인의 가장 원시적이고 본능적이 충동을 말한다. 예를 들면 식욕, 성욕, 공격하려는 욕망, 자기를 보호하려는 욕망 등이다. 이드는 '즐거움 원칙'에 따라 일한다. 자아는 개인이 환경과 접촉하는 과정에서 이드에서 파생된다. 자아는 '현실원칙'에 따라 일하며, 이드의 충동을 조절하고 사회가 허용하는 방식을 채

택해서 일한다. 초자아는 도덕화된 자아로 '이상 원칙'에 따라 일한다. 인격의 최고 수준이자 양심과 가책이 만든 기초다. 프로이트는 이드, 자아, 초자아 간의 갈등과 충돌, 조절이 인격의 기초를 구성한다고 주장한다. 사람이 건강한 심리를 유지하려면 반드시 이 세 관계를 잘 조절해야 한다.

3. 사람은 자아의 심리 균형과 건강을 유지할 때 대개 생활 속 번뇌와 정신적 고통에 대해 자신을 합리화하거나 자신과 남을 속이는 방식으로 정신적 자기 안위를 추구한다. 프로이트는 이러한 인식 방법을 '심리 방어기제'라고 불렀다. 여기에는 해탈, 보상, 합리화, 투사, 전이, 승화, 이상화 등이 있다. 프로이트는 이러한 심리방어 활동은 대개 무의식적이며 사람의 심리 건강에 긍정적인 역할도, 부정적인 역할도 한다고 주장한다.

4. 심리장애의 근원이 무엇인지 알려면 정신분석 치료를 받아들여 감정을 전이함으로써 인격을 새로 만들 필요가 있다. 그 과정에서 심리분석가는 일반적으로 해석, 자유연상, 최면, 꿈 해석 등의 기법을 활용해 환자의 이드와 초자아의 충돌을 화해시키고 '자아'의 스트레스를 줄여 현실을 더 잘 직면하게 한다.

3장 가치와 윤리

1. 상담자와 가치

상담자는 도움이 필요한 사람들을 도울 수 있는 전문가로서의 역량을 갖추고 있다고 공신력 있는 기관으로부터 인정받은 사람이다. 전문가로서의 상담자는 고도의 직업적 자기규제 정신을 가져야 한다.

상담자는 내담자의 사적인 관심사와 호소 내용을 경청하고, 대안을 숙의하며 보다 나은 삶을 위한 선택을 할 수 있도록 돕는 역할을 담당한다. 내담자를 보다 효과적으로 돕기 위해 상담자는 전문지식과 역량을 갖추고자 지속해서 노력하고 전문가로서의 정체감을 발달시키기도 하며, 이를 위해 한 영역의 전문가로서 상담 관련 전문가들로 구성된 단체에 가입하여 다른 전문가들과 함께 활동하면서 전문가에게 요구되는 사회적 책무를 보다 깊이 인식하기도 한다. 상담 과정에서 내담자의 내면세계에 깊숙이 개입하기도 한다.

상담자에게는 내담자를 돕기 위한 전문지식의 습득뿐 아니라 상담 실제에의 적용능력이 요구된다. 그러나 전문지식을 상담 실제에 적용하여 긍정적 성과를 도출해 내기 위해서는 상담자의 윤리, 인격, 언어, 품위, 이미지 등 여러 가지 요건이 함께 갖추어져야 한다. 이 중에서도 상담자의 윤리는 지식과 실천의 중요성을 아무리 강조해도 지나침이 없다고 하겠다. 즉, 윤리적 상담은 내담자는 물론 상담자와 상담 성과를 보호하는 기능을 한다. 내담자는 심리적으로 혼돈 상태에 놓여있거나 좌절과 실망을 거듭하고 낙담한 상태에서 전문가의 도움이 필요하므로 상담자의 언행은 자칫 내담자에게 심각한 영향을 미칠 수 있다. 따라서 내담자의 권리 옹호와 정신건강 증진을 위해서는 무엇보다도 상담자의 윤리적이고 책임 있는 행동이 요구되는 것도 바로 이러한 이유 때문이다.

또한, 상담사는 스스로 규제하고 절제해야 할 뿐 아니라, 품위를 지키고 자신을 아껴야 한다. 상담 현장에서의 상담자의 근본적인 기능은 내담자에게 솔직하고 바른 피드백을 해주는 것이다. 상담자는 강화자라 할 수 있는데 내담자의 상담자에 대한 존경과 관심은 내담자의 행동에 막대한 영향을 미치기 때문이다. 그러므로 상담자의 인격성은 상담에 있어서 결정적이다. 이러한 맥락에서 상담자의 가치관은 상담 효과에 있어서 결정적 요인이라 할 수 있다.

인간은 각자가 가치 및 신념을 갖고 있으며 자신의 가치 및 신념에 따라 행동한다. 상담에서 가치의 문제는 중요하다. 왜냐하면, 많은 경우에 도움을 받기 위해 찾아온 내담자는 심리적으로 문제가 있어 올바른 판단을 내리지 못하기 때문이다. 상담에서 상담자의 언어, 비언어 및 모든 행동은 내담자에게 지대한 영향을 미친다. 따라서 상담자의 가치관은 자신도 모르게 내담자에게 그대로 전달될 수 있다. 그러므로 상담자는 자신의 가치에 대한 인식은 물론, 내담자에게 미칠 영향에 대해 항상 유의해야 한다. 상담자는 자기통찰을 통해 자신의 가치가 상담에 영향을 미치는 방식을 고찰하는 것이 필요하다.

상담자로서의 올바른 자세를 알아보자.

첫째, 내담자를 상담의 한 사례로 대하는 것은 금물이다. 상담자는 다양한 내담자를 만나는데, 내담자마다 각각 그만이 갖고 있는 인격과 상황과 환경이 있다. 상담자는 내담자를 새로운 인격체로, 하나의 상황으로 받아들여야 한다. 그러한 관점이 아닌, 상담자가 가지고 있는 상담경험에 따른 일 처리는 상담에서 절대로 피해야 한다. 그것은 상담자가 내담자의 실제상황을 제대로 이해하기도 전에 직관에 따라 판단해 버리는 우를 범하게 한다. 결국, 주관적이고 독단적으로 되어 내담자에게 도움은커녕 방해가 되며 결정적인 오류를 범하게 된다. 둘째, 상담자는 내담자에게 자신의 가치관을 주입하거나 강요해서는 안 된다. 상담자는 자신도 모르게 이러한 일이 일어날 수 있는 것에 대한 자각이 필요하다. 상담자는 가치문제에 대해 다각적이고 융통성 있는 자세를 견지할 필요가 있다. 자기 가치관으로 판단하거나 선입관을 가지고 봐서는 안 된다. 내담자의 사유에 더욱더 초점을 맞추고 감정을 공유할 필요가 있다. 셋째, 상담자와 내담자가 어떠한 일이나 상황에 대해 현격하게 다른 가치 기준을 가질 수 있다. 이러할 때 상담자는 내담자와의 논쟁을 피해야 한다. 상담자는 온전히 상담의 본래 목적에 집중하는 것이 바람직하다. 넷째, 상담자의 경험과 치유되지 않은 상처로 인하여 투사나 역전이[1)]가 일어난다고 판단될 때에는 상담을 잠시 중단하여 진행 여부를 점검해야 한다. 다섯째, 상담자와 내

---

1) 역전이counter-transference는 상담자가 내담자에게 무의식적으로 사랑과 미움의 감정을 체험하는 것을 말한다. 내담자의 외모, 성격, 경험 등으로 인해 상담자가 자기 삶 속에서의 과거 어떠한 대상이나 사건을 떠올리면서 내담자에게 강한 감정적 반응을 보이는 것을 말한다.

담자의 근본적인 가치관이 달라서 더 이상 원만한 상담 진행이 어렵다고 판단되면 진중하게 다른 상담자나 슈퍼바이저에게 의뢰해야 한다.

2. 상담윤리

상담에는 윤리적 문제가 따른다. 상담자와 내담자의 인간관계가 윤리적 측면에서 서로에게 도움을 주어야 하지만 때로 정반대의 결과를 초래하는 경우도 있다. 효율적인 개입을 위한 상담자의 충분한 지식과 기술 그리고 판단력이 필요하다. 상담윤리를 바로 이해하므로 성공적인 상담을 수행하는 기초를 형성해야 한다. 상담자가 타인의 어려운 상황에 적극적으로 개입하기 위해서는 전문적인 훈련이 필수이며, 윤리적인 책임 면에서는 더욱 그렇다. 인간의 존엄성과 내담자의 자유 존중은 윤리적으로 수행되어야 한다. 이러한 면에서 상담윤리는 상담과정에서의 행동원리의 지침이 된다.

상담윤리란 상담자가 상담과정이나 현장에서 지켜야 할 규범이다. 상담자의 역할에서 오는 힘과 권위의 책임 있는 사용, 상담이라는 전문직에서의 공적 역량증진을 위한 방법의 실행 여부가 포함된다. 상담윤리의 목적은 상담자와 내담자 사이에서 이루어지는 상담과정에 필요한 기준을 마련하기 위함이며, 상담자로 하여금 책임성을 갖게 하여 내담자에게 보다 전문가다운 의사결정을 내릴 수 있도록 하는 것이다. 상담에 있어서 중요한 것은 상담자가 아닌 내담자의 최대 유익이며, 내담자의 욕구와 복지가 핵심문제가 된다.

상담윤리를 수행하기 위해서는 다음의 세 가지 원칙이 필요하다.

1) 자율성의 원칙

상담에서는 내담자의 자유가 존중되어야 한다. 상담에서 말하는 자율성의 원칙은 내담자의 자율성을 최대로 존중해 주어야 함을 말한다. 내담자는 자기 생각, 표현, 선택 및 그에 따른 행동에 대하여 내담자 자신의 의사에 따라야 한다는 것이다.

상담자는 내담자가 긍정적인 잠재성을 발견할 수 있도록 돕기 위해 보다 적극적인 작업을 하여야 한다. 때로 어떤 선택의 결과에 대해 함께 논의해 봄으로써 내담자의 마음을 변화시키고자 할 수도 있다. 그러나 상담자의 역할은 내담자가 생각할 수 있게 도와주는 것이지, 내담자를 대신해서 생각해 주는 것이 아니다.

2) 무해성(無害性)의 원칙

상담자는 상담을 통하여 내담자를 돕는 과정에서 다음과 같은 문제에 직면하게 되는 경우가 있다.

내담자로 하여금 자신의 삶에 대한 선택의 자유를 존중한 결과, 최선의 이익과 반대되는 결과가 예견된다면 상담자는 과연 어떠한 선택을 해야 하는가? 내담자가 비생산적이거나 자기 파괴적인 선택을 고려하고 있다면, 내담자가 후회할 가능성이 매우 커 보이는 선택을 하지 못하게 가로막음으로써 내담자 선택의 자유를 제한하기 위해 상담자의 힘과 권위를 사용해도 좋은가? 내담자가 자신의 정보와 자료를 방출해도 좋다고 동의하지 않는다면 범죄행위에 대해서도 비밀 보장confidentiality의 원칙을 준수해야 하는가?

이러한 질문에 명확한 답은 없다. 그러나 우리가 기억해야 할 것은, 자율성의 원칙을 준수하여 내담자의 의사나 권리를 존중해 주는 것이 제3자에게 피해를 줄 수 있는 경우, 상담이 하나의 상담사례로 보고될 때 이를 통해 당사자인 내담자가 피해를 입게 되는 경우, 심리진단의 오차로 인해 문제가 되는 경우 등이 무해성의 원칙에 위배된다. 때로 사례보고를 위하여 녹취가 필요할 시에는 내담자에게 반드시 동의를 구하고 녹음을 고지한 후 진행하여야 한다.

3) 정의(正義)의 원칙

상담은 윤리적으로 수행되어야 하는 만큼 인간의 존엄성은 지켜져야 한다. 내담자가 어떠한 근거에서든지 다른 사람과 차별되게 취급받아서는 안 된다. 이것이 정의의 원칙이다. 내담자의 성(性), 인종, 장애, 지식, 빈부 등의 이유로 상담에서 차별대우를 받는 것은 합당하지 못하다는 것이다.

3. 상담자의 윤리

윤리 기준은 전문가의 품행과 책임에 대해 기본 프레임frame을 제공하는 지침이다. 윤리 기준은 내담자를 보호하고, 상담자에게는 지침을 제공하며, 전문가의 지위를 분명하게 밝히기 위한 목적으로 전문가 집단이 제정한다. 상담자들은 순간순간 윤리적 결정을 내려야 하고 그 결정에 따른 책임을 감수해야 하는 상황에 처하기도 한다. 상담자는 자신이 행동을 감시할 뿐만 아니라 다른 상담자들의 윤리적 품행을 독려해야 할 의무가 있다. 상담자들로 하여금 내담자를 보호하고 직무상 과실을 사전에 예방하기 위해서는 윤리원칙의 정신 안에서 상담 업무를 수행하는 것이 가장 좋은 방법이다.

상담자는 자신의 개인적인 역량과 직업적인 제약성 그리고 자신의 능력의 한계성을 인식하는 것이 필요하다. 상담자가 어떠한 상황에서 내담자를 상담하는 데 있어서 한계를 느낄 경우, 자신의 훈련과정 범위를 초월하여 진단절차나 치료절차를 진행하지 않으며, 인격의 기능이 심하게 훼손된 내담자를 수용해서는 안 된다. 이렇듯 상담자가 자신의 역부족을 인식하게 될 때는 다른 상담자 또는 지도상담자에게 의뢰를 부탁해야 할 책임이 있다.

상담자는 내담자와 상담관계를 성립해야 할 것인지 판단할 때 자신의 능력도 계속 평가해야 한다. 경험이 많은 상담자라 할지라도 상담전문가supervisor와 의논할 필요가 있을 때가 있다. 상담자가 한 내담자와 오랫동안 상담을 한 경우, 그 내담자를 직시하기 어려워질 가능성이 있다. 이러할 때, 상담 상황에 대한 정확한 인식Perception을 위해 다른 상담사나 동료들과 논의하는 것은 현명한 일이다.

또한, 상담에 있어서 상담자의 인성과 인격은 상담의 진행과 결과에 많은 영향을 미친다. 무엇보다 상담자는 자신에 대한 바른 자아형상self-image이 형성되어 있어야 한다. 자신의 자아형상을 정확하게 분석한 사람은 자신의 역량에 대하여도 바른 판단을 하게 된다. 상담과정에서 자신의 전문영역이 아닌 경우나 능력의 한계를 느낄 경우 각 분야의 전문가나 슈퍼바이저의 도움을 청하여 다른 사람과 상호 보완적 협력관계를 유지하는 것이 중요하다. 상담자는 대인관계가 매우 중요한 부분을 차지하기 때문에 상담자로서의 윤리정립이 필요하며 윤리적 입장을 확립하여야 한다.

상담자 윤리의 중요항목으로는 첫째, 상담자의 정직성과 책임성이다. 정직성은 상담과정에서 상담자의 유익이 아닌 내담자를 위한 길잡이가 되어야 하는 윤리적 덕목이며, 책임성은 상담자가 어떤 결정을 하거나 재량권을 행사할 때의 도덕적 지침을 말한다. 둘째, 행위규범의 기준과 사고의 성찰을 통한 판단능력이다. 도덕과 행동에 대해 체계적으로 생각하고 옳고 그름을 판단하는 능력과 관련된다. 셋째, 가치기준에 대한 분별능력이다. 갈등을 일으키는 두 가지 요소가 대립된 상황에서 서로 다른 가치에 질서를 부여하고 무엇이 중요한 가치인가를 구별해 주는 것이다.

이 외에도 상담자는 내담자의 사전허락 없이 내담자의 가족이나 친구들과 직업적인 접촉을 가져서는 안 된다. 상담자와 내담자 사이에는 바른 윤리가 정립되어야 한다. 상담의 진행과 상호신뢰의 중요한 요소이기 때문이다. 상담자는 내담자의 윤리적 문제에 직면할 때 내담자의 문제를 정확하게 관찰하고 이해하여 정확한 분석을 해야 한다.

4. 내담자에 대한 윤리

상담자의 내담자에 대한 기본적 윤리는 다음과 같다.

첫째, 비밀 보장이다. 상담자는 내담자의 비밀을 보장하는 일이 가장 중요하다. 상담과정에서 알게 된 내담자에 대한 정보는 어떠한 경우에도 공개해서는 안 된다.[2] 만약 비밀이 누설되어 내담자에게 어떠한 불이익이 발생할 때에는 상담자와 내담자 간의 상호신뢰관계는 파괴된다. 이러할 때 내담자는 상담을 중단하게 되고 결과적으로 상담은 실패할 수밖에 없다. 단, 내담자 자신이나 타인을 위해할 가능성이 있는 경우는 예외이다. 이러할 경우, 고지의 의무가 우선한다.

둘째, 변화에 대한 윤리이다. 이것은 내담자는 변화될 수 있다는 상담의 기본전제에 근거한다. 상담자들은 상담과정에서 현재 내담자의 모습에 반응하여 내담자의 변화가능성을 이론적으로는 알지만, 심리적으로 받아들이기 어려운 자기모순에 빠지기 쉽다. 내담자의 변화는 현재의 문제상황에서 탈출하여 성장을 위한 변화의 시도이다. 이것을 상담자부터 진심으로 인정하고 돕는 일이 필요하다. 내담자는 변화될 수 있다는 사실을 지식으로만 인지(認知)하는 것이 아니라 실제 상담 현장에서 적용해야 한다.

셋째, 이성(異性)에 대한 윤리이다. 상담과정에서 내담자는 상담자의 내담자에 관한 관심과 수용, 공감의 태도를 인간적 친밀감으로 받아들여 성적 친밀감으로 진행하기 쉽다. 이러할 때 이것을 바로 잡아갈 수 있는 것은 내담자가 아닌 상담자이다. 이러한 감정양상이 파악되는 즉시, 시간적인 면과 공간적 상

---

2) 이러한 기본 윤리는 의사나 변호사, 성직자들이 가져야 하는 기초적인 것이다. John M. Frame. Medical Ethics (Phillpsburg, NJ : Presbyterian and Reformed Publishing Co., 1988)

황을 잘 조절하여 더욱 어려운 상황으로 진행되는 것을 바로 잡아야 한다.

상담자는 자신과 내담자에 대한 윤리 확립에 더욱 노력해야 한다. 슈퍼바이저나 교수들이 학회나 강의에서 하나의 상담사례로 사용할 때에는 주의하여 내담자의 성명과 상황을 바꾸고 상담 내용을 일반화시켜서 사용하는 것이 좋다.

5. 상담사의 이미지

상담사는 첫인상이 상당이 중요하다. 상징적 의미와 암시작용을 발휘하기 때문이다. 상담사는 자신의 의상, 헤어스타일, 언어, 표정, 눈빛, 발음, 말하는 속도, 몸짓언어 등에 신경을 써야 한다. 그럼으로써 최대한 긍정적이고 적극적인 이미지가 전달되도록 해야 한다.

상담사는 자신의 생김새, 몸매, 전문 취향, 사회경험 등의 특징을 살려 전문가적 이미지를 구조화해야 한다. 상담사로서의 이미지는 눈에 거슬리지 않고 편안하게 하되 눈에 띄어서는 안 된다. 상담사는 자신만의 독특한 이미지와 상담 스타일을 설계해야 한다. 상담사는 친절하지만 품위 있게, 깔끔하지만 따뜻한 느낌을 주어야 한다. 상담관계를 맺기 전 내담자는 상담사가 자신을 도와줄 수 있는지, 그러한 지식과 능력이 있는지, 또한 따뜻하게 맞아주는지에 대해 매우 민감하다.

상담을 위한 작은 지식

전이Transference

전이는 일반적으로 내담자가 상담자에게 갖는 일종의 무의식적 사랑과 증오의 감정체험을 가리킨다. 다시 말해, 내담자는 무의식적으로 자신이 사랑했거나 미워했던 사람을 상담자로 대체한다. 프로이트의 관점에 따르면, 전이와 저항을 인식하거나 제거하는 것은 정신분석의 두 가지 핵심 임무다.

'정신분석학설'에 따르면 한 사람의 심리문제를 치유하는 데는 전이표현을 어떻게 인식하고 풀어나가느냐가 관건이다.

내재화Internalization

내재화는 내담자가 상담자의 말을 인정하고 받아들여 그것을 자기 성장의 내적 추동력으로 삼는 것을 말한다.

승화Sublimation

승화는 무의식에 눌려있는 본능 충동을 사회가 허용하는 활동으로 전환해서 얻는 정신적 만족을 가리킨다.

자아 방어기제 Ego Defense Mechanism

자아 방어기제는 자아 방위기제라고도 한다. 자아 방어기제란 한 개인이 심리적으로 긴장되었을 때 취하는 심리 균형 수단을 가리킨다. 여기에는 '나르시시스트 방어narcissisric defenses', '미성숙한 방어immature defenses', '성숙한 방어mature defenses', '신경증적 방어neurotic defenses' 등이 있다.

4장 슈퍼비전

1. 슈퍼비전에 대한 이해

1) 슈퍼비전이란

슈퍼비전이란 '감독하다'라는 의미이다. 이는 한 사람의 상담자가 전문가로 기능할 수 있도록 하기 위해 일반적으로 이론 습득teaching과 실습 훈련practice을 감독 또는 지도하는 것을 말한다.

슈퍼비전은 상담훈련생의 실습을 지도하면서 그의 실습 경험과 연계성을 갖도록 지도하는 특수교육이다. 더 나아가 전문상담자가 되고자 하는 상담자에게 적절한 직업적 행동을 습득할 수 있도록 도와주는 계속적인 교육과정이라고 할 수 있다. 그러므로 슈퍼바이저supervisor는 상담자의 기술, 역량, 효율성을 더욱 개발해 줄 수 있는 방식으로 상담자를 감독하고 교육 지도하는 책임을 진 사람이다. 수련감독supervision은 수련자를 통제한다는 의미를 내포하고 있다.

슈퍼비전(수련감독)의 역할은 크게 두 가지로 나눌 수 있다. 첫째, 상담자가 상담 실무를 잘 수행하도록 돕는 역할과 둘째, 미숙한 상담으로부터 내담자를 보호하는 역할을 한다. 슈퍼비전의 일차적 목표는 상담을 통해 내담자의 성장을 증진하고 내담자를 보호하는 것이다. 슈퍼바이저는 이러한 목표를 이루기 위해 상담기술과 상담자로서의 발달에 초점을 두며, 상담수련생의 발전과 목표 성취를 평가한다. 상담훈련생은 자신이 과거와 현재 겪고 있는 문제와 맹점들, 무력감과 결여 등으로 인해 내담자의 문제를 보지 못할 때가 있다. 이에 슈퍼비전 과정에서 중점을 두는 것은 상담 내용을 통해 상담자 자신을 성찰하고 내면의 감정을 정리하며, 내담자의 핵심감정과 문제를 이해하고 도와주도록 하는 것이라고 볼 수 있다.

상담자는 자신의 전문성 향상을 위해 지속적으로 노력해야 한다. 이를 위해 상담세미나와 연수 참여, 전문서적 읽기, 연구물 탐구 등의 다양한 노력을 기울여야 한다. 그뿐만 아니라 상담자들이 전문성 향상을 위해 반드시 해야 할 일이 바로 수련감독을 받는 것이다. 수련감독을 받지 않은 본인의 상담경험만으로는 전문성 발달이 어렵다. 실제 연구에서도 수련감독을 받지 못한 상담자들은 상담에 대한 자신감과 업무수행 능력이 상대적으로 떨어지는 것을 볼 수 있으며, 업무에 대해 과중한 스트레스와 정서적 불안정 등을 경험하게 된다. 결국, 상담을 진행할수록 자신의 역량에 대해 회의를 느끼게 되고 소진되어 상담사로서 만족스러워하지 못하는 결과를 보였다. 결국, 상담자들의 전문성과 점진적인 발달을 돕기 위해서는 수련감독이 매우 중요하고도 필수적인 과정이라는 것을 알 수 있다.

이러한 내용을 종합해 볼 때 일반적으로 슈퍼비전은 경험이 풍부하고 숙련된 상담자supervisor가 초보 또는 미숙한 상담자supervisee에게 상담을 잘하도록 도와주는 작업이라고 할 수 있다.

2) 슈퍼바이저의 역할

슈퍼바이저와 수련자의 관계는 상담자와 내담자의 관계와는 다르다. 수련감독자는 수련자에 대한 평가와 감독을 포함한 통제권을 가지고 있다. 수련감독자는 상담사가 되기 위한 수련자의 성장과 발달에 대한 책임뿐 아니라 수련자의 내담자에 대한 복지까지도 책임을 져야 한다. 수련감독에서는 이렇게 내담자를 보호하기 위해 수련감독자가 무엇을 해야 할 것인지에 대해 규정하고 있다.

미국 상담자교육과 수련감독학회The Association for Counselor Education and Supervision: ACES 윤리지침(1993)에서는 슈퍼바이저가 책임져야 할 역할을 네 가지로 규정하고 있다.

① 내담자의 안녕 점검
② 수련자의 법적, 윤리적 기준 준수 독려
③ 수련자의 상담 수행과 전문적 발달 점검
④ 상담 공부에 대한 평가, 상담자로서의 적격 여부 판단, 선발, 배치, 고용, 자격증명 등의 목적을 위해 수련자의 현재 수행과 잠재력 평가와 인증

이상의 네 가지 슈퍼바이저의 책임은 다시 두 가지로 나누어볼 수 있다. 하나는 수련자의 전문적인 능력을 향상시키는 것이고, 다른 하나는 내담자를 보호하는 것이다. 이렇게 나누어볼 수 있는 것은 수련감독이 수련감독자supervisor, 수

련자supervisee, 내담자client를 포함하는 위계적 관계이기 때문이다.

수련자의 전문적인 능력 향상을 위한 슈퍼바이저의 역할을 살펴보면 첫째, 내담자 배정문제이다. 수련자의 현재 능력을 파악하여 그에 맞는 내담자를 배정하되 때로 수련자의 훈련을 위해 조금은 능력 이상의 내담자를 배정하기도 한다. 둘째, 수련자의 학습 스타일과 개인적인 특성에 대한 이해이다. 효율적으로 수련자가 전문가가 될 수 있도록 돕기 위해서는 슈퍼바이저가 수련자의 학습 스타일과 개인적인 특성에 대해 이해하고 있어야 한다. 수련감독자는 정해진 시간 내에 수련자가 성취할 수 있는 수준이 어느 정도인지에 대해 알고 있어야 하며, 어떤 유형의 개입이 효과를 극대화할 수 있을 것인지에 대해 결정해야 한다. 셋째, 슈퍼바이저는 수련자의 발달과정 점검과 그 결과에 대한 정기적인 피드백을 주어야 한다. 이와 더불어 슈퍼바이저는 종종 수련자의 능력 수준을 평가해야 한다.

또한, 슈퍼바이저는 내담자의 복지 향상에 책임이 있다. 수련감독의 또 하나의 목적은 내담자의 안녕을 보호하기 위한 것이다. 슈퍼바이저는 내담자의 요구에 맞게 상담이 수행되고 있는지를 감독해야 하며, 만약 상담이 수준 이하로 진행되고 있다고 판단될 시에는 수련감독자는 즉시 개입하여 중지 또는 개선시켜야 한다.

이상적인 슈퍼바이저는 높은 수준의 공감능력과 융통성, 개방성에 대하여 지식과 경험이 많은 자이다. 또한, 정확한 문제제시와 목표 설정 그리고 적절한 피드백 기술을 사용하는 능력을 가진 자이다. 이러한 슈퍼바이저의 능력은 보다 효율적인 슈퍼비전이 될 수 있도록 작용하며 상담훈련자로 하여금 치료자로서 인간적 성장이나 학문적 성장을 도모하기 위한 치료와 통찰에 도움을 준다.

2. 상담자 발달수준에 따른 슈퍼비전 모델

1) 인턴 상담자의 특성에 따른 교육 내용

(1) 상담기술

인턴 상담자는 배우려 하는 열의는 높은 편이나 상담능력은 초보적인 수준이라 할 수 있다. 상담과정에서 자신의 상담수행능력에 대한 불안심리로 인해 내담자의 심리를 이해하기 위한 경청, 질문, 공감, 수용, 반영, 직면 등의 대화기술을 제대로 사용하지 못한다.

한국의 상담자들은 경력 수준이 낮을수록 슈퍼비전에 대한 교육 욕구가 높다. 따라서 슈퍼바이저는 상담사례를 가지고 인턴상담자가 잘하고 있는 점과 부족한 점에 대해 정확히 알려주고 필요한 상담기술이 무엇인지 구체적으로 설명해 주는 것이 필요하다.

인턴상담자는 사례이해에 있어서 내담자의 역동과 행동을 충분히 이해하지 못한다. 사례를 이해할 때 너무 간략하거나 비현실적으로 하는 경우가 많다. 인턴상담자는 내담자의 교육 정도, 인생사, 현재 상태, 진단 자료 등의 정보에는 주의를 기울이지만 다른 관련 정보인 애착 유형, 스트레스 대처 방안,

대상관계유형 등은 간과하는 경향이 있다. 그렇기 때문에 인턴상담자에 대한 슈퍼비전은 상담시에 발생할 수 있는 상황들을 예상해 보고 준비하도록 하는 것이 좋다.

자기평가 부분에 있어서도 인턴상담자는 스스로 자신의 능력 및 상담기술을 평가할 능력이 부족하다. 따라서 슈퍼바이저의 평가로 자신의 능력을 평가하게 되므로 슈퍼바이저는 가능한 한 격려와 지지, 칭찬을 하되 잘한 점과 실수한 점을 구체적이고 명확하게 알려주는 것이 좋다. 즉 상담수행에 대해 잘하는 영역은 강화하고, 부족한 영역은 보강할 수 있도록 도와주어야 한다. 또한, 현 회기가 전 회기와 연관이 되고 있는지, 다음 회기의 계획은 어떠해야 하는지에 대해서도 구체적으로 제시해 주는 것이 바람직하다.

(2) 상담자 심리적 요인

인턴상담자는 관심의 초점이 자신에게 있으므로 내담자에 대한 파악이 어렵다. 이 시기에는 자율성이 부족하기 때문에 슈퍼바이저에게 의존하는 것이 바람직할 수 있으나 수련생이 자기통찰의 능력이 점진적으로 향상될 수 있도록 도와야 한다. 상담과정에서 자신의 미해결 문제와 비슷한 내담자를 만났을 경우, 자신의 심리 내면을 가지고 내담자에게 투사할 가능성이 크므로 이 부분에 대하여도 통찰할 수 있도록 도와야 한다.

전문성에 있어서 인턴 상담자는 높은 동기를 가지고 있는 반면 실제적인 측면에서 이해하는 데에는 부족하다. 그래서 실제적인 상담 현장에서 상담회기에 이론을 적용하는 지적 능력이나 내담자에 따라 적절하게 적용하는 유연성이 부족할 수밖에 없다. 따라서 인턴 상담자는 슈퍼바이저의 상담 이론을 모방하는 경향이 있다. 이때 슈퍼바이저는 인턴상담자에게는 모방이 도움이 된다는 점을 알려주는 것이 좋다. 슈퍼바이저는 인턴 상담자에게 심리적으로 지지해 주고, 상담 관련 지식을 제공해 주며 상담 수행과 관련된 정보와 조언, 내담자와의 관계에 대한 도움을 주어야 한다. 또한, 전문가 의식을 키워주고 이론과 실제를 연결할 수 있도록 도와주어야 한다.

2) 레지던트 상담자의 특성에 따른 교육 내용

(1) 상담기술

레지던트 상담자는 상담 경력이 점차 쌓여가면서 기본적이 대화기술을 사용할 수 있게 된다. 상담과정에서의 이해능력도 높아감에 따라 자신감이 생기게 되며, 내담자에 대한 인지적, 정서적 이해도 깊어지므로 내담자 상황을 폭넓게 받아들인다. 즉 진단 및 사례이해를 전보다 잘하게 된다. 레지던트 수련과정에서는 내담자를 보다 복잡하게 자각하게 되므로 내담자를 돕는 데 문제를 일으키기도 한다. 이러할 때 슈퍼바이저는 실수를 지적하기보다는 격려와 칭찬으로 심리적 지지를 해줄 필요가 있다.

레지던트 과정의 수련생들은 상담 수행에 있어서 여전히 내담자보다는 자신에게 많은 주의를 기울인다. 그래서 내담자에 대한 깊은 통찰이 잘 일어나지 않을 수 있다. 이때 슈퍼바이저는 자신의 경험담을 개방하거나 상담 수행에 신경을 쓰는 것은 극히 정상적인 현상이라 말해 주고, 수련생이 점진적인 향상을 제시해 주는 것이 도움이 된다.

(2) 상담자 심리적 요인

레지던트 상담자 과정의 수련생은 자기자각, 타인자각이 향상되어 개인 차이를 민감하게 지각하게 된다. 슈퍼바이저와의 관계에서는 독립욕구가 생기지만 여전히 의존적이다.

수련생은 점차 슈퍼바이저에게 자기주장을 하게 되고 모방행동도 줄어든다. 슈퍼바이저는 수련생의 자율을 허용하는 범위 안에서 너무 많이 개입하지 않도록 조심하며, 요청이 있을 때에는 적극적이며 지시적으로 슈퍼비전하는 것이 바람직하다. 레지던트 상담자들은 갈등, 혼돈, 자신감 상실, 위축감을 느끼기 때문에 자존감이 약화되어 상담자로서 자신을 낮게 평가할 소지가 있다. 따라서 상담자 발달수준에 따라 교육을 할 때 이 수준의 상담자에게는 낮아지는 자신감과 위축감을 높일 수 있는 교육 내용이 필요하다. 상담기술에 있어서도 내담자의 반응 양식에 따라 다르게 접근해 주는 것에 대하여 알려주는 것이 도움이 된다. 즉 지나치게 충동적이거나 감정적인 사람에게는 서서히 문제를 해결해 나가고, 수동적인 사람에게는 적극적으로 변화해 갈 수 있도록 자극하는 것이 필요하다고 구체적으로 알려주는 것이다. 이것은 이 수준의 상담자가 내담자의 심리 역동을 어느 정도 이해하게 되었음을 뜻하는 것이다.

레지던트 상담자로서 상담 경력이 더해감에 따라 한 가지 상담 접근방법만으로는 상담의 모든 문제를 다루는 데 있어서 효과적이지 않다는 것을 알게 된다. 이런 과정을 통해 여러 가지 이론들을 통합적으로 연구하게 되고 사용할 줄 알게 되며, 이론 이외의 다른 요소들 또한 수행과정에서 고려해야 한다는 것을 알게 된다. 상담에서의 긍정적인 경험은 수련생으로 하여금 자신감을 가지게 하고 새로운 상담영역에 대한 적극적인 수행을 할 수 있도록 한다. 수련 초기에 가졌던 혼란과 불안심리는 수련생으로서 경험을 쌓아감에 따라 점차 줄어들게 되지만 자신에게 주의를 기울이는 경향은 완전히 소멸되지 않는다.

이 단계에서는 무엇보다 감지력이 필요하다. 감지력therapeutic reflective competence은 자아의 투명도를 말하며 상담사의 자아성장을 위한 기초가 된다. 상담사는 자기를 감지하고 성찰하는 능력을 길러야 한다. 이는 상담사의 필수능력이다. 자신을 감지하고 성찰하는 과정을 거친 사람은 이후의 심리분석 과정을 정확히 수행할 수 있으며, 상담사로서 역할을 제대로 할 수 있다. 이렇듯, 상담사의 감지력은 상담자로 하여금 자신의 감정에 예민하게 반응하여 상담과정에서 상담자로서의 역전이를 인지하고 해결하는 능력을 가져온다. 상담자로서 내적 변화를 스스로 감지할 수 있는 능력과 자아를 조절할 수 있는 능력은 바로 자기성찰에서 완성된다고 할 수 있다.

3) 전문 상담자의 특성에 따른 교육 내용

(1) 상담기술

전문 상담자는 자율적인 상담자로서 내담자에 대해 스스로 상담계획을 세울 수 있으며, 자신에 대한 통찰과 함께 내담자에게는 공감적이다. 또한, 다양한 상담기법을 구사하여 상담과정에서의 개입 기술, 상담 접근에 능숙하다. 슈퍼바이저로부터의 피드백이나 충고를 경직되지 않고 여유 있게 수용한다. 전문상담자는 자신이 알고 있는 정보가 자신의 이론적 접근에 문제를 느끼거나 내담자에게 적합하지 않을 때에 다른 사람에게 정보를 구하기도 한다. 이 수준의 상담자는 대부분의 영역에서 이론적 지식과 상담기술이 통합되어 충분히 기능하는 숙련된 상담자라 할 수 있는 단계이다. 그러나 모든 상담자가 이 수준에 도달하는 것은 아니다.

(2) 상담자 심리적 요인

숙련된 상담사의 특징은 공감과 통찰이다. 이 수준의 상담자는 자신의 심리적 문제에 대하여 많은 부분 치료가 이루어졌고, 이로 인해 내담자 문제에 대해서도 이해가 깊어지게 된다. 상담에 대한 이론적 지식도 깊어지므로 상담수행능력에 있어서 도 현격한 진전이 있다. 이 수준의 상담자는 내담자에 대한 자신의 반응, 내담자의 정서적, 인지적 구조를 상담 중에 알아차린다. 상담 중 상담자 행동은 자신의 이론적 접근법, 성격 스타일, 상담목표와 일치한다.

이 시점에서도 슈퍼비전이 계속된다면 슈퍼바이저와 전문 상담자는 동료로서의 협동 관계를 유지하게 된다. 슈퍼바이저는 이 단계의 상담자를 전문상담자로서의 대우와 함께 상담기술 향상 및 상담자로서의 자질 향상이 계속 이어지도록 하는 것이 중요하다. 더불어, 이 단계의 전문상담자에게 슈퍼바이저를 위한 교육을 시행함으로써 앞으로 후배 상담자들을 양성하는 슈퍼바이저로서의 준비를 하도록 도와야 한다.

상담을 위한 작은 지식

프로이트

정신분석학설을 창시했다. 젊은 시절 빈 대학 의대에서 공부하던 프로이트는 한때 뇌 신경 과학에 상당한 흥미를 느껴 뇌신경학자가 되어 과학 연구에 매진하겠다는 꿈을 꾸었다. 그러나 프로이트는 안타깝게도 가정경제를 책임져야 했고, 유대인 출신으로서 지식인 상류사회에 들어가기가 만만치 않아 어쩔 수 없이 꿈을 접어야 했다. 학업을 마치고 개업의가 된 프로이트는 훈산 요제프 브로이어[3]와 함께 '최면암시'가 히스테리 환자의 건강 회복에 어떤 작용을 하는지 연구하면서 점차 자신의 '정신분석학설'을 세워갔다. 그것을 정식으로 명명하기 전에는 그러한 특수 치료를 '대화치료 talking care'라고 불렀다. 사람들은 다들 프로이트가 정신분석학설의 창시자라는 사실은 알지만 '대화 채료연구에 몰두하기 전에 뇌 신경 학술 논문을 발표했다는 사실도, 정신분석 외에 평생 의사로 살면서 글을 써 생활비를 벌었다는 사실은 잘 모른다.

3) 요제프브로이어(Josef Breuer, 1842~1925). 오스트리아 의사로, 1863년 빈 대학을 졸업하고 1868년부터 빈 대학 명예강사로 있다가 1871년 개업의가 되었고, 1894년 빈 과학원 통신 원사가 되었다.

프로이트의 오이디푸스 콤플렉스 Oedipus Complex

프로이트는 자기 심리분석을 통해, 자신이 어렸을 때부터 어머니에게 각별한 애착이 있었음을 알게 되었다. 그 애착은 강렬할 배타성과 독점성을 지니다 못해 부친과 모친의 친밀 관계를 질투하기까지 했다. 이에 프로이트는 중요한 결론에 도달했다. 즉 인간에게는 어렸을 때부터 '성욕'이 존재하고, 성욕은 가장 기본적인 인간의 '원시 욕구'이며, 인간의 모든 정신적 힘이 원동력이라 할 수 있다고 말이다. 프로이트는 이를 '성이 동력'이나 '성이 원시욕구'라고 불렀다. 프로이트는 이를 토대로 '오이디푸스 콤플렉스'이론을 정립했고, 그것은 프로이트의 정신분석에서 기본 이론이 되었다.

1897년 10월 15일, 프로이트는 자아를 분석한 편지에서 부모 한쪽에 대한 사랑과 다른 쪽에 대한 질투와 미움이 오이디푸스 콤플렉스의 두 가지 주요 요소라고 밝혔다. 프로이트는 이것은 어린 시절 심리 상태의 기본 내용이자 인간이 모든 복잡한 정신 현상의 출발이라고 주장한다. 이후 오이디푸스 콤플렉스를 중심으로 정신분석학을 설명했다. 이것은 프로이트가 자신을 감지하고 성찰함으로써 얻은 수확이라고 할 수 있다.

| 제2부 |

상담의 중요 개념

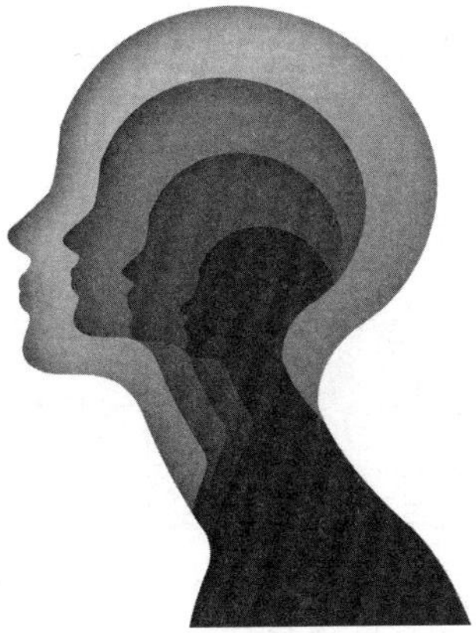

1장 통찰

1. 통찰의 개념

통찰은 현상을 꿰뚫어 본질을 보는 것이다. 프로이트는 통찰력을 '무의식을 의식으로 변화시키는 것'이라 말했다. 이런 의미에서 통찰력은 바로 '심안(心眼)이 열리는 것'으로 심리학의 원리와 시각으로 사람의 행동을 귀납적이고 종합적으로 바라볼 때 가능하다.

통찰력은 상담을 위한 또 다른 기본기로서 독특한 사유 판단 능력이다. 상담에서 통찰력이란 상담자가 내담자의 인지와 감정, 행동 등의 동기와 그것의 상호 관계를 종합하고 분석하며 심도 있게 탐구하는 능력을 말한다. 상담사의 기능이 향상되는 과정은 곧 통찰력이 점진적으로 향상되는 과정이라고 할 수 있다.

통찰은 내담자가 현상을 꿰뚫어 본질을 보고 자신의 행동과 그 동기를 더 잘 이해하도록 돕는다. 다시 말해, 통찰력의 성공 여부는 내담자가 말하는 어려움을 상담자가 그에 맞는 이론으로 해석해낼 수 있느냐에 달렸다. 통찰은 내담자로 하여금 자신의 저변의 모습을 보고 깨닫도록 하는 데 그 목적이 있다. 문제의 핵심을 정확히 간파하고 내담자가 쏟아놓는 말들을 심리학 근거에 의해 분석해내는 것이다. 상담사가 내담자의 문제 서술에 대하여 통찰력을 발휘하지 못하는 것은 환자의 병을 의사가 진단하지 못하는 것에 비유할 수 있다.

2. 통찰력과 관찰력의 차이

통찰력과 관찰력은 다른 개념이다. 관찰력은 인지 수준과 분석 수준이 결합된 것으로써 장기간의 실천과 훈련 그리고 검증이 필요하다. 예를 들면 사람을 관찰하려면 풍부한 심리학 지식, 장기간의 과정, 일관되게 관찰해 온 사례에서 검증을 통해 얻은 경험 등이 필요하다. 관찰력이 형성된 사람은 일반적으로 마음의 여유가 있으며, 관찰 능력이 어느 정도의 수준에 이르면 점차 통찰력으로 승화된다.

통찰력은 관찰력처럼 절차나 세부사항이 필요하지 않다. 그것이 내포하는 것은 총체적인 사유다. 통찰력은 임의로 발휘되지만, 잠재적 규칙을 가지고 있다.

2장 투 사

1. 투사의 개념

투사는 인정하고 싶지 않은 개인감정이나 소망을 자신에게 속한 것이 아닌, 다른 사람에게 속한 것이라고 지각하는 것이다. 이러한 투사는 자신의 욕구나 감정을 자신의 것으로 자각하고 접촉하는 것이 두려운 나머지 그에 대한 책임 소재를 타인에게 돌림으로써 나타난다. 사람들이 투사를 하는 이유는 받아들이기 힘든 부분을 부정하고, 그것을 타인의 것으로 돌려버림으로써 심리적 부담을 덜 수 있기 때문이다. 그래서 이 기제를 사용하는 사람들은 자신의 잘못을 다른 사람에게 전가하는 등의 행동을 통하여 자신의 결함이나 결점을 인정하려 하지 않는다. 우리는 일상의 삶 속에서 빈번히 투사를 사용하고 있는데 잘 모르고 있을 뿐이다. 일반적인 투사의 예로는 어떤 사람에 대한 미움의 감정이 있을 때 그 사람이 자신을 미워하기 때문에 그를 미워할 수밖에 없다고 정당화하는 경우이다.

이러한 투사기제를 사용하는 경우, 남에게 책임 전가, 현실을 왜곡하는 현상 등이 나타나게 된다. 투사는 정신증적 상태나 망상증후군에서 많이 발견

되지만, 정상인의 일상에서도 널리 사용되는 기제이다. 자신이 타인에게 애정이나 적개심을 가지고 있으면서 오히려 타인이 자기에게 애정이나 적개심을 가지고 있다고 보는 등, 일상생활에서 빈번히 볼 수 있는 모습이다. 자신이 남에게 투사하고 있는 것을 알지 못하면 자신의 것을 남에게 전가하면서도 자신은 전혀 문제가 없다는 오류를 범할 수 있다. 따라서 투사적 사고를 하는 자신을 보는 것은 아주 중요한 훈련이다. 상담자는 자신이 누구에게, 어떤 내용을, 어떤 형태로 투사하고 있는지 자각하여 그러한 투사는 바로 자신의 것임을 깨닫고 이해함으로써, 좀 더 책임 있고 능동적인 삶을 살 수 있어야 한다.

2. 투사적 동일시

상담을 통하여 도움을 받고 긍정적인 방향으로 나아가던 내담자도 어느 시점에서 상담자와 저항에 부딪힌다. 상담이 원하는 대로 이루어지지 않을 때 상담자가 주의해야 하는 것은 내담자의 부정적인 대상관계에 조종당하지 않는 것이다. 이것은 바로 내담자의 투사에 조종당하지 않음을 의미하는 것이다.

대상관계를 통하여 볼 때 사람은 부모와의 관계양식을 통해서 자신의 자아와 부모 자아를 이해하며, 자신이 이해한 방식을 가지고 다른 사람을 이해하며 관계를 맺어간다. 자녀는 특히 어머니에게 강한 긍정적 경험과 부정적 경험을 모두 가지고 있으며 이것을 자신의 자아에 내면화한다. 어머니는 때로는 좋은 양육자로 또 다른 경우에는 거부를 통하여 나쁜 양육자로 기억될 수 있다. 이때 자녀는 어머니에 대한 생각 또는 이미지(내적 표상 혹은 대상)가 모순된다는 경험을 하게 되면서, 이러한 경험을 토대로 인지적 불일치와 불안을 느낀다. 자녀는 이런 불안을 처리하기 위해 내적 대상인 어머니를 좋은 면과 나쁜 면으로 분리하고, 그것들을 각각 상상의 대상으로 만들어낸다. 그러면 모순이 감소되고 평정을 느끼게 된다.

개인의 초기경험은 자기표상과 대상표상으로 각인된다. 출생 초기부터 유아는 대상과 상호작용하면서 자기표상self representation 및 대상표상object representation을 형성하는데, 이것이 대인관계의 기본 프레임frame으로 작용한다.

유아기에 중요한 관계의 사람들과 맺어지는 상호작용은 긍정적인 경험과 부정적인 경험이 아우러지는데, 이런 경험으로부터 인식된 표상들은 그대로 유아의 내면에 자리 잡게 된다. 긍정적인 표상은 긍정적인 대로, 부정적인 표상은 부정적인 대로 조직되어 자신과 대상에 대한 하나의 체계적인 표상으로 기억되는 것이다. 이러한 심리적인 속성에 의하여 타인의 부정적인 모습 중 대부분은 실제로는 투사된 자신의 부정적인 속성인 셈이다. 따라서 인간관계는 실제적인 대상과의 관계라기보다 자신의 내면을 투사하고 있는 이미지에 의한 관계라 할 수 있다.

따라서 상담자는 내담자의 무의식에 자리 잡은 병리적인 행동에 대하여 설명하고 현재의 충돌양상을 직면시킴으로써 현재 내담자의 상태가 과거의 대상관계의 관계양식에 의한 것임을 깨닫도록 도와야 한다. 이때 수용과 통찰이 깊은 수준에서 일어나는 내담자는 변화과정도 빠른 속도로 진행된다. 따라서 상담자는 내담자가 과거의 대인관계 양식을 자동적으로 반복하는 것을 그치고 지금-여기에서 새로운 관계양식을 맺도록 함으로써 의식적이고 합리적인 관계를 할 수 있도록 도와주는 것이 그 무엇보다 중요한 과제이다.

3. 투사 벗기

우리가 타인에 대해 안다고 의식하는 것은 자기 생각과 마음, 즉 무의식에 근거한 것이다. 이러한 심리적 한계를 인정할 수 있을 때 투사를 벗을 수 있다. 즉 자신의 주관성으로 남을 보고 판단하는 것이 아니라 자신이 보고 싶은 것만을 본 것이다. 그러기에 타인에 대한 자기 생각은 자신의 모습 중 일부분일 수 있다는 것을 먼저 인정해야 한다. 그러나 타인의 모습 중에 일부분을 본 것은 분명한 사실이다. 한 개인이 객관적인 시각으로 인식하고 표현하기 시작할 때 비로소 투사에서 벗어날 수 있다. 이러한 것은 끊임없이 노력하고 훈련할 때, 더 이상 오류를 범하지 않고 건강한 관계를 맺어갈 수 있게 되는 것이다. 타인을 보기 전에 자기통찰self- insight이 우선되어야 하는 이유이다.

4. 투사 사례

1) 부정적 투사

부정적 투사는 자신의 모습 중 부정적인 면을 상대방에게 돌리는 것이다.

어떤 집단원은 감수성 훈련자가 모임을 인도하는 것에 대해 이의를 제기하며 훈련방법에 대해 불만을 토로하기도 한다. 이때 상담자는 그의 말을 수용하고 자신에게 그러한 면이 있음을 인정하는 진솔함과 여유를 보여야 한다. 그리고 그에게 도움을 주기 위해 감수성 훈련자에게 불만을 토로한 그 행동이 혹시 이의를 제기한 자신에게도 있을 수 있음을 완곡하게 표현해 줄 필요가 있다. 이러할 때는 잠시 시간을 주고 생각의 여유를 주면 그 본인도 상담자에 대한 자기의 마음이 투사였음을 가슴 깊이 수용하게 된다.

2) 긍정적 투사

긍정적 투사는 자신에게 있는 긍정적인 점을 상대방의 것으로 돌리는 것이다. 한 예로 자기 존중감이 매우 낮은 내담자에게 치료자가 그에게 한 그림을 보여주며 그림에 대해 가능한 모든 긍정적인 진술들을 해보라고 말했다. 그러자 그 내담자는 그림에 대한 감성으로 "안정되고 따뜻하며 아름답고 신기하다." 등의 수식어들을 사용했다. 이때 치료자는 다시 내담자에게 '나는'이라는 말을 그 형용사들 앞에 붙여서 말하게 시켰는데, 내담자는 이 실험을 하고 난 뒤, 마침내 자기 자신에게도 그러한 속성이 있음을 발견하고 매우 기뻐했다. 이것은 내담자가 이제까지 자기 자신의 장점을 다른 사람들에게 투사하고 자기는 쓸모없는 사람이라고만 생각해 왔는데, 그림에 자신의 장점을 투사한 사실을 발견하고서 자신의 내면에 이렇게 긍정적인 모습이 있음을 찾아내고 기뻐한 것이다.

3장 주도성

1. 주도성의 개념

주도성은 자신의 삶에 대해 주인 의식을 가지고 자기 행동에 대해 책임지는 적극적인 태도를 말한다. 주도성에는 자신의 삶에 대한 적극성이 내포되어 있는데 적극성이란 무모하게 밀어붙이거나, 지나치게 나서서 비난의 대상이 되거나, 공격적이 된다는 것이 아니다. 주도성은 어떤 일이든 내가 선택한 것은 나 자신이 끝까지 완수할 책임이 있음을 인식하는 것이다.

주도성에는 책임감이 동반되는데 그것은 누군가에게 책임을 지도록 하고 부담을 주며 괴롭게 하는 것이 아니라, 그가 자존감을 가지고 자신의 삶을 경영할 수 있도록 돕고, 높은 수준의 삶을 살도록 존중하는 것이다. 주도적인 사람은 환경이나 조건, 사람에 의해 지배를 받지 않는 사람이다. 오히려 상황을 자신이 주도적으로 이끌어감으로써 보다 성공적인 삶을 이루어간다.

2. 주도적인 행동

인간은 자신이 원치 않는 고통의 자극을 받으면 본능적으로 그것을 방어하거나 거부하고 싶은 마음이나 행동을 하게 된다. 이때 본능적인 반응을 긍정적으로 잘 다스리되 자유의지에 의해 자신의 행동을 결정한다. 주도적인 행동의 심리적 기저에는 자아의식에 의한 상대방과 자신을 사랑하는 마음이다. 이로 인해 발현되는 것이 바로 주도적인 행동이다. 주도적인 행동에는 용기와 결단이 필요하며 때로 이를 위한 훈련이 필요하다.

3. 주도적인 말

말은 자신에 대한 예언이다. 자신의 말은 자신이 제일 먼저 인식하게 되는데 이것이 언어에너지의 원리이다. 사람은 자기가 바라보는 쪽으로 나아가고, 말한 대로 이루어지는 경향이 있다. 사람은 말과 사고와 감정, 그리고 행동의 일관성을 유지하는 유기체적인 성향이 있다. 자신의 운명은 이미 결정됐다는 패러다임을 강화시킬 경우 숙명론으로 정당화된다. 이것은 자신의 인생에 대한 책임을 상실하게 할 뿐만 아니라 피해의식 가운데 스스로에 대한 통제력을 상실하게 한다. 이런 말을 하는 사람들은 자신이 처한 상황을 다른 사람, 주위환경 탓으로 돌린다. 따라서 주도적으로 말하고 생각하는 훈련을 하는 것은 삶을 세워나가는 기본적인 훈련이다. 결국, 주도적인 말이란 긍정적인 말, 적극적인 표현이다.

4장 자 각

1. 자각의 개념

자각이란 현재 자신의 신체적 상태나 느낌 또는 사고가 어떠한 상태에 있는가를 스스로 인식하는 것을 말한다. 즉 개체가 자신의 삶에서 현재 일어나고 있는 중요한 현상들을 방어하거나 피하지 않고 있는 그대로 지각하고 체험하는 행위를 뜻한다. 자각은 지금 이 순간에 자신의 욕구나 감정, 생각, 행동, 환경, 그리고 자신이 처한 상황 등을 알아차리는 것이다. 또 자기 행동의 주체가 자기 자신이라는 것과 특정 상황에서 자신이 선택할 수 있는 행동반응과 타인의 욕구와 그 영향 등을 아는 것 등도 자각에 해당한다. 요컨대 자각이란 우리의 중요한 내적, 외적 상황에 대해 보다 구체적이고 현실적으로 아는 것이다. 즉 내가 지금 어떠한 태도를 취하고 있으며, 무엇을 보며 무엇을 느끼고 있는지, 어떻게 생각하고 있는지, 타인은 무엇을 원하고 있는가를 스스로 실감하는 것을 말한다.

2. 자각의 종류

1) 신체감각 자각

신체감각은 자신의 신체가 어떠한 상태에 있는지 알아차리는 것이다. 신체감각은 많은 경우 욕구나 감정 자각과 연결된 경우가 많다. 예를 들어 자신의 감정은 편안한 것 같지만 신체가 긴장된 것이 느껴진다면, 그때의 신체감각은 긴장된 것이며, 감정은 편안함보다는 불안한 감정일 가능성이 크다. 신체감각을 자각하는 것은 욕구나 감정을 자각하는 데 도움을 준다.

2) 욕구 자각

사람이 자신의 욕구를 자각하는 것은 삶에 큰 영향을 주게 된다. 자신이 원하는 것이 무엇인지 명확히 알지 못하면 행동의 목표를 상실하고 혼란에 빠지기 때문이다. 사람들은 욕구를 해소하려고 각종 행동을 하게 된다. 그러나 많은 사람은 자신이 원하는 것이 무엇인지 잘 모른 채 살아간다. 그것은 그들이 성장 과정에서 자신의 욕구를 자각하고 표현하는 것에 대해 훈련이 되어있지 않으며, 주위로부터 부정적인 반응을 받은 경험이 있기 때문이다. 이러한 사람들은 오랫동안 자신의 욕구를 억압하고 타인의 기대나 도덕적 기준에 의해서만 행동해왔기 때문에 진정한 욕구를 자각하는 것이 쉽지 않다.

3) 감정 자각

감정은 주관적인 느낌이다. 감정은 욕구와 서로 밀접하게 관련되어 있어서 욕구가 성취되었을 때는 좋은 감정을 느끼고 그렇지 못할 때는 불쾌한 감정을 느낀다. 만일 좋은 감정을 느끼게 되면 그와 관련된 욕구를 긍정적으로 받아들여 그것을 다시 추구하고 싶은 의욕이 생긴다. 불쾌한 감정을 느끼는 경우,

그 감정을 느끼는 것이 싫어서 그 감정을 억압하거나 회피해 버리게 되면 그 것이 오히려 문제가 되는 경우가 많다.

4) 환경 자각

환경 자각이란 주위 환경에 무엇이 있는지, 어떤 일이 벌어지고 있는지 등을 자각하는 것이다. 예컨대, 길을 가다가 길 가운데에 빙판이 형성된 것을 자각한다든지, 혹은 동네에 공사장이 있어 공사장 주위에 안전펜스를 설치한 것을 자각하는 것과 같은 것이다. 실연하여 마음이 상심한 사람은 화창한 봄 날씨와 산들거리며 지나가는 따뜻한 봄바람, 청명한 가을날에 길가에 피어있는 코스모스 등을 잘 자각하지 못한다. 즉 환경과 접촉을 하지 못해 봄의 정취를 느끼거나 행복한 기분을 느껴볼 수 있는 가능성을 상실해 버리는 것이다.

5) 상황 자각

상황 자각이란 현재 자신이 처한 상황을 있는 그대로 정확히 자각하는 것을 말한다. 만일 자신에게 호의적인 상황을 악의적인 것으로 잘못 자각하거나 혹은 악의적인 상황을 호의적인 것으로 왜곡하여 자각하는 것은 모두 부정적인 결과를 초래한다. 사회생활을 하며 살아가는 현대인에게 상황 자각은 관계성을 결정하는 매우 중요한 영역이라 할 수 있다.

6) 내적인 힘 자각

이것은 자신이 갖고 있는 힘 또는 행위능력을 자각하는 것을 말한다. 여기서 힘이란 어떤 일을 할 수 있는 능력이나 에너지다. 어떤 상황을 견딜 수 있는 능력 또는 환경에 영향력을 행사할 수 있는 능력 등을 뜻한다. 만일, 자기의 능력을 인정할 수 없고 아무런 일도 감당할 수 없는 나약한 존재로 인식하며 자신을 비관적인 시각으로 보고 있다면, 그는 자신의 능력을 발휘하지 못하고 힘들게 살아갈 가능성이 크다. 사실 우리의 힘은 외부에서 오는 것이 아니라 자기 자신에 대한 확신으로부터 시작한다. 자신에 대한 믿음이 없는 사람은 상대도 믿기 어렵기 때문이다.

7) 사고패턴 자각

사고패턴은 과거의 경험이 주는 결과로 형성된다. 과거 경험이 부정적인 사람의 경우 고정된 사고패턴이 끼치는 악영향이 매우 크다. 그들은 현실을 있는 그대로 보고 판단하는 것이 아니라 과거 자신의 부정적인 경험으로 지각하기 때문이다. 그들은 현재 아무리 긍정적인 사건이 발생해도 그것을 긍정적으로 지각하지 못하고, 고정된 패턴에 따라 부정적 시각으로 인식해 버린다. 때문에 부정 경험이 더욱 쌓이게 되고, 자신감을 상실하게 된다.

8) 행동패턴 자각

행동이 반복되어 습관적으로 굳어질 때 그것은 하나의 행동패턴으로 형성된다. 예를 들어 부모에게서 사랑을 받지 못하고 자란 사람이 그 부모의 사랑을 받으려고 온갖 노력을 다하는 것은 충족되지 못한 애정 욕구를 충족 받고 싶어서 나타나는 행동이라 할 수 있다. 이런 경우 나타나는 결과로는, 누구에게나 친절하면서 늘 착한 행위로 일관하는 태도를 보인다. 자신의 욕구를 억누르며 타인의 요구에만 자기를 맞추는 행동이 패턴화되는 것이다.

3. 자각의 유의

자각은 자기를 만나는 것으로서 다음과 같은 유익이 있다. 첫째, 자각이 이루어지는 만큼 진정한 자기 통제력이 이루어지며 주도적 의식을 갖게 된다. 둘째, 인생을 바라보는 시각이 긍정적으로 변화되어 세상을 인식하는 시각이 새로워지며, 자신이 원하는 대로 삶을 이끌어 가려 노력한다. 셋째, 자기감정 조절이 가능하게 되어 삶 속에 아름다움과 멋을 추구할 수 있다. 넷째, 모든 사람에게 존경받는 리더자로 남을 도우며 살아간다. 다섯째, 미래에 대한 소망을 갖게 되고, 보다 이타적인 삶을 지향하게 된다.

상담을 위한 작은 지식

상호교류분석 치료법 Transactional Analysis Therapy

'상호교류분석 치료법'은 에릭 번Eric Berne이 1950년대에 창시한 것으로, 주요 내용은 다음과 같다.

1. 인격에는 '부모 자아Parent Self', '성인 자아Adult Self', '아동 자아Child Self'라는 세 가지 자아 상태가 있다. 이중 부모 자아는 부모의 가치관을 대표한다. 내재화된 결과가 권위적이다. 성인 자아는 외부환경에 대해 객관적으로 반응하고 평가하며 감정적이지도, 권위적이지도 않다. 아동 자아는 인격에서 아동의 욕망과 충동을 드러내며 본능적인 부분으로 감정적이다. 이 세 가지 자아 상태는 인격의 충돌과 균형을 구성하는 기본이다.

2. 사람은 모두 타인, 특히 자기 삶에서 중요한 인물에게 사랑받고 인정받기를 갈망한다. 대게 부모, 스승, 상사, 친구, 연인 등이 포함된다. 인격 성장 중에 사랑과 인정을 많이 받을수록 인격 충돌은 줄어들고 자신감은 강화된다. '부모 자아', '성인 자아', '아동 자아' 사이의 긍정적 교류는 적극적이고 긍정적인 생활 각본life script을 만들어내는 작용을 한다. 이와 반대의 경우엔 나쁜 인격을 초래하고, 교류 가운데 초

조와 자기비하만 점치게 한다.

3. 심리상담은 내담자를 통합형 인간integrated person으로 만드는 게 목적이다. '부모 자아'와 '아동 자아'가 상호 교류하는 것에서 탈피해 '성인 자아'의 기능을 강화함으로써 더는 남의 지배를 받지 않게 하는 것이다. 이로부터 타인과의 친밀한 인간관계를 구축하고 교류 가운데 자아성찰을 배우게 하는 것이 바로 '상호교류분석 치료법'의 핵심적 임무다.

4. '상호교류분석 치료법'은 그 훈용 기법에서 경청과 분석 역할을 매우 강조한다. 이는 내담자가 자기 인격에서 '부모 자아'와 '아동 자아'의 충돌을 깊이 있게 성찰해 '성인 자아'의 시각으로 개인 생활이 각본을 자세히 들여다볼 뿐 아니라 생활 속의 온갖 도전을 적극적으로 직면하고 자신감을 강화하는 데 목적이 있다.

|제3부|

상담자의 인격

1장 인격적 존중

1. 인격의 구조

1) 원본능Id

원본능은 인격의 가장 원초적인 체계로서 무의식이 영역이며 출생 시 사람은 원본능만이 전부이다. 이 원본능은 정신 에너지의 원초적인 모체이며 조직성이 결여되어 있다. 또한, 원본능은 맹목적이며, 욕구적이다. 긴장이 감소, 고통 회피, 쾌락의 이득을 목적으로 하는 쾌락원리에 지배되는 원본능은 비논리적이며, 무도덕적이다. 단 한 가지의 쾌락원리에 부합된 본능적인 욕구를 만족시키기 위한 생각에 의해 구사된다. 이러한 원본능은 성숙하지 않으며 인격의 버릇없는 미숙한 모습인 채로 남아있게 된다. 원본능은 사고(思考)하지 않고 단지 바라거나 행동하기만 한다.

2) 자아Ego

자아는 현실적인 외부세계와 관계를 가지며 인격을 제어하고 통제하며 또한 규제한다. 원본능과 초자아 사이를 조절한다. 자아는 의식을 통제하고 잠재의식에 대해 억압력을 행사한다. 자아는 현실적이고 논리적인 사고를 하며 욕구충족을 위한 활동계획을 수립한다. 자아는 원본능의 맹목적인 충동을 검토하고 조절하는 지성과 이성(理性)의 영역이다. 원본능은 주관적 실제만을 아는 반면에 자아는 정신적 영상과 외부세계에 있는 것들을 구별한다.

3) 초자아Superego

초자아는 인격의 도덕적인 부분에 해당한다. 초자아는 사람의 도덕규범으로써 행동의 선악과 행동의 옳음과 그릇됨에 관한 것이 주관심사이다. 초자아는 현실보다는 이상(理想)을 대표하며 쾌락보다는 완성을 위해 노력한다. 그 기능은 원본능의 충동을 억제하고, 자아가 현실적인 목표 대신 도덕적인 목표를 가지며 완전을 위해 노력하도록 하는 정신영역이다.

2. 인격의 요소

1) 가면적 인격

인격personality의 어원은 연극의 가면(역할, 등장인물 등)을 뜻하는 라틴어의 페르조나persona에서 나온 말로서, 가면적 인격은 자신에게 주어진 역할을 수행할 수 있는 능력과 사람과 사람 사이의 적절한 간격을 유지할 수 있는 능력이다. 역할은 인격을 기능으로 보는 개념으로, 자신의 본래 모습보다는 외형적으로 드러나는 모습을 의미한다. 다른 말로 외면적 인격이라고 할 수 있으며, 이것은 겉으로 나타나는 그 사람의 모습이다. 일반적으로 사람들은 겉모습을 보고 사람을 판단하고 평가하는 경향이 있는데, 이때의 판단은 그의 전 인격에 대한 평가라기보다는 외적인 모습, 가면적 인격에 대한 평가인 것이다. 가면적 인격에 대한 평가는 단면적 평가일 뿐 그 사람의 전인격적인 평가는 아니다.

인간은 사회적 존재이며 외적인 모습도 무시할 수 없으므로 우리에게 필요한 것이다. 가면적 인격이 잘 다듬어진 사람은 다른 사람에게 피해를 줄 만한 행동은 가급적 자제하고 타인을 배려하는 마음을 갖는 사람이다. 이를 위해 기본적인 관계 예절을 몸에 익히는 것이다. 가면적 인격의 교육 목표는 자신을 지키면서도 타인의 영역을 침범하지 않는 능력을 키우는 것이다.

가면적 인격이 적절하게 세워지게 되면 삶에서 예의 바른 태도와 신사도를 갖게 되며 탁월한 일 처리 능력을 갖게 되지만, 너무 지나치면 위선적인 삶을 살거나 타인에게 지나친 간섭을 하는 태도를 보이게 된다. 건강한 인간관계는 물리적, 심리적, 영적 경계가 필요하다.

경계가 분명하지 않은 경우는 다음의 두 가지로 나타난다. 첫째는 경계선을 유지할 능력이 부족하다. 이런 사람을 다른 사람이 자신에게 상처를 주어도 방어할 힘이 없기 때문에 혼란, 소외감, 거절감, 좌절뿐 아니라 정체성 상실, 무절제한 삶, 분노, 무책임 등의 수많은 문제점이 드러난다. 그리고 심한 경우에는 병리적인 상태까지 발전하게 되어 각종 인격 장애가 나타나게 된다. 둘째는 반대의 경우로, 경계를 침범하는 경우이다. 이런 사람은 자기 기분대로 타인의 사적인 경계를 침범하면서도 이것이 문제임을 자각하지 못한다.

2) 내면적 인격

내면적 인격은 말 그대로 자신의 내면에 은밀히 감추어진 자신만이 알고 있는 모습이다. 내면적 인격은 마음이나 중심이라는 말로 표현할 수 있다. 내면적 인격은 다른 사람에게 쉽게 드러나는 것이 아니어서 자기 스스로가 자신의 악이나 부패성을 인정하고 고백하지 않는다면 그 누구도 알 수 없는 부분이다. 따라서 이를 적절하게 다루고 노출하며 고백할 수 있는 능력이 있어야만 내면적 인격이 드러나게 되며 건강하게 성장할 수 있다.

자신의 내면을 표현하기 위해서는 자기를 향해 다른 사람들이 평가할 수 있는 모든 비판과 정죄, 거절의 두려움을 믿음으로 이겨내며, 있는 그대로의 자신을 보여줄 수 있는 용기가 필요하다. 여기서 말하는 용기는 자신의 인격을 세워나가는 내면적 투쟁이다. 인간은 그 본성이 죄와 유혹에 약한 존재이므로 자제력을 키우지 못하면 갖가지 유혹에 흔들리게 된다. 이때 내면적 인격이 다듬어져 있지 않으면 유혹에 잘 넘어질 가능성이 크지만, 내면적 인격이 다듬어져 있으면 그 유혹을 이길 수 있는 내적 힘을 갖게 된다. 그런 사람은 내면에서 품위나 품격이 우러나게 된다.

내면적 인격이 부족하면 인생을 살아가는 목표나 비전, 철학이 없는 삶을 살아가기 때문에 삶의 깊이, 즉 내밀성이 없다. 그래서 상황에 따라 흔들리거나 사람의 유혹에 쉽게 넘어가는 가벼운 삶의 모습을 가지게 된다. 더구나 자신이 어느 수준에 이른 것처럼 착각하게 되는 경우, 교만한 태도를 보이게 되며 타인에게 심각한 상처를 주게 되는 것이다. 내면적 인격에서 필요한 덕목으로는 절제, 언행일치, 겸손, 용기, 진실 등이다. 이 중에서도 절제는 모든 언행의 본질이 된다.

3) 관계적 인격

관계적 인격이란 내가 다른 사람에게 영향을 주며, 그 역시 나에게 영향력을 행사하는 관계성을 의미한다. 서로가 상대방의 존재에 참여하면서 피차의 존재를 의식하고 확인하는 것이 관계적 인격을 가지고 있을 때의 모습이다.

인간은 사회적인 관계에서 태어나고 그 관계 속에서 생을 마감하는 관계성의 존재이다. 그래서 인간은 생태적으로 관계를 맺으려는 강한 본성이 있다 이 점이 인격적인 관계를 지향하는 인간 본성의 한 특성이며, 인간을 인간답게 만드는 요소인 것이다. 인간은 자신을 숨기고 싶어 하면서도 노출하고 싶어 하는 이중적 욕구가 있다. 즉 인격적인 관계를 맺기 위해 마음속 깊은 곳을 여는 것을 두려워하면서도, 자신을 표현하고 자기 인격을 외부 세계에 드러내고 싶어 하는 강렬한 욕구가 동시에 존재한다. 이 숨김과 노출의 욕구를 적절히 조절하여야 건강한 사회적 관계가 유지될 수 있다.

사람과 관계를 맺는 데 가장 필수적인 것은 자신의 감정과 마음을 노출시켜 나를 열어주는 것이다. 즉 타인과 대화할 때 상대의 개인적인 문제에 깊은 관심을 가지는 한편 나 자신의 삶과 문제들을 개방하여 인격적인 신뢰관계를 상호 간에 형성해 나가는 것이다. 이렇게 자신의 삶을 여는 진실한 용기와 주도적인 개방은 상대방으로 하여금 신뢰의 마음을 갖도록 하며 진실한 관계가 이루어지게 한다. 관계적 인격에서 필요한 태도는 상대에 대한 진심 어린 관심과 배려이다.

3. 인격회복의 과정

건강한 삶을 위한 우리의 참된 회복을 위해서 다음의 과정들이 필요하다.

첫째, 자신의 부족함을 인정해야 한다. 인간은 누구나 부족하다. 그러기에 인생 가운데 우리가 익혀야 할 것은 최선이다. 주어진 역할에 최선을 다하는 것만이 참된 회복으로 가는 길이라는 것을 기억해야 한다.

둘째, 자신의 상처를 드러내야 한다. 물론 아무에게나 개방해서는 위험하다. 말하는 사람만이 아니라 듣는 사람의 인격도 중요하기 때문이다. 그러나 상대가 신뢰할 만한 대상이라면 자신의 상처를 인식하고 자기를 드러내는 일은 무엇보다 중요하다. 이것이 상담이요, 심리치료이다. 상처를 준 사람과 직접적으로 만나기 부담스럽거나 용기가 없어서 말을 할 수 없는 경우 제삼자에게 자신의 마음을 표현하는 것은 상처 치료의 과정에서 너무도 중요하다. 마음을 다치게 한 사람이 바로 앞에 있다고 생각하고 가능한 한 그때의 상황과 같이 생생한 감정으로 말하며 행동할 수 있다. 이런 가상의 상황은 자신이 보호받고 있으며 안전하다는 느낌을 주기 때문에 실제 상황일 때보다 부담이 적으면서도 근본적으로는 현실과 똑같은 감정을 불러일으켜 문제를 해결하는 치료의 효과가 있다.

셋째, 자신의 지난 삶의 배경을 검토해 보아야 한다. 자신의 현 상태가 과거 마음의 상처 때문이라는 것을 모를 때, 이 무지로 인해 상처가 무의식 속으로 깊이 뿌리내려져 있는 것이다. 과거의 상처 난 부위에 대해 모르면 모를수록 현재 어떤 사건이 왜 그렇게 깊이 상처를 주는지 이해하기가 그만큼 어려워진다. 이런 경우는 치료과정이 쉽지가 않다. 그러나 회복을 위하여 인내하면서, 사람들의 관계성과 상처를 받는 이유, 출생가정의 역기능적 상황들을 하나하나 풀어갈 때 치료는 시작된다. 과거의 상처를 받게 된 상황과 이유를 이해하고 그것이 지금의 나에게 어떠한 영향을 주고 있는지 인식되면 마음의 상처를 해결하는 데 있어서 훨씬 용이해진다.

넷째, 신뢰의 인간관계를 새롭게 구축해야 한다. 비인격적인 관계, 상대의 냉정한 대우는 마음에 상처를 남긴다. 인간의 모든 상처는 결국 만남이 병들었기 때문에 생긴 것이다. 따라서 사람에게 받은 마음의 상처를 치료하기 위해서는 신뢰할 수 있는 사람과의 의미 있는 만남이 필요하다. 이때 치료과정의 순서를 주의해야 한다. 먼저 자기치료가 있고 다음으로 타인치료로 진행되어야 한다. 나 자신의 마음이 건강해야만 내 주변의 모든 사람에 대하여 평안하고 넉넉한 가슴으로 대할 수 있기 때문이다. 이러한 과정을 경험할 때에 치료는 시작된다.

4. 존 중

1) 존중의 개념

존중은 사람을 소중히 여기는 마음이다. 존중은 인간 존재 그 자체가 가치 있기 때문에 사람의 존재를 소중히 여긴다는 의미이다. 존중은 인간을 바라보는 방법으로 도덕적 특성이나 태도로 생각할 수 있다. 이러한 인간의 본질적인 가치가 없다면 타인을 돕기 위하여 자신을 헌신하기는 어려울 것이다. 그러나 가치는 행동으로 표현될 때 가치로 인식될 수 있다. 존중도 이와 마찬가지다. 존중과 가치의 같은 점은 인간을 보는 하나의 시각이다. 상담의 취지가 바로 사람의 개성과 발전 잠재력을 존중하는 것이다.

2) 존중의 특성

존중은 내담자에게 향하는 상담자의 진심이며, 내담자를 존중한다고 하는 것은 마음과 태도뿐 아니라 구체적인 행동으로 표현하는 것이다.

(1) 내담자를 지향하는 상담자의 진심

상담자는 내담자를 진심으로 존중하는 마음과 태도로 대해야 한다. 이러한 상담자로서의 특성은 다음과 같다.

① 내담자를 위한 존재

내담자는 한 인격체로서 존중되어야 하며, 상담자는 내담자를 위한다는 태도로 일관되어야 한다. 상담자는 내도나 마음뿐 아니라 구체적으로 내담자를 돌보고 관심으로 살피는 사람이다. 내담자를 위한 존재라는 것은 상담자가 내담자의 본질적인 인간적 가치를 인정하고 그의 개선되는 미래에 관심을 기울인다는 것이다. 그러므로 존중은 때로는 너그럽게, 때로는 강경하게 직면하여야 한다.

② 상담자의 자발성

상담자는 내담자를 위해 자발적으로 헌신하는 자이다. 물론 이러한 상담자의 자발성은 상담자 자신이 내담자를 돕는 데 필요한 자원과 실력을 갖추어야 함을 포함한다. 존중하는 상담자에게 있어서 돕는 일은 하나의 직업이 아니라 가치이다. 상담자는 "이 내담자를 상담하는 일에 나의 정력과 시간을 투자하는 것은 가치 있는 일이다."라고 말할 수 있어야 한다. 이 때문에 상담은 위대한 작업이며, 전문적인 상담기술을 갖춘 사람이 상담을 해야 한다. 존중은 감성적 영역이 아니라 이성적 영역이다.

③ 내담자의 개성을 존중

존중은 내담자의 독자적인 인격에 관심을 기울이는 것이다. 이것은 상담자가 내담자의 독특성을 지원하고 내담자 자신의 자원을 개발하는 데 헌신한다는 것을 의미한다. 유능한 상담자는 내담자를 변화시키는 데 노력을 기울이지만, 이것은 상담자가 원하는 이미지로 내담자를 변화시킨다는 의미는 아니다. 본질적으로 내담자가 가지고 있는 부정적인 요소를 제거하고 긍정적인 강점에 집중하여 개발하도록 돕는 것을 의미한다.

④ 내담자의 자기 결정을 존중

상담자의 기본적인 태도는 내담자를 신뢰하는 것이다. 이것은 내담자가 자기의 삶을 더 효과적으로 살 수 있게 만드는 충분한 자원을 이미 가지고 있다고 신뢰하는 것을 의미한다. 상담자의 임무는 병리적인 현상으로 억눌려 있는 심리적 압박으로부터 내담자를 해방시키고 그 긍정적인 자원을 계발하도록 돕는 것이다.

⑤ 내담자의 선의를 인정

내담자를 존중하는 상담자는 내담자가 보다 효율적으로 자신의 삶을 살길 원한다. 즉 내담자는 자기 삶의 문제를 효율적으로 조정하길 원한다고 가정하는 것이다. 상담자는 내담자가 성장을 거부하는 것으로 생각하지 않는다. 너무나 많은 상담자가 내담자에게 '동기부여'가 되어있지 않다는 이유로 상담을 포기한다. 그러나 이러한 판단은 상담자의 자아ego를 위한 것이지, 반드시 내담자의 태도가 그렇다고 하는 것을 의미하지는 않는다.

(2) 내담자를 향한 존중의 구체적 표현 방법

존중의 태도를 상담과정에 활용하기 위해서는 행동에 옮겨야 한다. 존중의 태도를 행동으로 표현하는 방법은 여러 가지이다.

① 주의집중

주의집중은 그 자체가 내담자에 대한 존중을 보여주는 방법이다. 이것은 "나는 당신과 함께 있습니다." 혹은 "나는 당신이 보다 나은 삶을 살도록 도움을 주고 싶습니다.", "당신을 돕는 일에 나의 시간과 노력을 투자하는 일은 가치 있는 일입니다."라는 말을 행동으로 표현하는 것이다.

② 비판적 판단 유보

존중은 내담자에 대한 비판적 판단을 유보한다. 로저스는 이러한 존중을 '무조건적인 긍정적 존중(배려)'이라고 하였다. 이 의미는 "상담자가 내담자를 잠재력을 지닌 한 인간으로 보아 깊이 있고 진지하게 돌보며 내담자의 생각, 감정, 행동 때문에 상담자의 판단이 흐려지지 않고 순수하게 돌보고 있음을 전달해야 한다."라는 뜻이다.

③ 정확한 공감의 전달

존중을 표현하는 가장 좋은 방법은 내담자의 경험, 행동, 감정을 이해하는 것이다. 공감은 내담자를 존중하고 있음을 보여주는 좋은 방법이다. 사람들은 자신을 이해하고 함께하면 존중받는 것으로 생각한다. 그러므로 정확한 공감의 전달과 이와 관련된 모든 행동은 존중을 표현하는 행동이라고 할 수 있다.

④ 내담자 자신의 자원개발 촉진

내담자 자신의 자원을 개발하도록 돕는 것은 내담자의 개성을 존중하는 상담자의 태도에서 비롯된다. 숙련된 상담자는 내담자 스스로 자신의 자원을 발견하도록 돕는다. 상담자는 내담자가 자신의 문제 상황을 탐구하도록 하기 위하여 보다 구체적으로 자신을 탐구할 수 있는 어떤 자료를 제공해 줄 수 있다. 유능한 상담자는 절대적으로 필요한 경우가 아니라면 어떤 것이든 내담자를 대신해 행동을 실천하도록 하지 않는다. 단지 내담자에게 필요하다면 내담자가 실천에 옮기도록 돕는다.

⑤ 적절한 강화의 사용

내담자와 상담자의 대화는 서로의 존중에 기반 되어야 한다. 내담자는 강화, 형벌, 중립, 촉진적인 상담자의 반응을 자주 경험하게 된다. 형벌적이거나 중립적인 응답은 내담자의 자기 탐구를 방해할 수 있다. 그러한 응답은 자기의 문제 상황을 탐구하려는 내담자의 노력을 존중하는 태도가 아니다. 상담자는 때에 따라 부정적인 강화를 할 수도 있으며 긍정적인 강화도 할 수 있다. 강화방법의 선택 여부는 상담자 능력과 직결되며, 적절한 강화의 사용 여부는 상담의 진전되어가는 속도와 그 결과에 지대한 영향을 미친다.

2장 적절한 경계선

1. 경계선 세우기

1) 경계선의 개념

갓난아이는 전적으로 부모, 특히 어머니에게 의존하여 살아갈 수밖에 없다. 이것을 '융합'이라고 부른다. 그러다가 갓난아이가 자라 어린이가 되면서 어머니와의 융합에서 서서히 벗어나서 자기 자신의 정서적 자주성을 향해 나아가게 된다. 이 과정에서 개체(어린이)가 다른 개체(부모나 중요한 타인)와 사고와 정서를 분리시킬 수 있는 능력이 필요하게 되는데, 이것을 '경계선 설정'이라고 부르며 '자아분화'라고도 표현한다. 자아분화가 어느 정도 성취된 개인은 타인과의 관계에 있어 융합이 아닌 친밀감을 형성할 능력을 가지고, 타인의 인정이나 영향을 받으면서도 개체의 독립을 유지하며, 타인 때문에 자신의 일관된 생활 원리나 신념 및 가치들을 버리지 않는다.

2) 경계선의 필요성

경계선이 필요한 이유는 사람은 누구나 자기만의 독특한 세계를 가지고 싶어 하며, 자기만의 비밀스러운 영역이 필요하기 때문이다. 그래서 자신을 위해서나 타인을 위해서도 경계선을 적절하게 유지할 수 있어야 한다. 또한, 인간은 내적으로 이기적인 본성이 있어서 자신의 연약함을 다스리지 못하면 다른 사람에게 상처를 줄 수 있는 존재이다. 자신의 경계선을 세울 수 없는 사람은 다른 사람들이 자신에게 상처를 주어도 그것을 방어할 힘이 없다. 그래서 상처를 주는 대로 다 받게 된다. 또 반대로 타인의 경계선을 침범하여 타인에게 해를 끼치는 악순환이 반복된다. 따라서 인격적인 관계가 유지될 수 있으려면 인간관계에서 심리적, 경제적, 물리적으로 전인적인 경계선이 반드시 필요하다.

경계선이 제대로 지켜지지 않는 관계는 주로 가족 내에서 발생한다. 부모와 자녀의 관계에서 경계선이 분명하지 않은 부모는 자녀가 비밀을 갖는 것을 용납하지 못한다. 자녀가 자기만의 비밀을 갖고 싶고, 비밀을 간직하기 시작하는 것은 이제 부모의 그늘에서 벗어나 자기만의 세계를 갖는 성장을 의미하는 것인데, 자녀의 인격에 대해 적절한 경계선을 보호해 줄 능력이나 마음이 없는 경우에는 자식의 이러한 행동을 배척으로 받아들여 분노하게 된다. 안타깝게도 부모의 이러한 행동은 자식의 인격을 존중하는 것이 무엇인지 모르는 행동이기에 자녀는 부모의 침범을 다 받아들이게 되고, 자신만의 경계선을 지키는 것이 무엇인지 모른 채 비인격적으로 그 삶이 무너지게 된다. 그러기에 심리학적 근거에 의하여 "문제아는 없다, 문제부모가 있을 뿐이다."라는 말이 성립되는 것이다.

3) 경계선 관련 심리 기제

건강한 개인은 경계를 통하여 자신에게 필요한 것은 받아들이고, 해로운 것에 대해서는 유입을 막을 수 있다. 하지만 건강하지 못한 개인은 경계가 불분명하기 때문에 자신의 욕구나 정서를 자신의 것으로 지각하지 못하고 그 결과 해결도 어렵다. 접촉 경계 장애의 주요한 기제로는 내사, 투사, 반전, 융합, 회피 등의 다양한 형태가 있는데 그 내용을 살펴보면 다음과 같다.

(1) 내사

타인의 가치관이나 판단 기준을 무비판적으로 수용하는 것이다. 자신이 이해하지 못하고 나의 것으로 만들지 못했다면 그것은 내가 되지 못하고 나의 것이 되지 못한다. 내사는 자신이 가지고 있으면서도 자신이 아닌 다른 어떤 것이다. 예컨대, "어떤 경우에도 화를 내어서는 안 된다."라는 부모님의 교육이 내사 형태로 존재한다면, 타인에게 부당한 침해를 받아도 분노감정을 느끼지 못하게 된다. 그렇게 되면 분노감정은 미해결 과제로 남게 되며, 이로 인해 적응상의 문제가 생기게 된다.

(2) 투사

나의 욕구나 정서 혹은 생각, 가치관 등을 나의 것으로 지각하지 못하고, 타인의 것으로 왜곡하여 지각하는 것을 지칭한다. 가령, 자신의 슬픔을 자신의 감정으로 지각하지 못하고, 타인의 슬픔으로 지각하는 것 같은 경우이다. 이렇게 되면 자신의 슬픔을 온전히 수용하지 못하게 됨으로써 슬픔을 해결할 수 없게 된다.

(3) 반전

타인에게 하고 싶은 행동을 자기 자신에게 하는 행동을 말한다. 자신을 배신한 친구에게 화가 나지만, 화를 내면 그가 영영 떠나 버릴까 봐 화를 내지 못하고, 오히려 분노를 자신에게 돌려버린다. 즉 자신의 잘못 때문에 친구가 자기를 버린 것이라고 자책하는 것이다. 반전은 또한 타인이 자기에게 해주기를 바라는 행동을 자기 자신이 자기에게 하는 행위도 포함된다. 즉 아무도 자기의 아픔을 위로해 주지 않을 때 스스로 자기를 위로해 주는 것이다. 누군가에게 화가 난 경우, 이런 사람은 자신의 에너지 방향을 직접적인 당사자에게 화를 내지 못하고 돌려서 자신에게 화를 내며 고문하기까지 한다. 반전기제는 때로 긍정적으로 사용되기도 한다. 즉 주어진 상황에서 합리적인 근거로 반전을 사용하여 타인에게 행동할 것을 억제하는 것이다.

(4) 융합

자신과 타인의 경계가 없어지고, 타인과 한 덩어리가 된 상태이다. 융합 행동을 보이는 개인은 항상 타인의 기대에 따라 행동하며, 어떤 경우에도 서로 간의 갈등을 피하려고 하며, 조화롭고 편안한 관계의 유지를 위해서는 어떤 희생이든 치를 준비가 되어있다. 갑이 행복하다고 느끼면 을도 행복하다고 느끼고, 갑이 불행하다면 을도 불행하다고 느끼는 일심동체와 같은 관계 유형이 여기에 해당한다. 그들은 서로 간에 어떤 갈등이나 불일치도 용납하지 못한다. 이런 경우, 서로의 관계를 깨뜨리는 행위는 암묵적으로 금기시 된다. 자신의 개성과 자유를 포기한 대가로 얻은 안정을 깨뜨리려는 행위는 스스로에 대한 계약 위반이므로 상대방의 분노와 짜증을 사게 되며 융합관계를 깨뜨리는 쪽은 심한 죄책감을 느끼게 된다. 융합관계에 놓인 개인은 명확한 자기 경계가 없으므로 타인과 제대로 접촉할 수 없으며, 자신의 욕구와 감정을 제대로 해소할 수 없게 된다. 이러한 기제는 관계성에 심각한 오류를 가져온다.

(5) 회피(편향)

개인이 성장을 위해 필요한 환경과의 접촉을 회피하는 행동을 가리킨다. 이때 그는 환경과 접촉하는 대신 다른 불필요한 행동을 함으로써 접촉을 회피한다. 즉 타인과의 갈등을 회피하기 위해 딴 곳을 쳐다보거나, 화제를 돌리거나, 말을 장황하게 하거나 혹은 웃어넘기는 행동 등이다. 이러한 행동도 환경과의 접촉을 차단함으로써 적응상의 문제를 초래할 수 있다.

이러한 접촉경계혼란 행동들은 상대로 하여금 분명하고 강한 게슈탈트 gestalt[4]를 형성하게 하여 자신의 욕구나 감정이 환경과 접촉하는 것을 방해함으로써 미해결 과제가 쌓이게 만들어 성장을 저해한다. 접촉경계혼란 행동은 무엇보다도 개인을 내적으로 분열되고 혼란된 상태에 빠지게 만들어 자신을 하나의 연결된 통합체로 경험하지 못하게 만들며, 그 결과 타인과의 건강한 연결성(관계성)도 체험하기 어렵게 만든다. 그리하여 개인은 내적으로나 외적으로 모두 연결성을 상실한 채, 혼란과 분열에 처하게 된다.

---

4) 부분의 집합체로서가 아닌, 그 전체가 하나의 통합된 유기체로 된 것을 말함. 인간은 경험하는 유기체로서 자신의 사고, 감정, 행동을 통해 내적으로나 외적으로 야기되는 사건과 접촉하며 살아간다. 이때 자신의 욕구나 감정을 하나의 의미 있는 전체로 조직화하여 지각한 것을 의미한다.

2. 적절한 경계선 유지

적절한 경계선을 유지하도록 하기 위해서는 다음의 과정이 필요하다.

1) 경계선 유지의 필요성 자각하기

경계선을 적절하게 유지할 수 있는 사람은 사람, 사건, 환경 등과 교류하면서 자신이 인격적으로 수용해야 할 것은 경계를 열어 받아들이고, 외부 환경에서 비인격적이며, 해로운 것이 들어올 때는 분명하게 경계를 닫음으로써 자신을 보호한다. 그런데 이 경계에 문제가 생기게 되면 환경과의 유기적인 교류 접촉이 차단되고 관계적, 심리적, 생리적 혼란이 생긴다는 사실을 깊이 인식하는 것이 그 무엇보다 중요하다.

2) 경계선 실패의 위험성을 자각하기

경계선 설정이 잘 안 되어있는 경우, 밀접한 관계에 있는 두 사람이 겉으로 보기에는 서로 지극히 위해주고 보살펴주는 사이인 것처럼 보이지만, 내면적으로 서로 독립적으로 행동하지 못하고 의존관계에 빠져있는 경우가 많다. 융합으로 인해 자신의 경계를 갖지 못할 때 개인은 자신의 욕구나 감정을 제대로 해소할 수가 없고, 점점 더 서로에게 예속되어 병리적으로 관계가 발전되는 것이다.

3) 자신의 현 상태 파악하기

자신의 행동 중에서 현재 경계선이 잘 유지되고 있지 않은 사람이 누구인지 찾아보게 한다. 또는 감수성 훈련 장면에서 유난히 화가 나거나, 도와주고 싶거나, 마음이 끌리는 사람이 있다면 그것을 이야기하도록 하여 자신에게 접촉 경계 문제가 있는 것을 파악하도록 한다.

4) 자신에 대해 믿어주기

내담자가 스스로 자신을 보살필 수 있다고 믿게 한다. 상담자는 내담자의 자립능력을 일깨워주고 그 능력을 가질 수 있도록 도와주는 방향으로 이끈다. 내담자는 흔히 자신에게는 필요한 자원과 능력이 없다고 믿기 때문에 외부지지를 받기 위해 타인에게 의존하려고 한다. 내담자의 이러한 시도를 좌절시킴으로써 자신의 에너지를 동원하여 주체적으로 행동하고 자기지지를 할 수 있도록 상담자가 지원해 주고 그 힘이 내담자 자신에게도 있음을 자각하게 한다.

5) 성장 가능성에 초점 맞추기

인간은 환경과의 관계 속에서 스스로 성장 변화해 나가는 존재이다. 따라서 현재 드러난 증상을 제거하기보다는 성장에 더욱 관심을 기울인다. 인간은 스스로 자신의 가장 이상적인 상태로 변화하고 성장해 나갈 수 있다는 신념을 갖도록 도와준다.

상담을 위한 작은 지식

미해결 과제 Unfinished Business

완전히 해결되지 않았거나 철저하게 봉합되지 않은 어떤 일, 특히 상처나 험난한 상황으로 인해 그 후 삶에서 끊임없이 만족을 갈구하는 것을 말한다. 예를 들어 어린 시절 충분한 관심과 사랑을 받지 못한 사람은 부단히 자신을 드러내면서 관심과 사랑을 얻으려 하거나 충분한 사랑과 관심을 받은 사람을 부단히 질투하거나 상처를 입히려 할 것이다. 이런 의미에서 그 사람에게 사랑과 관심의 추구는 '미해결 과제'이기도 하고, 감정의 응어리이기도 하다. 그러므로 그 사람은 무의식적으로 남이 자신을 어떻게 대하는지, 특히 자신의 노력을 어떻게 인정해 주는지에 지대한 관심을 쏟고 연연해 할 것이다. 바로 이런 마음 상태(의식) 때문에라도 그 사람은 매우 열심히 노력하고 굴하지 않으며 강인한 의지를 보이지만, 한편으로는 매우 민감하고 초조해하면서 제멋대로 의심하고 불안해 할 것이다. 이에 대해 상담은 그 사람이 '미해결 과제'를 완성하도록 도와 관심과 사랑을 받고자 하는 욕구를 충족함으로써 자아의 인격을 새로 구축하도록 돕는 데 그 목적이 있다.

|제4부|

상담 기술

1장 대화기술

1. 경 청

1) 경청의 개념

경청은 집중이다. 'hearing'이 아닌 'listening'이다. 소리를 듣는 것이 아니라 집중하여 듣는 것이다. 조금 더 설명하자면 '음성적 자극을 받아들이는 능동적 과정'이라고 할 수 있다. 또한, 경청은 말하는 이의 감정에 사이클을 맞추는 것이며, 이야기의 뜻을 객관적으로 분별하며 듣는, 생각하는 경청 think- listening을 의미한다. 즉 경청이란 상대방의 말을 통하여 그의 감정을 듣는 것으로써, 내용을 파악할 뿐 아니라, 저변에 깔려있는 메시지를 감지하며, 나아가 그 사람이 말하지 못한 내용까지도 직감적으로 느끼는 것이다. 그런 의미에서 경청은 비언어(눈빛, 표정, 몸짓)적 메시지까지도 포함한다.

경청의 의미는 다음의 세 가지로 정리할 수 있다.

첫째, 경청은 관심과 집중이다. 경청은 청자(聽者)가 화자(話者)에게 관심을 가지고 집중하는 것으로 화자의 말을 끝까지 집중하여 들으며 온전히 그 사람만 주목하는 것이다. 관심이 없다면 집중은 어렵다. 그러기에 화자에 대한 사랑의 마음으로 듣는 것을 말하며, 이러할 때 상대로 하여금 자신을 사랑받을 가치가 있는 존재로 느끼게 하여 마음을 쉽게 열게 한다.

둘째, 경청은 감정을 수용하는 것이다. 경청은 언어와 비언어를 통하여 화자의 감정을 듣고 받아들이는 것이다. 셋째, 경청은 인내이며 인격이다. 진정한 경청은 전인적으로 듣는 것이기에 엄청난 수고를 동반한다. 따라서 정신적이면서도 육체적인 에너지의 집중이 필요하다. 경청은 힘든 일이기에 인내가 필요하다. 인내는 인격을 동반한다. 이렇듯 온 마음을 집중하여 상대방의 말을 들어주는 것이 경청이기에 경청하지 못하는 사람은 상담을 잘할 수 없다.

2) 경청의 유익

경청은 존중을 의미하며 관계 구축을 보장한다. 경청은 상담에서 반응의 선결조건으로써 상담과정에서 가장 먼저 진행해야 할 반응이다. 상담자의 경청하는 자세는 정확한 정보를 얻고 문제를 토론해 나가는데 가장 효과적인 기술이다.

경청은 다음과 같은 유익이 있다.

첫째, 상대방을 이해하게 된다. 우리가 상대방의 이야기를 깊이 경청할 때 그 사람의 또 다른 모습을 발견하게 될 때가 있다. 겉으로는 활발한데 의외로 소심한 사람이 있는가 하면, 얌전한데 의외로 열정으로 가득 찬 사람이 있다. 경청은 이렇게 그 사람의 욕구, 소망, 마음을 알게 되며, 왜 그렇게 생각하고 행동했는지 이해할 수 있게 된다.

둘째, 경청은 신뢰를 가져온다. 사람은 누구나 자신의 말을 가볍게 듣지 않고 공감을 표하며 끝까지 진지하게 들어주는 상대를 신뢰하게 된다. 경청이 인격이라는 의미이다. 셋째, 치유와 회복을 가져온다. 사람은 표현의 욕구가 있다. 표현하고 속마음을 토로하면서 억눌린 감정이 해소되고 마음이 치유가 일어난다.

3) 경청의 태도

미숙한 사람은 경청이 어렵다. 경청은 인내이며, 인격이기 때문이다. 때로 자신의 말은 긴 시간 하는데 상대가 말을 할 때는 딴청을 부리는 사람을 볼 때가 있다. 이는 대화훈련, 경청훈련이 되어 있지 않은 미숙한 사람이다. 이러한 사람은 건강한 인간관계를 맺기 어려우며 사회생활을 하는 데 어려움이 있을 수 있다. 그러기에 우리는 말하기보다 경청의 훈련을 먼저 해야 한다. 우선 알아두어야 할 바람직한 경청의 태도는 다음과 같다.

첫째, 말하는 사람을 바라본다. 상대방을 바라보는 것은 상대의 말에 집중하고 있다는 무언의 메시지이다. 이때 조심할 것은 눈을 바라본다고 생각하면 곧 시선 나누기가 부담스러울 수 있다. 그러나 말의 내용에 집중하고 마음을 느끼며 들어보라. 신기하게도 전혀 부담스럽지 않고 편한 마음으로 바라볼 수 있게 될 것이다. 둘째, 공감의 표정으로 자연스러운 자세를 취한다. 밝은 표정을 짓고 대화하는 것이 좋으나 때로 상대의 말 내용에 따라 공감을 표시하는 것이 좋다. 말하는 사람이 슬픈 이야기를 하는데 듣는 사람이 마냥 밝은 표정을 짓는 것도 공감하지 못하고 있다는 메시지가 될 수 있기에 유의해야 한다. 그러기에 공감의 표정이란 기쁜 이야기에는 밝은 표정을, 슬픈 이야기에는 안타까운 표정으로 반응하는 것이 좋다. 셋째, 한 번씩 고개를 끄덕이고 반복기법과 질문기법으로 대응하는 것이 좋다. 화자가 “저는 어제 친구로부터 절교하자는 말을 듣고 밤새 한잠도 못 잤어요.”라고 말할 때, “저런, 친구로부터 절교하자는 말을 듣고 괴로우셨군요. 지금은 마음이 좀 어떠세요?”라고 한다면 말하는 사람은 그러한 반응 자체가 위로가 될 수 있다. 이처럼 고개를 끄덕이는 것이 소극적인 경청법이라면 반복기법과 질문기법은 적극적인 경청법이라 하겠다.

이렇게 경청의 태도는 말하는 사람으로 하여금 더욱 마음을 개방하게 하고 서로 간의 신뢰를 더하게 한다.

4) 경청의 방해요인

경청의 방해요인은 다음과 같다.

(1) 선택적 경청

이것은 자기가 원하는 것, 듣고 싶은 말만 듣는 것이다. 이러한 현상은 부정적인 사람들에게 흔히 볼 수 있는 현상이다. 대화 중 맥락을 버리고 어떠한 단어에 집착하여 말꼬리를 잡거나 의심을 하는 경우이다. 성미가 급하고 상처받은 마음을 가진 사람들의 대표적인 모습으로서 이러한 태도는 대인관계에 어려움을 겪게 된다.

(2) 자기중심적 경청

이것은 왜곡해서 듣는 것을 말한다. 말한 사람의 의도와는 상관없이 자기 마음대로 해석해서 듣는 것이다. 열등의식이나 죄책감이 많은 사람은 상대방이 말한 맥락이나 중심메시지와 상관없이 어떤 단어나 문장에 집착하여 '저 말은 나 들으라고 하는 말이지?'라고 생각하면서 오해를 하는 경우가 있다. 이러한 사람들은 늘 언쟁을 일삼고 본인 스스로도 마음이 늘 편하지 못하다.

(3) 경청 가장하기

모습은 듣는 듯하지만, 실상은 자기감정에 몰두하여 있거나 멍하게 듣는 경우이다. 그러므로 들을 때에는 온 마음을 다하여 집중하는지 확인하면서 듣고, 잘 들었는지에 대해서 그 내용을 상대방에게 확인하는 것도 좋은 방법이다. 공감이 되지 않거나 동의할 수 없을 때에는 이견도 말하며 집중하여 듣도록 하는 노력이 필요하다.

(4) 편견

사람은 누구나 자신만의 프레임이 있다. 이것은 일종의 선입견이라고도 할 수 있는데 자신의 이러한 관점으로 사람과 상황을 판단한다면 때로 다른 사람에게 상처를 주거나 상황에 대한 심각한 오류를 범할 수 있다. 그러기에 자신의 편견을 잘 파악하여 대상(사람, 상황)에 대하여 바르게 접근할 수 있어야 한다.

(5) 생리적인 요인

사람은 말하는 것보다 5배로 빨리 듣는다고 한다. 즉 1분에 120단어를 말한다면 듣는 것은 600단어를 들을 수 있는 것이다. 생각하는 속도가 말하는 속도보다 빠르기 때문에 상대방이 하는 말을 들으면서도 그 사람이 지금 하고 있는 말보다 그다음에 할 말을 짐작하게 된다. 또한, 이런 차이 때문에 상대방의 말이 지루하거나 분위기가 산만해지면 생각이 딴 곳으로 흘러가 버리기도 한다. 따라서 완전히 집중하지 않으면 그 시간에 다른 생각을 할 수 있으므로 경청할 때는 주의 집중이 요구된다.

5) 경청의 내용

경청을 할 때는 말하는 사람의 언어적 메시지와 비언어적 메시지 모두를 들어야 한다.

(1) 언어적 메시지와 경청

말하는 사람의 '이야기', 즉 언어적 메시지를 들을 때에는 그 메시지가 전달하고자 하는 것이 무엇인지 잘 들어야 한다. 메시지 속에는 화자의 경험, 행동, 그리고 정서가 배어있다. 듣는 사람은 화자가 말하려고 하는 것, 문제 상황을 기술할 때 드러내는 경험과 행동과 감정, 그리고 무엇을 보태고 무엇을 빼려고 하는지 주의 깊게 경청해야 한다.

(2) 비언어적 메시지와 경청

화자는 비언어적 행동을 통해서도 메시지를 전달하므로 이러한 메시지를 왜곡하거나 확대하지 않고 읽는 방법을 학습할 필요가 있다. 경우에 따라 화자의 몸짓언어 소통body language communication, 즉 얼굴 표정, 몸의 움직임, 목소리의 톤, 신체적 반응이 말보다 더 많은 메시지를 전달한다. 말과 표정이 일치하지 않을 때 말보다 얼굴 표정이 진심에 가깝다. 이처럼 상담에서는 무엇보다 몸짓언어 교류가 중요하다.

비언어적 메시지는 다음과 같은 특징이 있다.

첫째, 비언어적 메시지는 말로 표현한 것을 반복해repeating 주거나 확인시켜confirming 준다. 예를 들면, 당신이 내담자를 이해하려는 의도를 갖고 응답할 때 내담자가 눈을 빛내며(얼굴 표정), 몸을 조금 앞으로 기울이고(몸동작),

생기 있게(목소리 특성) “맞아요. 선생님 말씀처럼 그때 제 마음이 그랬어요.”라고 말했다면 내담자의 비언어적 행동은 그가 한 말을 확인시켜준 것이다.

둘째, 비언어적 메시지는 언어적으로 한 말을 부인하거나denying 당황하는 confusing 것을 나타낸다. 화자가 직면적인 피드백을 받을 때 당황하지 않는다고 말하면서 얼굴이 붉어지고(자율적 신체 반응), 목소리는 더듬으며(목소리의 특성), 입술은 경련이 일고 있다면(얼굴 표정) 그의 비언어적 메시지는 언어로 한 말을 부정하고 있는 것이다.

셋째, 비언어적 메시지는 언어적으로 한 말을 강화하거나strengthening 강조해emphasizing 준다. 듣는 사람이 화자에게 부인과 의논하는 것이 좋겠다고 제안했을 때 “그건 안돼요. 그 사실을 알게 되면 아내는 이혼하자고 할 거예요.”라고 말하면서 얼굴이 붉어지고 손으로 얼굴을 가린다면 그의 비언어적 행동은 언어적 메시지를 더욱 강조하는 것이다.

(3) 화자가 처한 상황의 경청

한 사람을 깊이 이해한다는 것은 생각처럼 쉽지 않다. 그의 태도와 행동을 이해하려면 언어적 메시지와 비언어적 메시지 외에도 그가 처한 상황의 저변을 알 수 있어야 한다. 상황에 대한 경청 없이는 진정한 이해란 어렵기 때문이다.

자녀 중 한 명이 아픈 데 너무나 예민하게 과잉반응을 하는 사람이 있다고 하자. 그런데 알고 보니 성장기에 형제 중 두 명이나 병으로 갑작스레 죽음을 맞이한 경험으로 인한 반응이라면 이것은 그의 행동이 아닌 상황까지 알아야 이해가 되는 부분이다. 이처럼 우리는 보이는 것만을 보고 판단할 경우 상대에게 상처를 주고, 관계에 문제를 일으키게 된다.

(4) 냉철한 경청

화자가 말하는 이야기를 경청할 뿐만 아니라 그의 경험, 행동, 정서를 객관적으로 관찰하고, 더 나아가 그의 독특한 관점이나 경향까지 경청할 수 있어야 한다. 화자의 가치관과 생각에 대해 있는 그대로 경청해 주고 공감해 주면서도 사실과 다르게 왜곡하고 있는 경우, 이것에 대해서도 냉철하게 지각하고 있어야 한다. 예를 들어 한 여성 내담자가 실제로는 미인이지만 자신이 못났다고 생각하고 외모에 대한 열등감을 이야기한다면 그녀가 느끼는 그녀의 경험은 사실이며, 듣는 사람은 이를 경청하고 이해해 주어야 한다. 그러나 그녀의 경험은 사실과 일치하지 않으므로 이것 역시 경청하고 이해해야 한다.

간혹 상담과정에서 내담자가 상담자를 연연해 하는 대상으로 삼고 안절부절못하는 경우가 생기는데, 이는 상담에서 기회이기도 하고 도전이기도 하다. 정신분석 이론으로 보면 전이는 상담에서 반드시 거쳐야 하는 과정이다. 이것을 어떻게 장악하느냐가 매우 중요하다. 여기에 대해, 심리상담사는 정신을 똑바로 차리고 마음을 차분히 가져 상담종료[5]시간을 적절히 연장해 내담자에게 정서적 완충시간을 주어야 한다. 그럼으로써 내담자의 전이 체험을 차츰 냉각시켜 상담자에게 갖는 감정적 애착을 자신에 관한 관심, 긍정적 성장의 동력으로 내재화할 수 있게 도와야 한다.

상담에 있어서 냉철한 경청과 거리 두기는 상담자와 내담자의 상호존중과 상호 신뢰관계를 위해 매우 중요한 요소이다.

---

5) 종료termination는 상담과정의 마지막 절차로 상담자가 내담자에게 준 인격 성장의 도움을 어떻게 내재화할 것인지 이야기하고, 상담의 수확과 득실을 돌아보는 시간이다.

실습

1. 경청 방법

실제로 경청을 제대로 하려면 무엇보다 화자(말하는 사람)가 말하고 있는 것을 제대로 요약할 수 있어야 한다. 이를 위해 요약하는 기술이 필요한데, 요약은 메시지의 내용을 정확하게 압축해서 반사하는 과정이다. 이를 위해 말하는 사람의 말을 약간 사용해 가면서 명료하게 정리한다. 다음의 예를 잘 보고 경청의 방법을 배워 보자.

〈예문〉

"저는 초등학교 3학년 때 처음으로 아빠에게 칭찬을 들었습니다. 아빠는 제 시험 성적을 보고 많이 좋아졌다고 격려하며 머리도 쓰다듬어 주셨습니다. 저는 그때 처음으로 아빠의 진한 사랑을 느꼈습니다. 서먹서먹하던 아빠와의 관계가 그 이후로 상당이 호전되었던 기억이 있습니다. 저는 아빠로부터 이러한 사랑을 처음 받아보았기에 너무나 기쁘고 행복했지만, 한편으론 놀랍기도 하면서 그 사랑이 믿어지지 않기도 했습니다."

〈경청의 실제〉

① 경청의 표현: 초등학교 3학년 때 처음으로 아빠에게 칭찬을 들으셨군요. 그리고 이런 사랑이 기쁘기도 했지만 한편 아빠의 사랑이 처음에는 많이 낯설기도 했군요.

② 점검: 제가 잘 이해했습니까?

③ 더 표현하도록 유도: 혹시 더 말씀하실 것이 있습니까?

2. 경청 연습

두 사람이 한 조가 되어 한 사람은 오늘 하루를 지내면서 (또는 일주일간 기억나는 사건을 중심으로) 떠오르는 심정을 중심으로 이야기를 하면 다른 사람은 그 이야기를 듣고 요약하는 연습을 계속한다. 이때 요약하는 사람은 화자의 언어적 메시지와 비언어적 메시지, 그리고 그 사람이 처한 상황까지 고려하면서 듣고 말해야 한다.

※경청 연습에서 중요한 것은 자기 생각을 멈추고 말하는 사람의 마음과 생각에 집중하여 그가 말하고 있는 내용에 귀 기울여 듣고 그에게 초점을 두어 표현해 보는 것이다.

2. 언어

상담에서 언어는 결정적인 역할을 한다. 언어는 상담의 성공과 실패를 좌우하는 가장 중요한 열쇠라 할 수 있다. 우리는 생각할 때와 말할 때 모두 언어를 사용한다. 또한, 우리 자신에 대해 말할 때뿐만 아니라 다른 사람과 커뮤니케이션할 때에도 언어를 사용한다.

생각과 언어는 매우 밀접한 관계를 가지고 있다. 긍정적인 생각을 하는 사람은 긍정적인 말을, 부정적인 생각을 하는 사람은 부정적인 말을 하게 된다. 이처럼 생각을 언어로 표현하게 되기 때문이다. 대화를 하다 보면 그 사람의 언어로 그 사람의 생각을 알 수 있는데, 그러한 면에서 언어는 심리영역(본질)과 기술영역(현상)을 모두 내포하고 있다고 볼 수 있다.

사람은 심리적으로 자신이 다른 사람들에게 말하는 것을 스스로 믿는 경향이 있고 특히, 자기 자신에게 독백하는 것을 믿는 경향이 있다. 이것은 반복적으로 말할 때에 더욱 그러하다. 상담과정에서 내담자들이 반복해서 하는 말은 자신의 신념을 나타내는 것이므로 상담자는 효율적인 상담을 위해서 그들이 말하는 것이 무엇인지, 무엇을 의미하는지 정확하게 인식하는 것이 매우 중요하다.

내담자들은 대체적으로 미래에 대한 두려움과 불안감을 가지고 있다. 그들은 행동의 과정들courses of action을 습관적으로 결정함으로써 생각과 행동 모두에 부정적인 개념을 갖는 경우도 있다. 실례로서 '할 수 없다can't.'는 말을 자주 사용하는 것을 보게 되는 데, 내담자는 스스로 또는 대화 시에 '할 수 없다'고 너무 자주 말하기 때문에 정말로 할 수 없다고 믿게 될 수 있다. 자신이 하는 말은 자신이 제일 먼저 듣게 되며, 또한 제일 영향을 많이 받는다. 비현실적인 공포의 경우에도 이와 동일한 현상이 나타날 수 있다. 그러한 부정적인 생각 자체가 교정되지 않고는 건강한 사고(思考)와 행동에 대한 소망을 가질 수 없다.

적절한 사고(思考)와 행동에 방해가 되는 언어 사용이나 은유적 언어를 사용할 때마다 상담자는 내담자의 문제를 직접적으로 권면해야 하고, 문제 되는 사실들을 설명해야 한다. 내담자의 습관화된 행동의 원인이 되는 저변(抵邊)에 깔려있는 잘못된 생각과 이로 말미암아 표현되는 말들을 바로잡아 주어야 한다. 그러므로 말에 담겨있는 문제의 중요성을 인식한다는 것은 매우 귀중하다.

3. 대 화

인간의 행복은 관계성과 비례한다. 인간은 관계적 존재이기 때문이다. 관계가 가능하기 위해서는 의사소통이 필요하며, 이것의 통로는 대화이다. 언어는 대화의 매개로서 건강한 언어, 품격 있는 언어가 원활한 대화를 가능하게 한다.

심정대화

1) 심정대화의 이해

심정대화란 더 깊은 마음의 대화, 상대방의 심정을 공감하며 나누는 대화이다. 즉 마음으로 나누는 대화이다. 심정대화는 말하는 이의 마음을 지지하고 격려하며 그의 심정에 공감하고 상황의 관점을 같이 하는 것이다. 사람은 제각기 외롭고 사랑을 받고자 하는 갈망이 있다. 따라서 따뜻한 마음으로 심정대화를 나눌 때 그러한 대화 자체만으로도 많은 사람의 문제가 치료되고 회복되며 소망을 안겨주게 된다. 심정(心情)을 만나게 되면 관계의 시너지가 발생하게 된다. 이러할 때 인간관계의 능력이 극대화된다. 인간관계의 능력이란 결국 마음을 나눌 수 있는 대화의 능력인 것이다. 대화능력이 있는 사람은 어떤 일이건 자신감과 긍정적인 사고(思考)를 가지게 된다.

2) 심정대화의 원칙

대화에서 우선시 되는 것은 말하기가 아니라 '경청'이다. 대화를 하기 위해서는 먼저 듣겠다는 자세가 필요하다. 화자의 관점대로 문제와 입장을 이해하려고 노력해야 하고 관심을 가지고 집중하여 듣는 태도는 매우 중요하다. 그리고 말할 때와 침묵할 때를 적절히 구분할 줄 알아야 한다.

(1) 들을 때

① 중간에 말 끊지 않기

대화 중에 상대방의 말을 끝까지 듣지 않고 중간에 끊으면 말하는 사람의 입장에서는 상당한 불쾌감을 느끼게 된다. 청자는 화자의 말을 끝까지 듣도록 하되, 부득이하게 말을 막아야 하는 상황이라면 사전에 충분한 양해가 있어야 하며, 그 행동이 그 사람을 돕는다는 확신 가운데 이루어져야 한다.

② 상대방 무시하지 않기

대화의 목적은 '소통'이다. 소통은 관계성을 유지하기 위한 수단이지 단절을 위함이 아니다. 그러기에 대화는 상대를 비난하거나 공격하는 언어를 사용해서는 안 된다. 말은 마음의 표현이기에 늘 상대방에 대한 존중의 마음이 있어야 하며, 사랑으로 표현되어야 한다. 비난의 말이나 수용 받지 못한다고 느끼게 하는 말은 상대의 마음을 닫아버리게 하여 지속적인 대화가 어렵게 된다.

③ 언어적, 비언어적 대화를 이해하기

대화할 때 언어와 비언어가 일치되어야 하는 것이 상식이다. 그러나 꼭 그렇지 않은 경우도 있다. 그러기에 언어적 대화와 비언어적 대화가 일치하는지 살펴볼 필요가 있다. 언어와 비언어가 불일치할 경우, 비언어의 메시지가 진실에 더 가까운 경우가 많다. 왜냐하면, 언어는 이중언어가 가능하지만, 비언어는 무의식 가운데 표현되는 것이기에 조작이 불가능한 영역이다.

(2) 말할 때

① 분명하게 표현하기

말하려고 하는 바를 간결하고 명료하게 표현하며, 복잡한 내용을 전달할 때에는 여러 문장으로 나누어서 체계적으로 말한다. 말한 다음에는 그 내용을 상대방이 이해하고 있는지를 확인한다.

② 논쟁하지 않기

'다툼'은 '틀림'이 아니다. 대화에서는 주장이 아닌 '이해'와 '수용'이 필요하다. 의견에 대한 이해와 사람에 대한 수용이다. 서로의 의견에 대해 동의하지 않을 수 있다는 사실에 대해 인정해야 한다. 서로의 의견에 이견을 제시할 수 있고, 반대할 수도 있다. 그러나 반대하는 경우에도 여전히 그 사람을 수용하고 있다는 느낌을 주도록 해야 한다. 의견과 사람을 분리하는 관점이 필요하다.

③ 인격적인 태도 유지하기

대화할 때, 일방적인 주장이나 가르치려는 태도는 상대방을 무시하는 처세이다. 이러한 태도는 상대방의 자존심을 건드리게 되며 거부감을 주게 된다. 이러한 행동의 근저에는 건강하지 못한 마음에서부터 출발하는 것이므로 늘 상대를 자신보다 존중히 여기는 겸손한 마음을 가져야 한다.

질문대화

1) 질문의 중요성

상담 및 심리치료적 과정에서 내담자를 더 깊게 이해할 수 있는 방법이 질문이다. 질문은 상담에서 중요한 기법이다. 질문을 통해 상담자는 내담자의 여러 측면에 대해 살펴줄 수 있고, 효과적인 질문은 내담자의 자기탐색을 촉진한다.

그러나 어떤 질문을 어떻게 하느냐가 중요하다. 상담에서 모든 질문이 반드시 유용한 것은 아니며, 질문의 유용성에는 한계가 있다. 우선, 질문은 내담자의 자기 탐색을 방해하지 말아야 한다. 상담자가 자신의 궁금증을 충족하기 위해 질문을 하다 보면 자칫 내담자의 자기 탐색을 방해할 수 있다. 내담자는 자신이 말하고 싶은 것을 뒤로하고 상담자의 질문에 먼저 대답해야 하기 때문이다. 상담은 내담자를 위한 것이고, 상담자는 돕는 역할이라는 것을 유념해야 한다. 또 상담자가 너무 많은 질문을 하면 내담자는 혼란을 일으키고 위축감을 느끼게 된다. 내담자는 상담에서 점차 방어적인 태도를 보이게 되고, 상담자가 질문하지 않을 경우에 섣불리 자신이 먼저 이야기를 꺼내지 않게 될 수도 있다.

2) 질문의 종류

상담과정에서의 질문에는, 상담의 방향과 체계적인 틀을 제시해 주고 순조롭게 진행되도록 돕는 긍정적인 효과도 있지만, 내담자의 이야기를 통제할 가능성이 있는 부정적인 효과도 있으므로 상담에서 질문은 중요한 기술이 필요하다.

(1) 개방형 질문

개방형 질문Open Question은 내담자의 명확한 답보다 내담자가 스스로 자기 생각과 감정을 탐색하도록 격려하는 것이다. 상담자는 내담자의 대답을 "네, 아니오" 또는 한두 마디의 대답으로 제한하지 않고, 내담자가 자기 생각과 감정을 명확히 알아가도록 하면서 직접적으로 자신의 마음을 표현하도록 돕는 것이다.

(2) 폐쇄형 질문

폐쇄형 질문Close Question은 개방형 질문의 반대되는 질문유형으로써 "네, 아니오"의 단답형을 유도하는 질문이다. 상담에서 이러한 질문기법은 바람직하지 않다. 폐쇄형 질문은 상담자의 질문에 단순히 대답할 수밖에 없게 함으로 개방형 질문으로 내담자 자신이 실제로 느끼는 감정이나 생각을 표현하도록 한다.

3) 질문의 유의사항

① 상담자가 너무 많은 질문을 하는 것은 내담자로 하여금 방어적 자세를 가지게 할 수 있다.

② "~라고 생각하지 않으십니까?"와 같이 상담자가 자신의 의견을 진술하면서 그것을 질문의 형태로 전하는 경우가 있다. 이것은 바람직하지 못하다.

③ "왜?"라는 질문은 내담자가 공격을 받는다는 느낌을 준다. 내담자의 마음을 닫게 만들 수 있다.

④ 이중적인 질문, 즉 한 번에 두세 가지 답을 하도록 묻는 것은 피하도록 한다.

〈대화 예문〉

딸: 엄마, 오늘 시험이 오전에 끝나서 친구 집에서 식사하고 왔는데 와~! 맛있는 반찬이 많더라. 우리도 반찬 좀 다양하게 해주세요.

엄마: 뭐라구? 너 지금 제정신이니? 시험 기간 중에 친구 집에 놀러 가서 식사하고 왔다고? 참 한심하다 한심해. 네가 공부를 잘해야 반찬 할 마음도 생기지. 성적은 맨날 그 모양인데 반찬 해줄 마음이 생기겠니? 넌 어쩜 그렇게 생각이 없니?

딸: 내가 뭘 잘못했다구 그래? 친구 엄마는 생일 반찬도 잘해주는데 엄마는 나한테 그것도 못 해줘? 엄마가 나한테 해준 게 뭔데?

엄마: 뭐라구? 쪼그만 게 어디서 말대꾸야. 네가 공부만 잘했으면 내가 이런 말하겠니? 시끄러워. 공부나 해.
딸: 알았어요! 하면 될 거 아니에요!

위의 일반적인 대화를 심정대화로 바꾸면 다음과 같이 3단계로 할 수 있다.

① 요약하기(20%)

화자의 메시지를 압축해서 반사하는 것으로서 화자의 말을 약간 반복해 자신의 이해한 말로 정리하여 재진술하는 것이다.

"친구 집에서 식사를 했는데 맛있는 반찬이 많았다구?"

② 상대방의 심정 알아주기(70%)

상대방의 말을 요약한 후에 상대방의 심정이 어떠했는지 그 사람의 입장에서 상상해 보고 그것을 말로 표현해 주는 것이다.

이러한 표현은 단순한 동의 정도가 아니라 상대방의 메시지를 수용하며 공감을 표현하는 것이다. 상대방의 심정을 알아주기 위한 말은 다음과 같다. "그 모습이 부럽기도 하고 너무 좋아 보였구나. 그래서 엄마에게 부탁하는 거구나. 그 집 반찬이 그렇게 맛있었어? 우리 딸 좋아하는 반찬 더 해줘야겠네!"

③ 내 심정 전달하기(10%)

상대방의 이야기에 공감하면서도 나의 심정을 직접적으로 전달하는 것이다.

"알았다. 지금 시험 기간인데 기분 좋게 공부 열심히 하렴. 엄마가 맛있는 반찬 얼른 준비하마."

4) 메타 커뮤니케이션

메타 커뮤니케이션meta-communication이란 언어 이면에 숨어서 겉으로 표현되지 않은 대화를 말한다. 내용을 전달하는 방식에 따라 말한 사람의 한 말이 수정될 수도 있고 강화되거나 모순을 일으킬 수도 있는 것이다.

예를 들어, 딸이 엄마와 대화하기를 거부하고 식사하는 내내 엄마에게 눈길 한 번 주지 않는다면, 딸은 지금은 대화하고 싶지 않다고 말하고 있는 것이다. 이때, 딸은 아무 말 하지 않더라도 어떠한 불만이나 화를 품고 엄마를 거부하고 있는 것이다. 이것이 바로 메타 커뮤니케이션이다.

의사소통이론가들은 전달되는 내용과 전달할 때의 표정이나 목소리가 모순될 때 문제가 발생한다고 하였다. 부모가 실제로 전하는 메시지와 다른 느낌을 전하는 것을 이중 구속double blind 언어라 하며, 부모가 계속 이런 방식으로 그 자녀와 대화했다면 자녀는 부모와의 관계를 피할 수 없기 때문에 어느 대화에 초점을 맞추어야 하는지 혼란에 빠지면서 정신분열증 증세를 동반하게 된다. 이러한 역기능적인 대화를 피하기 위해서는 무엇보다 대화 당사자 간에 서로의 솔직한 느낌을 나누고 감정을 수용하도록 함으로써 말하는 사람이나 듣는 사람이 서로 일치된 의사소통을 할 수 있도록 대화의 방법을 가르쳐 주어야 한다. 이렇게 될 때 건강한 대화가 이루어질 수 있다.

실습

심정대화를 연습하기 위해서는 요약, 상대방 심정 알아주기, 내 심정 전달하기의 세 단계를 구분해서 연습한 다음, 전체를 정리하도록 연습한다. 처음에는 어색하겠지만 이런 방법으로 연습을 해야 상대방의 심정에 딱 대화하는 기술이 몸에 익게 된다. 3명이 한 조가 되어 A는 지금 자신의 희로애락 중 제일 큰 감정을 표현한다. 그때 B가 ① A의 말을 요약하고 ② A의 심정을 전달하고 ③ 내 심정을 말하는 순서로 적절히 진행한다. C는 관찰자가 되어 잘한 점과 잘못한 점에 대해 평가자의 입장에서 얘기해 준다. 역할을 바꾸어 계속해 본다.

1) 요약:

2) 상대방의 심정:

3) 내 심정:

상담을 위한 작은 지식

말버릇

상담사는 말버릇을 알아차려야 한다. 말버릇이란 입에 붙은 습관적인 말이나 언어습관을 가리킨다. 말버릇은 다양한 형식으로 표출된다. 어떤 말버릇은 사람들이 아랑곳하지 않지만, 어떤 말버릇은 사람들에게 불쾌감을 준다. 심리학에 따르면 말버릇이 완전히 무심결에 던지는 말을 뜻하는 것만은 아니다. 그 형식은 사용하는 사람의 성격, 생활 속 어려움, 정신적 상태 등과 매우 관련이 있다. 일상생활 속 말버릇은 종종 말하는 사람은 무심결에 하지만 듣는 사람은 의식적으로 듣는다. 그래서 상담사는 대화에서 자신의 말버릇을 부단히 알아차리고 그것이 경청과 반응에 생각을 표현하고 교류하는 데 영향을 미치지 못하게 해야 한다

자기분석

상담을 공부하는 사람은 무엇보다 자신을 깊이 있게 분석하고 체험해야 한다. 그렇지 않으면 상담자는 상담 중에 상대방이 경험과 인격에 영향을 받아 온갖 역전이를 드러내게 된다. 이것이 상담사가 먼저 자신의 심리를 분석해야 하는 이유이다. 그러므로 상담사가 '나는 누구인가?'라는 질문에 해답을 찾을 수 있도록 돕는 일은 심리 슈퍼바이저에게 매우 중요하다. 어느 상담유파에 속할 것인지, 어느 상담유파로 볼 것인지, 어떤 종류의 상담

을 좋아하는지 등 몇 가지 상담기법이 집중적 연마, 끝나지 않은 콤플렉스와 드러나는 역전이의 발굴 등을 포함해서 이 모든 것들이 정리되어야 한다. 이는 여러 가지 면에서 직업에 대한 자기이해를 넓혀준다.

4. 태 도

태도는 환경, 사람, 혹은 반복적인 행동으로 인하여 한 사람의 지금까지 형성된 습관적인 신념, 확신, 그리고 의견들의 결합체이다. 행동에 강력하게 영향을 미치는 것은 마음가짐이다. 상담에서 태도는 느낌보다 직접적으로 반영되고 변화될 수 있다. 태도는 자주 문제의 해결 방법을 제시하기 때문에 중요하다. 부정적인 태도들negative attitudes은 다른 사람을 대항하는 편견을 가질 수 있으며, 이러한 편견으로 인하여 중요한 커뮤니케이션과 문제해결을 불가능하게 만들 수도 있다.

때때로 다른 사람을 향한 신랄함, 증오, 분노 혹은 두려움 등을 갖게 한 태도들이 먼저 제거되기 전에는 그러한 문제 해결은 불가능하다. 때로는 상담자들이 느낌과 태도를 혼동하기 때문에 상담에 대한 잘못된 접근방법을 사용하는 오류를 범한다. 태도들은 보통 사고(思考)의 습관, 즉 습관적 사고방식들habitual ways of thinking을 포함하고 있다. 행동유형behavior pattern의 변화와 같이 습관의 변화는 과거의 잘못된 습관을 버리고 건강한 습관을 가지게putting off/on 됨의 역동성에서부터 오는 습관의 변화가 필요하다.

5. 감정 표현

1) 감정 표현의 개념

감정이란 체험되는 느낌, 기분(희로애락)이다. 그리고 신체 내에서의 다양한 생화학적 변화(호흡과 맥박이 빨라짐, 근육 수축, 혈액순환이 빨라지고 체온 급상승, 신체의 흥분, 혈액을 아드레날린이 방출, 경각심 증대)가 일어나는 것을 느끼는 것이다.

일반적으로 의사소통을 하는 두 사람 사이에 순간적으로 발생할 수 있는 네 가지 방향의 감정이 있다.

① 나에게 느끼는 기분(나와 나의 감정)

② 내가 상대에게 느끼는 기분(내가 너에게 느끼는 감정)

③ 상대가 나에게 느낄 것이라고 추측되는 기분(네가 나에게 느끼는 감정)

④ 상대 스스로가 느낄 것이라고 추측되는 기분(너와 너의 감정)

감정 표현이란 자신의 감정과 기분을 느끼고 그것을 말로 표현하여 나누는 것이다. 감정 표현이 잘 이루어지면 마음과 마음의 만남으로 인하여 물리적 공간의 분위기가 바뀌는 놀라운 현상을 경험하게 된다. 그러나 감정 표현이 억제되어 심리적으로 과묵하든지 자신을 억압하게 되면 자신도 어색할 뿐 아니라 대인관계나 하나님과의 관계에까지 어려움을 갖게 된다. 또한, 이로 인해 생리적인 문제뿐 아니라 심인성 질환으로까지 발전하게 되는 것이다.

2) 감정 표현의 필요성

한국인은 유교 문화의 영향으로 감정을 억압하는 민족이다. 그래서 한이 쌓이고 원망과 분노가 많다. 억압은 정서적인 치명적이다. 그래서 인격을 파괴시키며 관계능력을 상실하게 만든다. 이것은 문제해결을 피하면서 비인격적인 경향으로 나타난다. 그러므로 정서적인 진솔함으로 간계할 수 있도록 반드시 치료해야 한다.

사람들은 대부분 생각과 감정을 구별하지 않고 혼용하고 있다. 이런 연유로 인해 한국인 상담자가 공감을 숙달하는 데에는 상당히 시간이 걸린다. 그런데 감정 억압의 문화권 속에서 상담자가 서양식의 상담기법을 배워서 내담자의 감정을 반영해 줄 때 문제가 발생하기도 한다. 이것이 잘못된 것은 아니지만 경우에 따라서 어떤 내담자는 상담자와의 관계에서 갈등과 불일치를 경험할 수 있다.

내담자는 자신이 느낀 감정에 대해 반영을 해 주는 상담자를 대하면서 두 가지 반응을 보일 수 있다. 내담자는 자기가 감정통제를 잘하지 못하는 인간으로 상담자의 눈에 비친다는 것을 발견하고 부끄럽고 당황스러운 표현을 보이거나, 얼른 화제를 바꾸거나, 방금 전에 표현했던 감정을 부정하거나 얼버무릴 수 있다. 또 어떤 내담자는 자기가 느끼는 감정에 대해 충실하게 반영해 주는 상담자를 오히려 유치하다고 생각해서 상담을 받고 자문을 구할 만한 상대가 되지 못한다고 간주할 수 있다. 상담자가 내담자보다 더 젊거나 여성인 경우에는 더 그럴 수 있다.

일반적으로 사람들이 감정 표현을 불편하게 느끼는 원인은 첫째, 감정을 직면하고 인정하기가 어렵고, 둘째, 자신의 은밀한 부분을 남이 알면 부끄럽고, 셋째, 감정을 드러내서 말한다는 자체가 익숙하지 않고, 넷째, 감정을 밖으로 드러내기보다는 속에 묻어두고 살아가게 하는 우리의 전통과 문화 때문이다. 특히 한국인들은 감정을 함부로 표현하는 것은 경박하고, 점잖지 못하다는 교육을 받아왔기 때문에 감정을 늘 억제하며 살아왔다. 또한, 현대 교육이 주로 지성만을 발달시켜 왔고 감정에는 귀를 기울이지 않았기 때문에 우리 안에 일어나는 부정적 감정들을 파악하기가 어렵다. 하지만 감정을 억압하지 않고 표현을 하게 되면 마음과 마음이 만나는 기쁨과 함께 치료의 경험도 일어나게 된다.

3) 감정 표현의 과정

첫째, 자기 안에 있는 감정을 있는 그대로 보고 받아들인다. 사소한 감정, 유치한 감정일수록 더 세심하게 신경을 써서 받아들이고, 불쾌한 감정이 있으면 그것을 억누르지 말고 있는 그대로 인정해야 한다. 감정은 억누르면 억누를수록 격해지고 끝내 폭발하고 만다.

둘째, 부정적 감정을 겉으로 표현한다. 부정적인 감정이라 해도 거부하지 않고 인정해 주고 소중하게 다루면 긍정적 힘이 될 수 있다.

셋째, 부정적 감정과 자신을 동일시하지 말아야 한다. 불같이 화가 난다 해도 그 화가 나 자신은 아니다. 내 안에 큰 슬픔이 있다 해도 그 슬픔이 나는 아닌 것이다.

위의 방법에 따라 자신의 감정을 인정한 후에 표현하는 순서는

① 자신의 신체가 말하고 있는 점을 듣는다.

② 그 순간 자신의 감정을 느낀다.

③ 그 감정을 자신의 것으로 수용한다.

④ 자신의 감정을 감정의 언어인 느낌의 말로 표현한다.

4) 핵심 감정

사람들은 상처를 입게 되면 대부분 다음의 세 가지 유형의 감정이 두드러지게 나타난다.

첫째, 두려움이다. 어린 시절에서 비롯된 감정들은 보통 두려움이 지배적이다. 대개 어렸을 때 우리에게 상처를 입힌 사람들은 성인들이었으며, 그들은 힘을 가진 사람들이었다. 그때 그들을 두려워하는 것은 자연스러운 일이었으며. 그러한 두려움은 종종 오늘날의 우리가 경험하는 상황에도 영향을 준다. 그러나 현재는 내가 그를 감당할 수 있는 성숙한 존재임을 자각하고 두려움과 맞서야 한다. 두려움은 대상도 없고 실체도 없는 하나의 감정에 지나지 않기 때문이다.

둘째, 죄책감과 수치심이다. 죄책감은 우리가 무슨 행동을 했는지에 관련이 있고, 수치심은 우리가 누구인지에 관련이 있다. 뭔가 잘못을 범하고 그것에 대해 기분이 좋지 않을 때, 그것은 죄책감이다. 잘못을 범했기 때문에 나는 문제가 많은 사람이라고 결론을 내린다면 그것은 수치심인 것이다. 때때로 자신의 행동을 뒤돌아보는 건강한 죄책감은 필요하다. 그러나 존재를 거절하는 느낌을 주는 수치심을 자극하면 인격적이며 성숙한 삶을 사는 데 어려움을 겪게 된다.

셋째, 분노이다. 우리가 우리에게 행해진 해로운 일들과 그러한 상처로 인해 생겨난 두려움, 죄책감, 수치심과 같은 감정들을 인식하기 시작할 때, 대개 오래지 않아 분노가 표면으로 끓어오른다. 따라서 자신의 감정과 연관된 감정이 두려움이라면 맞서 싸우는 용기가 필요하며, 죄책감이라면 건강하게 자신의 행동을 반성하는 기회로 삼아야 하고, 수치심은 인격적인 거절감을 줄 수 있기에 자신의 행동과 존재를 분리하는 성숙함이 필요하다. 그리고 분노의 감정이라면 건강하고 긍정적으로 표현하는 연습이 필요한 것이다.

5) 감정 만나기

첫째, 상대방이 표면에 이야기하는 내용을 듣고 사실을 확인한다.

둘째, 상대방 이야기의 내면에 담긴 의미를 알아듣는다.

셋째, 상대방 이야기에 담겨있는 기분을 공감하고 수용한다.

넷째, 상대방 이야기에 담겨있는 상대방의 성격을 확인한다.

다섯째, 상대방 이야기에 담겨있는 숨은 뜻과 숨은 기분을 받아들인다. 또는 칭찬과 지지를 한다.

6. 공 감

1) 공감의 개념

공감은 상담에 입문하기 위한 기본기로서, 공감은 상호적이라 할 수 있다 Empathy is interactive. 공감은 상호소통 중에 표현되는 것이기 때문이다. 상호소통하려면 상담자가 내담자의 내적 충돌과 변화를 민감하게 관찰해 그에 상응하는 호응을 적절히 해줌으로써 내담자가 말하고자 하는 욕망을 최대한 끌어낼 필요가 있다. 즉, 공감empathy이란 상담자가 내담자의 생각, 감정, 경험에 대한 상담자 자신의 주관적 입장에서가 아니라 내담자의 입장에서 듣고 반응하는 것이다. 그러므로 '타인의 입장에 서게 되는 것' 또는 '타인의 눈으로 사물을 바라보게 되는 것'이다. 즉, 공감이란 상담자가 내담자에게 던져주는 단순한 언어반응이 아니라 내담자와 '함께하는being with' 과정이다.

상담에서 공감이 중요한 이유는 내담자가 상담자로부터 공감과 자신의 마음이 이해받고 있다는 사실로 인하여 내담자의 자기존중self-esteem을 증진시킨다. 이로 인해 자기각성을 증진시키고 보다 깊이 있는 자기통찰을 할 수 있도록 발전된다.

사람은 누구나 상황을 느끼는 정도가 다르고 소화해 낼 수 있는 심리적 능력이 다르며, 상처의 내용 또한 다르다. 게다가 현재의 고통은 지금 여기의 것으로만 느끼거나 지각되는 것이 아니라 과거의 상처와 연결되어 있다. 따라서 그 사람을 이해하고 알아주기 위해서는 그 사람의 마음과 심리 상태가 어떠한지 이해하면서 들어주는 것이 필요하다. 이러한 마음으로 들어주는 것이 바로 공감의 자세이다.

일반적 의미에서 공감이 감정을 정확하게 파악하거나 정서적 의도를 지각하는 수준이라면, 수준 높은 공감은 인간의 마음속에서 긍정적이고 가능성 있는 내면적 동기를 찾아내어 그 동기가 현실 세계에서 발휘될 수 있도록 그의 마음에 임재하여 격려, 자극하는 것이다. 이러한 공감은 인간생존을 위한 심리적 중요요소로서, 사람은 공감을 통하여 자존감이 회복되는 것이다.

구체적인 공감의 유익을 살펴보면 다음과 같다.

첫째, 다른 사람을 마음 깊이 만나게 한다. 공감은 진실한 감정이기 때문이다. 공감은 보다 깊은 의사소통을 하게 하며 더욱 서로를 이해하도록 한다. 누군가 나를 이해해 주고 함께한다는 것을 통해 삶의 만족감을 경험하게 된다.

둘째, 사랑의 확신을 갖게 한다. 공감은 언어, 몸짓언어를 비롯하여 어투, 목소리, 어휘 사용 등이 조화롭게 어우러져 공감의 의미를 더해준다. 이렇게 여러 차원으로 전달된 공감은 현상적으로 나타난 말만이 아니라 그 메시지 뒤에 숨겨져 있는 그 사람을 더 알게 되고 그러므로 더욱 그와의 내면적 소통이 이루어질 때 말한 사람은 이해받고 받아들여지고 있다고 느껴 만족감을 갖게 된다.

셋째, 자각과 통찰로 인해 새로운 행동이 일어난다. 공감이란 나의 입장에서 상대방을 보는 것이 아니라 상대방의 느낌과 생각을 가지고 그를 볼 수 있는 능력을 말한다. 자신이 인간적인 대우를 받고 있다고 깨닫게 되면 상담자를 더 신뢰하고 자기의 감정과 경험을 표현하는 데 보다 자유로워지고 자신을 깊이 이해하게 된다. 특히 높은 수준으로 계속 공감해 주면 자신에 대해 스스로 긍정적으로 느끼게 된다. 이때 자신의 부정적인 감정조차 수용하면서 자신을 받아들여 스스로의 행동을 변화시켜 나가게 되는 것이다. 이때 더 개방적이 되면서 자신과 자신의 감정에 대해 더 많이 표현하여 의사소통이 보다 촉진된다.

상담과정에서 공감은 상담자의 경험자아와 내담자의 자아가 만나는 장이라고 할 수 있다. 이러한 만남은 상담자의 퇴행을 필수로 한다. 여기서 퇴행한다는 것은 상담자가 잠시 자신의 관찰자아의 작용을 유보시키고 자아의 경계를 허문 채 내담자가 하는 이야기를 온몸으로 느끼면서 귀 기울이는 것을 말한다. 즉 상담자의 경험자아가 전면에 나서서 내담자의 입장이 되어 그의 생각과 느낌을 비판 없이 함께 느끼고 따라가는 것이다.

이런 마음과 자세로 내면 깊은 곳에 있는 감정에 들어가서 그의 문제 상황에 주의를 집중하고, 그 상황과 관련된 경험, 감정, 행동을 구체적으로 이해해 줄 때 진정한 공감이 일어난다. 이것이 바로 상담자가 지녀야 하는 공감적 이해의 능력인 것이다. 공감적 이해를 통하여 내담자의 문제 상황을 명료화하면 할수록 상담자는 내담자의 필요에 어떻게 대처할 것인지 더 분명하게 파악할 수 있게 된다.

2) 공감과 동감의 차이

공감과 동감의 차이를 살펴보면 공감Empathy은 순간적으로 잠깐 남의 입장이 되어주는(퇴행) 자기조절능력이다. 그러나 동감은 상대방과 자신이 완전히 동화된 것이다. 이로 인하여 내담자의 정서적 고통의 무게를 함께 지면서 힘들어하며 내담자와 객관적 만남이 없어 그를 돕지 못하게 된다.

공감은 동의가 아니다. 본질적으로 공감은 상대방의 생각과 신념을 전적으로 받아들이는 것이 아니라, 내담자의 내적 세계를 깊이 있게 이해하고 존중해 주는 반면 동의는 내담자의 생각을 전적으로 인정해 주는 것이다.

공감은 동정이 아니다. 공감과 동정의 본질적 차이라면, 동정은 내담자의 처지에 대한 연민을 포함해 일종의 고자세로 은혜를 베푸는 식의 반응이다. 이에 반해 공감은 완전히 상대방의 관점에서 문제를 바라보는 반응이므로, 평등하고 공명을 불러일으키는 반응이다.

공감은 전이가 아니다. 심리학에서 전이란 개인이 과거의 중요한 인물이나 사건, 물건 등에 대한 애증을 또 다른 인물이나 사건, 물건에 투사하려는 경향이다. 공감과 전이의 본질적 차이는 전자는 평등하고 중립적이며 공정한 정서적 반응이라면 후자는 개인의 편견과 편애 혹은 정서적 취향이다. 그러므로 상담자는 공감을 실천하는 과정에서 자신의 전이 태도를 경계해야 하며, 자기 생각을 내담자에게 강요해서는 안 된다.

공감은 열정이 아니다. 본질적으로 공감이 침착하고 이성적이며 온화한 정서적 반응이라면, 열정은 과도한 자발과 주관을 드러낸다. 그러므로 상담자는 공감 실천 과정에서 절대로 자발과 열정을 과도하게 드러내면 안 된다. 그러면 내담자가 불편해하고 감히 다가오지 못할 수 있다.

상담자는 공감을 통해서 내담자에게 깨달음의 기회를 제공할 수 있다. 공감이란 상담자가 내담자의 감정과 경험을 정확하고 민감하게 이해하는 것을 말한다. 대개 내담자는 자기 생각이나 느낌을 분명하게 알지 못하는데, 상담자가 이를 공감해 줌으로써 자기 생각과 느낌을 명확하게 알게 되면 내담자는 자신의 억압된 욕구를 자각할 수 있게 되고, 억눌렸던 과거의 경험 등을 떠올릴 수 있게 된다.

3) 공감 전략

공감을 효과적으로 사용하기 위해서는 다음의 공감 전략을 염두에 두고 있어야 한다.

첫째, 비언어의 진실성에 집중하라. 언어는 이중 언어가 가능하지만, 비언어는 자신의 감정을 속일 수 없는 반응을 스스로 하게 된다. 때로는 자신이 조절할 수 없는 감정표출이 나타나기에 언어와 다른 몸짓이나 눈빛이 나타날 때가 있다. 이러할 때는 언어보다 비언어에 진실성이 더 강할 수 있다. 비언어적 요소가 자신을 더 진실하게 나타내는 경우가 많기 때문이다. 그러기에 상대방이 이야기하는 구체적인 내용은 물론 손짓, 몸짓, 신체적인 접촉, 시선의 접촉, 그리고 얼굴 표정 등과 같은 비언어적 표현에도 최대한의 주의를 기울인다.

둘째, 말은 자신의 수준이 아니라 상대방 수준에 맞추라. 예를 들면 교사가 초등학교 어린이와 이야기를 할 때는 초등학교 어린이가 알아들을 수 있거나, 그들의 경험세계를 나타내는 쉬운 말로 이야기해야 한다. 자신이 가지고 있는 고차원적인 지식이나 수준 높은 이론을 전하고자 할 때에도 상대가 이해하지 못하면 그 메시지는 아무런 의미가 없는 것이다. 언어적으로 상대를 배려한다는 것은 상대를 무시하는 것이 아니라 배려이다. 이러한 언어소통이 공감의 효과를 더 크게 한다.

셋째, 상대방과 감정의 코드를 맞춘다. 상대방이 작은 목소리로 부끄러운 사실을 이야기하고 있는데 너무 큰 소리로 이야기한다면 상대방은 불안하게 되어 더 이상 이야기하고 싶은 마음이 생기지 않을 수도 있다. 또한, 상대방이 슬픈 이야기를 할 때에는 안타까운 마음으로, 기쁜 이야기를 할 때에는 함께 기뻐하는 표정과 말투로 한다면 상대가 더 편안하게 마음을 열 수 있다.

넷째, 섬세하게 반응한다. 상대방이 말할 때는 물론이고 어떤 행동의 변화가 있을 때마다 반응한다. 상대방이 말을 하거나 비언어적 표현이 있는데도 즉각적으로 반응하지 않으면 자신이 무시당하거나 거부당하고 있다고 생각하여 더 이상 자신에 관한 이야기를 하지 않을 수 있다. 섬세한 반응은 상대로 하여금 내가 인정받고 있다는 마음을 갖게 된다.

다섯째, 핵심 메시지를 찾아 반응하라. 상대방이 표현하지 않은 내용, 즉 속마음을 알아내고 주의를 기울인다. 실제 말로 표현한 내용보다도 말로 표현하지 않은 내용이 더 중요할 수 있기 때문에 그 내용을 알려주면 상대방은 자신이 깊이 이해받고 있다고 생각하여 마음속 깊은 곳에 있는 내용까지도 이야기할 수 있다. 핵심 메시지에 대한 선별적 반응이 필요하다. 내담자가 하는 모든 말에 다 공감해 줄 수는 없다. 따라서 내담자의 말을 들으면서 핵심 메시지를 찾아 반응해야 한다.

여섯째, 반응을 서두르지 말라. 상대의 말에 너무 빨리 대답하지 않도록 하여 생각할 시간을 가진다. 지나치게 빨리 말한다는 것은 핵심 메시지를 찾기 위해 상대방이 한 말을 생각해 볼 시간을 가지지 않는다는 뜻이다. 때로는 말보다 상황에 대해 반응해야 한다. 좋은 공감적 반응은 내담자의 직접적인 말이나 비언어적 행동에만 토대를 두는 것이 아니라 내담자가 놓인 상황, 즉 내담자를 둘러싸고 있고 내담자의 말에 스며있는 모든 것을 고려해야 한다. 이처럼 말은 진중하게 표현되어야 하며 상대로 하여금 마음이 실렸다고 느낄 때 진실성이 전달되는 것이다. 상담자는 말을 기술적으로만 사용하지 않도록 주의해야 한다.

일곱째, 자기 자신을 지키라. 상대방에 맞게 반응을 하되 자기 자신을 지켜야 한다. 이것은 내담자가 자기 삶에서의 실패와 성공을 말할 때 내담자의 반응에 휘둘리지 않으면서 합리적인 방법으로 내담자와 정서적인 느낌을 나눈다는 뜻이다. 상담자가 공감이 정확한 것인지 부정확한 것인지에 대해서는 내담자의 확인을 통해 알 수 있는데 부정확한 경우엔 수정을 통하여 새로운 공감을 해나가도록 한다.

7. 직 면

1) 직면의 개념

직면은 지적이 아니다. 직면이란 사람을 돕고자 하는 선한 동기를 가지고 상대방이 미처 보지 못하고 있는 자신의 문제를 볼 수 있도록 깨우침을 주는 것이다. 즉 정직한 일깨움을 통해 자기의 문제 상황에 눌려 성숙한 삶을 살지 못하게 하는 기존의 문제 사고와 행동 양식을 변화시킬 수 있도록 하는 것이다. 이것은 내담자 자신에게 도전하게 하는 것이다.

2) 직면의 필요성

직면이 필요한 이유를 세 가지의 관점으로 통합하여 제시하고자 한다.

첫째, 사람은 자신의 프레임frame으로 사물을 바라보고 사람을 판단한다. 사람은 자기의 경험을 가지고 남을 투사하면서 타인의 삶을 판단하는 어리석음이 있다. 타인을 향한 우리의 해석이나 판단은 단지 자신의 기준일 뿐이다. 그러므로 개인의 경험을 절대화하여 남을 비판하지 않도록 객관화의 능력을 훈련해야 한다. 둘째, 사람은 자신에게는 극히 주관적이기 때문에 정확한 판단이 어렵다. 사람들이 자신의 문제에 대해서는 객관적 시각을 놓쳐 버리고 감정적으로 행동하는 경향성이 있으므로 주관적인 감정에 따라 행동하지 않도록 지도와 권면이 필요하다. 셋째, 변화, 개선되기 위해서는 동정이 아닌 공감과 더불어 자기통찰self-insight의 기회가 필요하다. 동정심만으로는 진정한 삶의 변화를 일으키지 못한다. 그러므로 진실한 사랑의 마음으로 권면하여 연민과 부정적인 정서에서 벗어나도록 도와야 한다. 자기감정에 빠져 사물을 바라보거나 상황을 왜곡되게 판단한다면 건강한 생활을 하기 어렵게 된다. 그러할 때 자신의 문제점과 더불어 상황에 대한 보다 정확한 판단을 하도록 도와야 한다.

3) 잘못된 직면

직면은 사람을 성숙한 모습으로 거듭나도록 돕기 위한 작업이다. 그런데 잘못하면 오히려 기분을 상하게 하고 마음의 상처를 남기게 되는 경우가 많다. 건강한 직면을 위하여 잘못된 직면을 살펴보도록 하자.

(1) 비판

직면의 동기는 사랑이다. 그러기에 비판은 직면이 아니다. 비판하는 사람들의 특징은 자신의 문제를 전혀 보지 못하는 경향이 있다. 특히 자신의 감정과 기분이 판단의 근거가 된다. 그래서 자기 기분에 합당하면 수용하고 자기 기분에 합당하지 아니하면 배척해 버린다. 직면의 근저에는 사랑이 있어야 한다. 직면을 받는 사람 입장에서 그 사랑이 믿어지고 느껴질 때, 직면을 받는 그 순간은 수치스럽고 불안하지만, 대체적으로 편안하게 직면을 수용할 수 있게 된다.

(2) 훈계와 충고

훈계와 충고는 직면이 아니다. 훈계와 충고는 위에 서서 상대를 내려다보며 가르치고 지적하는 것으로서 자기 우월감의 표현이다. 이것은 결코 상대방을 존경하고 섬기는 태도가 아니다. 직면은 사랑의 권고요, 돌이킴을 위한 호소이며 책임을 촉구하는 사랑의 소리이다.

4) 직면 받기 힘든 이유

(1) 왜곡된 심리

직면을 확대해석하기 때문이다. 대부분의 사람은 자기 자신이 부족함이 없는 완전한 인격자이기를 기대한다. 그렇기에 자신의 부족한 점에 대해 직면받으면 지적받는 부분만 잘못되었다고 생각하는 것이 아니라 자신의 존재 자체가 잘못되었다고 확대 해석을 하기 때문에 직면을 힘들어한다. 그리고 무엇보다 근본적인 원인은 유아적인 기대 심리 때문인데, 이것은 '나를 사랑한다면 나의 잘못을 무조건 수용해주고 덮어주어야지, 지적하는 것은 나를 사랑하지 않기 때문이다.'라는 왜곡된 심리를 갖고 있기 때문이다.

(2) 완벽주의적 사고

열등감과 자신감의 결여 때문이다. 완벽주의는 열등감의 왜곡된 현상이다. 완벽주의를 가진 사람들은 일을 완벽하게 해내야만 직성이 풀리는 사람으로, 자기가 성취한 일들을 과소평가하면서 더 잘해야 한다는 강압적인 욕구에 시달린다. 이러한 완벽주의의 저변에는 완전하지 않으면 수용될 수 없다는 생각이 자리 잡고 있는데, 그것은 열등의식과 자신감의 결여 때문이다. 이들은 끝없는 완전에의 욕구를 가지고 있으며, 그 내면에는 자신의 부족을 인정하지 않으려는 맹목적인 환상이 있다. 따라서 이런 사람들은 직면 받을 때 엄청난 저항이 있고, 더 나아가 직면 내용이 인정되면 자신에게 실망한다. 이런 맥락에서 직면 받는 것을 힘들어하며 지적받을 때 자신의 존재까지도 위협받는다고 느끼게 된다.

완벽주의 사고를 극복하기 위해서는 다음과 같은 수고가 필요하다.

첫째, 자신을 지나치게 확대해석하는 환상적 사고를 버리고, 있는 그대로의 나를 볼 수 있도록 노력한다. 둘째, 자신의 모든 점을 바라볼 때 부정적인 면보다는 긍정적인 것에 초점을 맞추고 현실적으로 실현 가능한 목표를 세워야 한다. 셋째, 자신의 존재가치를 성공과 성취에 두지 말아야 한다. 인격체인 자신의 존재 자체에 집중해야 한다.

(3) 과도한 인정욕

사람에게 가장 강한 욕구는 인정욕구이다. 모든 욕구의 귀결점은 결국 인정욕구이다. 이렇게 사람들은 누구나 다 자신의 존재와 능력, 외모 등 모든 면에서 인정받고 싶은 욕구가 있다. 특히 사랑하는 사람에게 인정받기를 원하게 되는데, 사랑은 삶의 양식이며 에너지라 할 수 있다. 사랑과 인정이 혼동될 때 인정욕구에 인생의 전부를 걸게 된다. 더 나아가 사람은 다른 사람의 피드백에 영향을 받는다. 따라서 인정을 받을 때는 자신의 존재가 가치 있게 여겨지고 중요한 사람으로 생각된다.

그런데 자신을 스스로 인정하지 않고 다른 사람의 인정만을 기대한다면 끊임없이 남의 인정에 집착하며 살게 된다. 상대방의 인정은 주관적인 것이며 잘못된 부분이 있을 수 있는데도 타인의 인정에 대해 집착하는 것은 삶의 주도성을 상실하게 만든다.

인정욕구가 강한 사람은 부정적 피드백을 받아들이지 못한다. 부정적 피드백을 자신에 대한 거절과 배척으로 받아들이기 때문이다. 이러할 때 내담자는 과도한 자신의 인정욕구를 통찰하고 스스로 지금 자신이 모습을 인정하는 훈련이 필요하다. 직면을 자신의 부족함을 보여주는 거울로 보고 자신의 거듭남을 위한 발판으로 받아들인다면 직면을 수용하는 용기가 생긴다. 직면을 수용할 때 자신을 있는 그대로 볼 수 있다. 직면은 공감만큼이나 중요한 과정이다. 직면에서 중요한 것은 내담자가 상대의 사랑의 동기를 받아들이고 자신을 돕기 위한 과정이라는 것을 수용할 때 건강한 변화는 일어나는 것이다.

(4) 직면하기 힘든 이유

때로 직면하는 사람(상담자)이 직면을 하지 못하고 회피할 때가 있는데, 직면을 회피하는 이유는 다음과 같다.

첫째, 익숙하지 못함이다. 남에게 직면하는 것이 익숙하지 못한 안일한 관계성에서 온 것이다. 너도 편하게 살고 나도 편하게 살자는 안일한 대인관계 양식은 직면을 회피하게 한다. 둘째, 두려움이다. 내가 다른 사람을 직면하면 나 또한 직면 받을 수 있다는 두려움이다. 나도 상처받게 되고 나에 대해 알고 싶지 않았던 것을 알게 될 것을 두려워하기 때문이다. 셋째, 우려함이다. 어설픈 직면으로 혹시라도 다른 사람들에게 상처를 주거나 피해를 주지 않을까 우려하기 때문이다. 넷째, 염려함이다. 다른 사람들의 문제 속으로 너무 깊이 들어가서 내가 도와줄 수 없는 문제를 발견하게 될까 봐 염려하는 것이다.

5) 직면의 내용

직면의 내용은 여러 가지가 있으나 효과적인 직면에 대해 알아보도록 하자.

(1) 불일치의 모습

불일치의 모습에 대해서는 알려줄 필요가 있는데 그 내용으로는 다음과 같다.

첫째, 과거에 한 말과 지금 하는 말의 내용이 다를 때이다. 사람들은 성장과 변화를 위해 노력하겠다고 약속하지만, 도중에 마음이 바뀌거나 불편한 일이 생기면 약속과는 다른 행동을 하거나 말을 할 때가 있다. 이럴 때 그 차이를 알려줌으로써 그의 진정한 의도나 속마음을 노출시킬 수 있다. 둘째, 말과 행동이 불일치할 때이다. 누구나 그렇듯이 자신의 말과 행동이 일치하기란 쉽지 않다. 그래서 이것을 대수롭지 않은 것으로 무시할 수도 있지만, 문제해결 능력이나 성숙을 위해서 말과 행동을 일치시키는 것은 매우 중요하다. 셋째, 말한 내용과 그 내용에 대한 느낌이 다를 때이다. 사람들은 자신의 심리적 상태를 제대로 자각하지 못할 때가 많으므로 그가 말한 내용과 느낌은 서로 다를 수 있다. 이때 그것을 알려준다.

(2) 부정직과 기만

사람들은 자기기만에 빠져서 불편을 느끼지 못하고, 잘하고 있다고 생각한다면 이러한 행위를 계속하려고 할 것이다. 변화를 두려워하는 자신의 악이나 잘못을 숨기려고 연막을 칠 수 있다. 이러한 행위는 의도적일 수도 있고 비의도적일 수도 있으나 대부분의 사람은 자신을 속이려 하는 경향성이 있다. 그러므로 이것을 인정하고 버리도록 도와주어야 한다. 또한, 변명하는 태도를 보일 수 있다. 변명은 속아주어서는 안 된다.

6) 직면의 과정

직면은 내담자의 모순을 지적하는 것이기 때문에 매우 신중하게 준비해야 한다. 그리고 던져놓고 끝내는 것이 아니라 사후관리를 잘해야 한다. 즉 내담자가 그 직면을 잘 수용할 때까지 부드럽게 후속 대응을 해줘야 한다.

직면을 할 때는

첫 단계로, 내담자에 대한 관찰이다. 내담자에게 있는 모순과 불일치가 어떤 것인지 꼼꼼히 체크해 본다. 그러면서 언제 이야기할지 그 타이밍을 기다려야 한다. 내담자의 방어나 비합리적인 생각을 주의 깊게 관찰하고 경청하면서 직면하고픈 욕구가 있어도 일단 증거가 모일 때까지 기다려야 한다.

두 번째 단계로, 직면의 방법이다. 내담자의 준비 정도를 고려해서 어떻게 직면을 제시하는 것이 적절할까를 정해야 한다. 직면을 위한 충분한 증거와 기초자료가 모여있더라도 내담자의 준비 정도를 점검하지 않으면 안 된다. 내담자 스스로 양가감정이 있다거나 모순이 느껴진다거나 혼란이 느껴진다고 말하는 순간이 바로 직면의 타이밍이 될 수 있다. 상담자는 이때 내담자가 직면을 감당할 만큼 상담관계가 신뢰할 수 있는지 살펴보아야 한다. 내담자가 안전하게 느끼는지, 오늘 기분이 좀 괜찮은지, 감정이 차분한지, 상담자를 믿고 따르는지를 살펴보아야 한다. 그리고 직면을 하기 전에 다시 한 번 상담자는 자기 자신에 대해서도 살펴보아야 한다. 즉 자신이 왜 직면을 하려고 하는지를 살펴봐야 한다. 상담자가 직면을 하고자 하는 의도와 감정상태를 체크해 보아야 한다. 직면이나 해석과 같은 적극적인 개입은 상담자 자신도 모르게 내담자를 공격하는 수단이 될 수 있다. 상담자는 자신에게 도전하는 버릇없는 내담자에게 직면을 핑계 삼아 야단치려는 것은 아닌지 늘 자기성찰을 해야 한다.

세 번째 단계는, 직면을 제시하는 것이다. 치료적 직면은 상담자가 분명한 의도를 가지고 제시하는 것이다. 이때 직면은 비판적이 되어선 안 되고, 내담자 스스로 자신의 불일치를 탐색할 수 있고 그것을 관찰하는 것을 격려할 수 있는 방식으로 제시해야 한다. 그래서 상담자는 내담자에 대하여 예의 바르고 신중한 방식으로 직면을 해야 하며, 내담자가 이를 어떻게 느끼는지 후속 반응을 관찰해야 한다. 가끔은 한 번의 직면으로 내담자가 얼른 알아차리지 못할 수도 있는데, 이런 경우에는 조금 다른 방식으로 다시 시도하여 내담자가 알아차릴 수 있게 해주어야 한다.

마지막으로, 직면을 제시한 다음에는 후속 반응을 관찰해야 한다. 적극적인 개입방법일수록 그 내용이 맞느냐 틀리느냐보다 직면을 한 후에 내담자가 그것을 얼마나 받아들이는가를 잘 살펴보아야 한다. 내담자는 상담자의 직면을 곰곰이 생각해 볼 수도 있고, 수용을 하지 못하여 화를 낼 수도 있다. 갑자기 직면을 한 것이기 때문에 내담자가 좀 강한 반응을 보이더라도 상담자는 당황하지 말아야 한다. 상담자는 그 직면이 옳은 것이기 때문에 당신이 받아들여야 한다고 강요해서는 안 되며, 그 직면에 대해서 내담자가 어떻게 반응하는지 살펴 내담자의 생각과 느낌에 공감하려는 자세로 재빨리 전환하여야 한다.

직면은 내용보다 형식이 중요하다. 상담자는 잘못된 것을 지적하는 태도가 아니라, '이런 부분은 한번 검토해 봐야 하지 않겠는가?' 하는 식으로 예의 바르며 신중하게 전달해야 한다. 어떤 상담자는 직면할 때 내담자가 화를 낼까봐 미안한 태도를 취하는데 이러한 태도는 바람직하지 않다. 과학자처럼 중립적이고 담담한 마음으로 제시를 해야 하고, 완곡하게 돌려서 이야기하지 않고 결단력 있게 제시하는 것도 중요하다. 상담자의 태도와 전달방법 자체가 내담자로 하여금 상담자에 대한 신뢰도를 더하는 데 큰 영향을 주며 이것은 효율적인 상담을 위해 매우 중요한 사항이다.

실습

1. 자기 직면

자기 직면의 방법은 다음과 같다. 들어주는 사람은 경청과 공감으로 그를 격려한다.

1단계: 자기의 부족한 점이나 고쳐야 할 점을 솔직히 시인하고 말로 정확히 표현한다.

2단계: 언제, 어떻게 고칠 것인지 방법을 정한다.

3단계: 결심을 하고 누구에게 확인받을 것인지 정한다.

4단계: 듣는 사람을 지적하거나 비판하지 않고 경청과 공감을 해주고 적극적으로 지지해 준다.

〈자기 직면의 예〉

1단계: 나의 부족이나 고쳐야 할 점은 무엇입니까?

예) 경제적으로 어렵다고 하면서 어제 백화점에 가서 명품 핸드백을 샀다.

2단계: 언제, 어떻게 고칠 것입니까?

예) 경제적인 어려움을 호소하면서 옷 구입이나 외식을 줄이지 않는 내 모습을 스스로 직면하고 다음 달부터 외식이나 옷 구입에 있어서 적정한 한도를 정하고 한도 내에서 지출하겠다.

3단계: 누구에게 확인받을 것입니까?

예) 남편에게 부탁해서 확인받겠다.

4단계: 자기 직면 한 후 느낌은 어떻습니까?

예) 나의 부족한 점, 부끄러운 점을 스스로 직면하고 고치기로 결심하니 마음이 자유로워짐을 느꼈다.

〈자기 직면 양식〉

1) 나의 부족이나 고쳐야 할 점은 무엇입니까?

2) 언제, 어떻게 고칠 것입니까?

3) 누구에게 확인받을 것입니까?

4) 자기 직면한 후 느낌은 어떻습니까?

2. 타인 직면

효과적인 타인 직면 기술은 다음의 4단계를 거친다.

1단계: 정복(보고 들은 것이 무엇인가?)

2단계: 사고(어떻게 생각하는가?)

3단계: 감정(어떻게 느끼는가?)

4단계: 소망이나 기대(원하는 것이 무엇인가?)

〈타인 직면의 예〉

"습관적으로 모임에 지각하는 어떤 분이 있었다."

1단계(정보): 당신이 다섯 번의 수업 중 3번을 약 10~30분 정도 늦게 오는 모습을 봅니다.

2단계(나의 생각): 제게는 그런 당신의 모습이 분주하고 정돈되지 않은 것으로 보이고 시간 관리를 잘못하는 것으로 생각됩니다.

3단계(나의 감정): 그래서 내 느낌은 당신에 대해 판단하고 싶은 부정적인 느낌이 일어나고 당신의 행동이 모임의 분위기를 방해하는 것으로 생각되어 불편합니다.

4단계(소망): 내가 원하는 것은 당신이 바쁘더라도 시간을 잘 지켜주시는 것입니다. 그럴 때 우리가 서로를 존중할 수 있고 당신이 어디에서나 자신감 있고 편안한 모습으로 행동할 수 있으며 남에게 인정받게 될 것이라 기대합니다.

〈타인 직면 양식〉

1) 타인에 대해 관찰한 내용(행동패턴, 사고패턴, 경험한 사실 등의 정보)

2) 그것(행동)에 대한 나의 생각은 무엇입니까?

3) 나의 감정은 어떻습니까?

4) 내가 바라는 것(소망, 기대)은 무엇입니까?

5) 특별히 왜 이 사람을 직면했는지 자신의 내면의 동기를 탐색해 보십시오.

8. 설득 커뮤니케이션

1) 상담과 커뮤니케이션

최근에 와서는 커뮤니케이션에 대한 관심과 연구가 활발하게 진행되고 있고 그 영역도 넓어져 학문으로서의 형태가 정착되어가고 있다. 우리는 커뮤니케이션이라는 수단을 통하여 서로 정보를 교환하고 의사소통을 할 뿐 아니라 서로를 설득하면서 공동의 사회생활을 영위해 나가고 있다. 따라서 오늘의 사회에서 커뮤니케이션이 가지는 영향력은 과거 어느 때보다 크며 여기에 관한 관심들 또한 높아가고 있다.

우리는 "커뮤니케이션이란 무엇인가?"라는 질문부터 제기해야 한다. 여기에 대한 대답은 실로 다양하고 난해하다. 커뮤니케이션이란 말의 어원(語源)은 '공통(共通)' 또는 '공유(共有)'라는 뜻을 가진 라틴어 '커뮤니스communis'에서 유래하였다. 그러나 현대에 와서 커뮤니케이션은 매우 다양한 의미로 사용되고 있다. 또 커뮤니케이션은 학자들에 따라서 개념의 차이로 인하여 다양한 정의를 내리고 있으나 이것들을 종합하면 "커뮤니케이션이란 유기체들이 기호(記號)sign를 통하여 서로 정보나 메시지를 전달하고 수신하여 서로 공통된 의미를 수립하고 나아가서 서로의 행동에 영향을 미치는 과정 및 행동이다."라고 정리할 수 있다. 이러한 관점에서 상담 사역과 커뮤니케이션의 관계를 살피고, 여기서 얻어지는 효과에 대해서 고찰하려는 것이 본서의 중요한 목적이다.

2) 상담에서의 설득 커뮤니케이션

인간이 가진 특성 가운데 하나는 설득 커뮤니케이션이란 도구를 가지고 있다는 점이다. 설득 커뮤니케이션은 고대 그리스 시대부터 중요한 학문적 관심의 대상이 되어 왔다. 현대에 와서는 선전, 홍보, 광고들이 발달됨으로 설득 커뮤니케이션 현상이 대두되고, 또 연구의 대상이 되고 있다. 상담은 설득을 통한 사역이다. 즉 상담자가 내담자의 유익을 위하여 내담자로 하여금 현재의 문제 상황에서 벗어나 상담자가 의도하는 목표에 도달하도록 유도하고 설득하는 것이기 때문이다.

그러기에 상담을 위해서는 커뮤니케이션 능력을 단련할 필요가 있다. 이는 상담에 종사하는 사람에게 매우 큰 도전이다. 상담에서의 언어표현과 교류는 일상생활에서의 그것과 다르다. 상담에서는 온 정신을 집중해서 듣고 적극적으로 호응하며 고도로 간결하고 정확하게 말할 것을 요구한다. 상담 소통에서 들을 때 마음이 딴 곳에 가 있거나 말할 때 진심이 담기지 않는 일이 일어나지 않도록 해야 한다. 상담자가 집중하지 못하면 내담자는 더 갈피를 잡지 못하고 어떻게 해야 할지 모른다. 그래서 상담에서 소통력을 키운다는 것은 상담자가 경청하는 법과 내담자의 복잡하다 못해 혼란스럽기까지 한 마음을 간결하고 명쾌한 말로 공명하는 법, 그리고 최대한 적절하고 알맞은 말을 하는 법을 배운다는 의미다. 상담 대화는 양보다 질이 중요하다. 상담은 상담자와 내담자 사이의 언어적, 비언어적 커뮤니케이션이다. 상담자는 내담자의 말을 경청하여 내담자를 이해해야 하며, 내담자를 권면하고 상담하기 위해서는 커뮤니케이션에 대한 연구가 지속적으로 필요하다. 효과적인 상담을 하기 위해서는 상담자와 내담자 사이에 효과적인 커뮤니케이션이 이루어져야 하고 상담자와 내담자 사이에 커뮤니케이션이 제대로 이루어지면 문제 해결이 보다 쉽게 이루어질 수 있다.

상담을 통해서 상담자와 내담자가 커뮤니케이션을 함으로써 내담자는 왜곡된 생각과 행도, 태도, 감정들을 바로잡아갈 수 있다. 상담자는 또한 커뮤니케이션으로서 상담을 통해서 내담자로 하여금 상담자를 신뢰하게 하고 통찰력을 가지게 하여 문제를 통하여 성장하게 해주며 건강한 사회인으로 정립되도록 도울 수 있다.

3) 설득의 정의

오래전부터 관심의 대상이 되어온 '설득'에 대한 정의는 다양하다. 그리스의 철학자 플라톤Platon은 "설득은 언어를 통하여 사람의 마음에 영향을 미치는 기술"이라고 말하였고 그는 이러한 설득술을 연구하는 수사학이란 "진리탐구의 이성적 방법인 변증법(辨證法)dialectic에 심리적 방법을 곁들인 것"이라고 하였다. 본서에서는 설득에 대한 정의로서 "설득이란 언어를 통하여 상대의 마음에 영향을 미쳐 행동의 변화를 가져오는 기술"로 정리하고자 한다.

이러한 설득은 커뮤니케이션의 한 형태로서 여러 가지 기본적 속성을 가지고 있는데 메시지라는 기호적 자극을 통하여 다른 사람들의 행동을 변화시키고, 한 걸음 더 나아가서 수용자에 의한 선택의 자유freedom of choice를 갖게 한다. 또 설득은 커뮤니케이션이 한 형태로서 상대적 속성을 가지고 있다. 대표적인 것으로는 첫째, 의도성(意圖性)conscious intent이다. 의도성이란 어떤 목적을 달성하기 위하여 의도적인 목적을 가지고 있다는 것을 말하는데, 그것이 설득 커뮤니케이션에서 가장 강하게 나타난다. 둘째, 도구성(道具性)instrumentality이다. 도구성이란 앞에서 말한 의도성을 성취하기 위해서 도구를 사용한다는 점이다. 셋째, 수용자의 특정성이다. 설득 커뮤니케이션은 특정한 대상의 수용자를 그 대상으로 삼고 있다. 넷째, 효과에 대한 중요성이다. 설득 커뮤니케이션에서는 효과에 대한 특별한 관심을 가지고 있다.

4) 상담에서의 설득 커뮤니케이션의 효과

설득 커뮤니케이션에 있어서 중요한 것은 효과이다. 설득 커뮤니케이션의 궁극적 목적은 커뮤니케이터가 의도한 바와 그 어떤 효과를 얻으려는데 있기 때문이다. 그 목적은 자연히 설득 커뮤니케이션 현상에 관한 효과에 초점을 맞춘다. 결론부터 말하자면 커뮤니케이터가 설득 커뮤니케이션이 자극을 통하여 유발한 수용자들의 태도, 의견, 행동 등의 변화로 규정할 수 있다.

인간의 태도변화에는 외부의 자극이 필요하다. 여기에는 메시지가 있어야 하는데, 이 메시지가 매체를 통하여 수용자에게 전달되면 변화가 일어난다. 커뮤니케이션의 이와 같은 변화이론은 상담의 변화이론과 직결된다. '설득 커뮤니케이션의 효과는 어떤 독립변인(獨立變因)들에 의하여 유발 또는 결정되며, 또 그 과정에서 그 효과의 유발을 촉진 또는 저해하는 중개변인(仲介變因)에는 어떤 것이 있는가?'라는 문제가 제기된다. 그 변인들에는 여러 가지가 있으며 그 가운데서 메시지와 그에 관련된 여러 요인이 효과에 중요한 영향을 미친다. 결국, 커뮤니케이션이란 커뮤니케이터가 메시지라는 자극수단을 사용하여 다른 수용자의 의견이나 태도 또는 행동에 영향을 주거나 변화를 시키는 과정이다. 그러므로 메시지는 설득 커뮤니케이션에서 가장 핵심적인 요소이며, 설득 커뮤니케이션이 효과는 이러한 메시지와 그에 관련된 여러 가지 변인들massage variables 내지 요인들에 의해서 주로 결정된다.

상담 역시 '설득'이라는 측면에서 이해할 수 있는데, 설득 커뮤니케이션에서 커뮤니케이터가 누구냐에 따라서 그 설득 효과가 달라질 수 있음은 이미 잘 아는 사실이다. 동일한 메시지를 동일한 매체를 통하여 수신자에게 전달, 그들의 태도를 변화시키고자 할 경우에도 그 메시지를 주고 있는 커뮤니케이터가 누구냐에 따라서 수용자들이 그 메시지를 많이 수용하여 태도변화를 일으키거나, 반대로 그 메시지를 거부하여 태도변화를 거의 일으키지 않는 다스는 사실은 이미 알려져 있다. 이와 같이 상담도 상담자가 누구냐에 따라서 그 결과가 달라질 수 있다. 우리가 설득 커뮤니케이션으로서 상담을 논의할 대 상담자의 공신력을 들 수 있다. 그 공신력은 크게 전문성과 신뢰성이라는 요소로 이루어진다.

(1) 전문성

상담자의 교육 정도, 경험, 능력, 지능, 업적, 사회적 지위 등과 주어진 주제나 이슈에 대한 지식 또는 식견으로 해서 갖추어진 상담자의 능력을 말한다. 그러나 이러한 전문성은 내담자의 지각에 의하여 인정되어야 한다.

설득 커뮤니케이션으로서의 상담을 논의할 때 상담자가 주어진 메시지의 주제 또는 이슈에 대하여 올바른 대답이나 정확한 판단을 제시할 수 있다고 내담자가 지각(知覺)하고 있는 정보를 전문성이라고 할 수 있는 것이다. 엄밀한 의미에서 볼 때 전문성이란 상담자가 지니고 있는 속성이라기보다는 내담자에 의하여 지각된 것으로서의 상담자의 속성이다.

(2) 신뢰성

공신력의 다른 하나는 신뢰성인데, 상담자가 주어진 주제에 대하여 아무런 편견을 가지지 않고 순수한 동기에서 그 자기 입장, 생각 또는 의견 등을 솔직하게 제시하고 있다고 내담자가 지각하고 있는 상담자의 상담 동기의 순수성 또는 객관성을 말한다.

신뢰성을 지닌 상담자란 객관적인 상담자인 동시에, 자신의 이익이나 어떤 목적 성취를 위하여 내담자를 조작하려는 의도가 없는 상담자인데, 엄격한 의미에서 이와 같은 신뢰성도 자신이 가지고 있는 속성이라기보다는 이 또한 내담자에 의하여 지각된 상담자의 속성이다.

상담자는 공신력 외에도 매력성이라든지 권위적인 영향력source power, 의견 지도력opinion leadership, 카리스마charisma 등도 하나의 속성으로서의 중요한 의미를 가지고 있다. 특히 상담에 있어서 '카리스마'는 상담에 중요한 영향을 미친다.

커뮤니케이션 이론을 상담에서 적용한다면 상담 결과에 획기적인 성과를 거둘 수 있을 것이다. 특히 설득 커뮤니케이션에 대한 연구는 이러한 명제(命題)에 대하여 바른 상담을 해줄 것이라고 본다.

상담을 위한 작은 지식

완벽주의Perfectionism

완벽주의는 자기 주변의 사람과 사물에 지나치게 높고 엄격하며 비현실적인 것을 요구하고 기대하는 행동 표현을 지칭한다.

자기중심Egocentrism

자기중심은 사람이 매사에 자기 이익만 중시하는 바람에 타인의 이익과 필요를 잘 고려하지 않는 행동표현을 가리킨다.

행동치료Behavior Therapy

'행동치료'는 환경의 통제를 통해 사람의 행동을 변화시킬 것을 주장하는 '행동주의' 이론에서 출발했다. 러시아의 유명한 생리학자 파블로프(I.P.Pavlov, 1849~1936)의 '조건반사' 이론과 미국의 유명한 심리학자 손다이크(E.L. Thorndike, 1874~1949)와 스키너가 주창한 '조작성 조건반사 학습' 이론이 그 이론의 기초가 되었다. 주요 내용은 다음과 같다.

1. 사람의 모든 행동은 학습을 통해 획득된 것이다. 그중 강화는 해당 행동을 공고히 하거나 감퇴시키는 데 절대적인 작용을 한다. 강화는 표창이나 격려 방식을 취할 수도 있고 비판이나 징벌(부정적 강화) 방식

을 취할 수도 있다. 그러므로 학습과 강화는 한 개인의 나쁜 행동을 고치는 관건이다.

2. 심리치료의 목적은 강화를 통해 내담자로 하여금 어떤 특정한 행동을 모방하거나 없애게 함으로써 새로운 행동방식을 세워나가게 하는 데 있다. 행동치료는 특정한 학습 환경을 제공해 내담자로 하여금 자아를 변화시키고 나쁜 행동을 고치도록 촉구한다. 그래서 심리치료의 목표를 구체화하고 명확히 하는 것을 매우 중시한다. 내담자의 문제에 대해 사실에 입각해 처리하는 게 중요하지 개인의 무의식과 본능적 욕구가 편향된 행동에 어떤 작용을 미치는지는 관심이 없다.

3. '행동치료'가 일반적으로 사용하는 기법에는 '체계적 둔감법', '이완요법', '모방학습', '혐오요법', '홍수요법' 등이 있다. 그 주요 내용은 환경을 통제하고 강화를 실시해 내담자로 하여금 좋은 행동을 습관화하고 나쁜 행동을 고치며 개인의 이미지를 새로 구축하게 하는 것이다.

2장 상담사례 이해 기술

1. 사례 개념화

상담자는 상담시간에 실시한 심리검사, 면접과 행동관찰, 내담자의 가족이나 관련 인사로부터 얻은 정보 등을 통합하여 내담자의 문제에 대한 이론적 모형을 자기 나름대로 수립해 본다. 다시 말해 내담자는 어떤 문제를 가지고 있으며, 그 문제의 원인 내지 발생 배경은 무엇이며, 내담자의 문제가 해결되기 위해서는 어떤 상담전략이 필요한가에 대하여 잠정적으로 가설을 세워 본다. 이러한 일련의 작업이 사례에 대한 개념화이다.

상담자는 상담을 진행하면서 그가 세운 가설이 타당한지를 검토해 보면서 수정하고 보완해 가게 된다. 이와 같은 사례의 개념화는 상담자가 채택하는 이론적 접근에 따라 달라질 수 있다.

사례1: 사례로 보는 접근방법

김호식(가명)은 첫인상이 불안해 보이고 자신감이 결여되어 보였다. 무언가 쫓기는 듯한 그의 말투는 불안감과 더불어 주눅 들어보이는 언행으로 일관되었다. 개인 사업을 하고 있는 그는 그러한 자신의 말투 때문에 거래업체에 열심히 브리핑briefing을 해도 계약 성과는 미비하다고 하였다.

이는 아버지로부터 정신적으로 학대받고 자란 남성 내담자 경우이다. 그는 결혼 후에도 만성적인 불안감과 심리적 의존성을 떨쳐버리지 못하고 있다. 만일 상담자가 행동주의적 접근을 선호한다면 이 내담자의 증상은 학습된 것(또는 조건 형성된 것)으로 간주할 것이다. 인지적 이론을 선택하는 치료자라면 내담자의 역기능적 사고나 비합리적 관념이 내담자의 증상과 관련이 있다는 가설을 수립할 것이다. 만일 상담자가 정신역동적 접근을 선호한다면 부모에게서 어린 시절에 수용 받지 못한 내담자의 애정 욕구가 현재의 증상 행동과 연관성이 있다고 볼 것이다. 즉 내담자의 불안과 의존성은 거부와 격리에 대한 두려움에서 비롯되었다고 설명하려 할 것이다.

한편 내담자의 문제점은 욕구의 차원에서 검토될 수도 있다. 내담자가 진술하는 문제점은 현재 상태에 대한 불안과 불완전성을 내포하고 있다. 그런데 내담자가 호소하는 일차적인 문제는 좀 더 깊은 차원에서 볼 때 내담자의 내면적인 문제, 즉 기본적 욕구와 관련되어 있다는 것을 알 수 있다.

사례2: 자기효능감 사례 분석

송현주(가명)는 첫인상이 지적이고 예쁜 외모를 가지고 있음에도 불구하고 말을 할 때나 자신을 평가할 때 자신감이 결여되어 있었으며, 열등감을느끼는 표현을 하였다. 자신보다는 타인에게 더 관심이 많았고, 부단히 타인과 자신을 비교함으로 위축되어 있음을 알 수 있었다.

이러한 부정적 자아상의 원인은 성장 과정에서 부모와의 애착 형성 과정에서 생길 수 있다. 이러한 사람은 자신의 능력이나 부족이 무엇인지 알기 어렵고, 대인관계에서도 친밀감을 형성하는 것이 어려워진다. 자존감이 낮은 사람에게 나타나는 자기중심적인 성향이 부정적인 자아상 형성에 큰 역할을 하게 되는 것이다.

이 내담자의 경우, 평소의 생활 가운데 완벽을 추구하고 자신의 실수를 용납하지 못하는 비합리적인 사고를 가지고 있었다. 항상 잘해야 하고, 한 가지라도 잘못하면 자신의 모습 전체로 비약하여 스스로를 자책하고는 하였다. 대안으로 제시된 합리적인 신념으로 '스스로를 사랑하지 않으면 결코 남도 나를 사랑하지 않는다. 자신을 사랑하고 수용하라'는 긍정적이고 합리적인 신념으로 변화된 사례이다.

사례3: 대인관계능력 사례 분석

이혜승(가명)의 첫인상은 강한 인상과 자신감이 넘쳐 보였다. 그러나 상담을 통해 알게 된 것은 외모와는 다르게 그의 속마음이 늘 허하고 의존적이었다는 것이다. 타인에 대한 의존과 집착이 강하여 늘 의존할 대상을 찾고 그러한 사람을 찾으면 애정을 쏟으나 오히려 관계가 갈등관계로 변한다고 토로하였다.

상담을 통하여 그녀는 자신의 평소 신념이 매우 비합리적이라는 것을 깨달았다며 타인의 인정을 받기 위해 시간과 열정을 너무나 많이 쏟아서 힘이 들고 마음이 괴로웠다고 하였다. 그녀는 자신에 대해 객관적이며 긍정적으로 보기보다 부정적으로 바라보고 해석하여 자신을 비하하는 말을 많이 하였다.

이러한 모습은 부모로부터 사랑의 결핍에서 오는 경우가 많다. 이러한 결핍을 가진 사람은 자신의 열등감을 방어defense하기 위해 때로는 강한 모습, 때로는 대범한 모습으로 치장하며 자신의 불안감을 숨기는 것이다. 상담을 통하여 "인간은 물질의 여부, 학력의 여부, 외모의 여부 등이 아니라 나 자신의 존재 자체로서 존귀한 존재이다. 사람은 자신을 사랑하는 만큼 남을 사랑할 수 있다."라는 상담자의 지속된 인격치료와 피드백을 통하여 그녀의 열등감이 해소되었고, 지금은 몸과 마음이 건강하게 살아가고 있다.

1) 문제 평가

상담자는 다양한 상담과정을 통해 내담자의 문제를 평가하게 된다. 상담자는 문제의 평가 단계를 통해 내담자가 상담받으러 온 동기 및 내담자의 개인적 특성과 관련된 정보를 수집하고 분류한다. 문제 평가는 다음과 같은 요인을 참조하여 결정한다.

① 문제를 바라보는 상담자의 이론적, 철학적 관점에 입각해 평가해야 한다.

② 내담자가 겪는 문제 상황 속에 내재하는 문제(유발하고 지속시키는 조건들)를 평가한다.

③ 내담자의 생활문화와 내담자가 속해있는 집단의 체계가 내담자에게 강요되고 있는 조건과 상황에 대한 상담자의 이해에 따라 평가된다.

한편 내담자가 가지는 문제들은 다음과 같은 개념을 포함하고 있다.

① 요구need: 사람마다 각기 다른 요구가 있다. – 인생에서 무엇인가 빠져있는 결핍이 존재하는데 이는 생활 활력의 자연스러운 흐름을 방해한다.

② 스트레스 유발 요인stressors: 무엇인가 불유쾌한 것이 인생에 들어와 고민과 고통을 초래하고 있다. – 스트레스가 꼭 나쁜 것만은 아니다. 건강한 스트레스는 건강한 긴장감을 주고 이것으로 인하여 집중력이 더하고 보다 효율적인 결과를 가져오는 경우도 있다.

③ 생활 조건life conditions: 자신이 통제할 수 없는 어떤 상황이 자신의 행복과 성공을 제한한다. – 통제할 수 없다고 생각하는 상황이 때로는 현실이 아니라 내담자의 생각일 수도 있는데 이러할 때는 내담자의 관점을 바꾸고 자존감 훈련을 통하여 개선이 가능한 부분이다.

④ 잘못된 해석misinterpretations: 인생에 대해 생각하는 어떤 방식이 자신의 선택을 제한한다. – '생활 조건'과 마찬가지로 내담자의 왜곡된 관점이 스스로를 통제시키고 있는 경우이다.

⑤ 역기능적인 사회적 맥락dysfunctional social patterns: 주체성이 약하여 부정적인 맥락으로 관계성을 맺을 때 일어나는 현상이다. – 스스로 '나는 어떤 특정한 사람들과 있을 때 바람직하지 않은 사람이 되고, 이것은 나의 고민과 불행의 원천이다.'라고 생각하는 경향성을 가진다.

그러므로 내담자의 문제 근원은 감정(정서적)과 행동(행동적)과 사고(인지적)와 관계에 기초를 둔(문화적) 것으로 개념화할 수 있다.

문제 평가가 수행되어야 하는 임상적 평가과정은 겉으로 드러나는 내담자의 인격적 측면persona을 심리적인 차원으로 주목하게 되는 관찰하기, 명료한 이해, 사건 이면의 세부사항, 사건이나 상황이 어떤 의미가 있는가에 대한 정보를 얻는 기술로 개방형 질문을 주로 하는 질문하기, 정보 기록하기, 사실 간의 연관성 맺기, 가설 설정하기 혹은 임상적 '예감'을 갖기, 상담자의 다문화적인 시각이 포함된 문제 평가 작업이 포함된다. 또 상담자는 내담자에게 내담자 스스로가 생각하는 문제가 무엇인지 물어봐야 한다. 왜냐하면, 이 과정을 통해 상담에 있어서 가장 중요한 정보, 가장 정확한 통찰을 이끌어낼 수 있기 때문이다.

2) 목표 설정

(1) 목표 설정의 중요성 및 내용

성공적인 상담을 위해 가장 중요한 요소가 목표 설정이다. 목표 설정이란 내담자로 하여금 문제와 관련된 상황 및 행동과정을 탐색하고 조정하게 하고 상담성과에 관여하도록 돕는 것이다. 즉 내담자로 하여금 목표를 갖게 하는 것 자체가 목표 설정 단계에서 설정되는 목표이다. 목표 설정이 중요한 이유는 첫째, 상담이 잘 진행되고 있는지, 언제 종료해야 하는지 알기 위해서 필요하기 때문이다. 둘째, 상담에서 수행되는 본질적 행동, 즉 구체적인 상담 개입이 이 단계에서 설정된 목표에 의해 결정되기 때문이다.

목표 설정 과정을 통해 상담자와 내담자가 함께 참여하는데 이때 상담자는 객관성을 유지할 수 있고, 정상/비정상 행동에 대해 보다 체계적인 훈련을 받았으며, 변화와 성장을 위한 목표 설정 과정에 대한 경험을 소유하고 있다. 동시에 내담자는 자신의 문제를 경험하고, 잠재적 통찰을 소유하며, 변화에 투자하며 자기를 인식할 수 있다는 장점을 갖고 있다.

목표 설정에 필요한 상담기술은 상담자의 추론기술로, 내담자가 진술하는 메시지의 행간을 읽는 것이다. 즉 내담자의 현안 문제, 되고 싶은 상태를 잘 들어야 한다. 내담자가 주는 메시지를 잘 들은 후에는 궁극적인 목표, 중간목표, 당면목표로 구분하여 가능한 구체적으로 상담목표를 세운다. 그런데 이 목표들은 중간목표와 당면목표의 시각에서 항상 실현 가능한, 현실적인 목표여야 한다. 그렇다고 해서 한번 설정된 상담목표가 변하지 말아야 한다고 생각해서는 안 된다. 변화가 요구되는 새로운 정보나 통찰이 생기면 목표는 늘 변경될 수 있다.

상담목표는 전반적인 상담과정에 일정한 방향을 제시해 주기도 하고, 상담자와 내담자를 일정한 방향으로 이끌어 주기도 한다. 상담의 목표란, 내담자가 상담을 통해 얻고 싶어 하는 결과나 효과를 의미한다. 만일 상담에서 목적이 없다면, 상담은 방향을 잃기 쉽다. 따라서 상담목표는 상담자나 내담자 모두에게, 상담을 통해 무엇을 얻을 수 있고, 무엇을 얻을 수 없는지에 대한 일정한 기준을 제공해 준다. 이런 점에서 볼 때 상담목표의 수립이란 상담의 평가과정과 연속선상에 있다. 상담자는 평가과정 동안 자신의 문제를 잘 인식하는 내담자도 있고, 그렇지 못한 내담자가 있을 수 있다는 사실을 잘 유념해야 한다. 이렇게 상담이 목표를 상담자와 함께 수립하는 과정에서 내담자는 자신의 문제를 해결하는 방식과 절차를 점차 알아가게 된다.

상담의 목표 설정의 순서와 내용을 정리하면 다음과 같다.

① 내담자가 현재 원하는 목표 수립을 단기 상담목표로 설정한다.

② 내담자의 꿈과 이상 또는 근본적 욕구에 근거하여 장기 목표를 설정한다.

③ 전체적으로 조명하여 자기이해의 폭을 넓히는 것을 포함시킨다.

④ 현실 적응 기술 및 자기 지도력을 길러주도록 한다.

(2) 상담목표의 기능

상담목표는 다음과 같은 네 가지 기능을 한다.

첫째, 상담목표는 동기적 효과motivational effect를 지닌다. 내담자가 자신에게 있어 바람직한 삶이 무엇인가에 대해 알게 되면, 그 목표를 이루기 위해 상담에 보다 적극적으로 참여할 것이다. 특히 이런 동기적 효과는 내담자가 상담목표의 수립에 보다 적극적으로 참여했을 경우 더욱 클 것이다.

둘째, 상담목표에는 교육적 기능educational function이 있다. 물론 상담은 교육이 아니다. 공감과 수용을 통해 내담자를 변화시켜가는 사역이다. 그러나 건강한 생각의 관점을 배우고 익혀 새로운 변화를 가져오게 한다는 면에서는 분명히 교육적 기능이 있다고 할 수 있다. 상담목표는 내담자로 하여금 새로운 삶의 목표를 세우고, 이를 이루기 위한 삶의 적응방식을 학습할 수 있게 해준다. 다시 말해 목표 수립 과정을 통해 내담자는 자신의 삶을 효과적으로 이끌어가는 방법을 학습하게 될 뿐만 아니라, 새로운 적응을 위해 스스로 어떻게 생각하고 행동해야 하는지 알게 될 것이다.

셋째, 상담의 목표는 평가적인 기능evaluative function을 지닌다. 상담목표를 통해 상담자는 내담자의 변화에 효과적인 상담기법을 선택하고 평가할 수 있다. 또한, 상담목표에서 볼 때 내담자의 변화가 어느 정도 이루어졌는지 가늠할 수 있게 해 준다. 다시 말해 상담의 결과목표outcome goal가 수립되면, 상담자와 내담자는 상담목표를 기준으로 상담이 어느 정도 진행되었고, 어느 시기에 새로운 상담기법을 적용할 것인지를 효과적으로 판단하고 평가할 수 있다.

마지막으로 상담목표는 치료평가적 기능treatment assessment function을 지닌다. 상담이 진행됨에 따라 상담 효과에 대한 정밀한 평가가 점차 중요해진다. 이런 점에서 상담자에 의한 상담목표의 결정은 공식적인 치료계획의 중요한 부분을 차지하게 된다. 이런 상담목표들은 대개 상담자와 내담자 간의 협의를 통해 구성되며, 그 밖의 목표들은 내담자 평가과정에서 나온 여러 가지 자료를 상담자가 검토하고 해석함으로써 수립된다.

(3) 목표 설정의 구성요소: 과정목표와 결과목표

상담목표에는 크게 과정목표process goals와 결과목표outcome goals가 있다. 과정목표는 내담자의 변화에 필요한 상담 분위기의 조성과 관련된다. 이런 과정목표는 일반적인 목표로서 라포 형성, 편안한 분위기의 조성, 공감과 긍정적 존중의 전달과 같은 것이다. 과정목표는 모든 상담관계에 일반적으로 적용되기 때문에 상담의 보편적인 목표라고 할 수 있다.

결과목표는 내담자와 그가 호소하는 문제에 따라 달라진다. 이 목표는 내담자가 상담을 통해 이루고자 하는 구체적인 삶의 변화와 직접적으로 관련된다. 상담자가 내담자에게 그가 지닌 문제를 이해시키고 나면, 이제 상담자는 내담자에게 그 문제에 대한 해결에 있어 상담이 얼마나 효과적인가를 보여주고 싶을 것이다. 그런 후에 비로소 상담자는 내담자와 함께 잠정적인 상담의 결과목표를 수립할 수 있을 것이다. 상담을 통해 내담자의 문제가 점차 구체화 됨에 따라 처음에 세운 결과목표는 수정될 수 있다. 이렇듯 결과목표의 수립은 유통성 있는 과정으로서, 언제든지 수정과 개선이 가능해야 한다. 여기서 결과목표가 지닌 가장 중요한 의의는 이 목표가 상담자와 내담자가 공유한 목표, 즉 상담자와 내담자 모두가 효과적인 상담을 이루기 위해 함께 노력하기로 동의한 목표라는 점이다.

결과목표가 정확하게 기술되어야만 상담자와 내담자는 무엇이 상담을 통해 달성되어야 하는가에 대해 보다 효과적으로 이해할 수 있다. 이렇게 구체적으로 기술된 결과목표를 통해 상담의 목표가 보다 객관적으로 이해될 때, 상담자는 내담자 문제를 보다 효과적으로 다룰 수 있다. 결과목표에는 변화되어야 할 행동, 변화된 행동이 일어날 수 있는 조건, 그리고 변화의 수준과 정도 등이 포함되어 있다. 어떤 내담자는 자신의 식사패턴을 바꾸기를 원하고, 또 어떤 내담자는 부정적인 자기평가를 줄이길 원할 것이다.

결과목표의 두 번째 요소는 바람직한 행동이 일어날 수 있는 조건에 관한 내용이다. 상담자는 내담자가 새롭게 변화된 행동을 실행할 수 있는 상황이나 환경을 주의 깊게 고찰하는 것이 중요하다. 상담자는 내담자에게 도저히 성공할 희망이 없는 환경을 제시함으로써 내담자가 실패하기를 원하지 않을 것이다.

결과목표의 세 번째 요소는 적절하고 현실적인 수준과 정도의 변화를 선택하는 것이다. 즉 어느 정도의 새로운 행동을 내담자가 시도하려 할 것인가? 현실적이고 실현 가능한 목표, 점진적이고 단계적인 목표 수립이 매우 중요하다. 이를 통해 내담자는 보다 실현 가능한 목표를 설정할 수 있고, 보다 자주 성공적인 목표 성취를 경험할 수 있으며, 궁극적으로는 자신들이 생활방식에서의 극적인 변화를 경험할 수 있게 된다.

(4) 목표 수립이 내담자에게 미치는 효과

목표 수립 과정은 내담자에게 중요한 영향을 미친다. 목표 수립 과정을 통해 내담자는 자기 자신과 자신의 욕구에 대해 보다 명확히 인식하게 된다. 또한, 목표 수립은 내담자로 하여금 자신에게 중요한 것과 사소한 것, 그리고 자신의 삶에서 중요한 것과 사소한 것을 구별할 수 있도록 도와준다. 그리고 목표 수립은 내담자로 하여금 가장 의미 있는 가치와 중요한 일을 결정하고 선택할 수 있도록 도와준다.

결과적으로 목표 수립을 통해 내담자는 자신이 진정으로 원하는 것들에 대해 보다 더 명확하게 파악할 수 있도록 해준다. 대부분의 내담자는 상황에 대한 혼란함으로 인하여 사소한 것과 중요한 것들이 분별되지 않으므로 야기되는 문제들에 시달리게 된다. 때로는 의미 있는 일을 뒤로하고 사소한 일에 매달려 괴로워하는 모습을 종종 보게 된다. 이러할 때 상담자는 정확한 목표 수립을 세우도록 돕는 과정을 통해 의미 있고 가치 있는 일을 선별하도록 할 수 있다.

또한, 내담자는 목표 수립을 통해 일종의 성취감을 경험한다. 목표 수립은 상담과정에서 내담자로 하여금 자신의 문제해결을 위한 출발점의 역할을 해준다. 대부분의 내담자 문제는 오랫동안 지속되어 온 것이다. 문제가 발생하자마자, 문제의식을 느낀 즉시 상담을 요청하는 경우는 거의 없다. 상황에 관한 결정의 혼란으로 인하여 스스로 해결하려 애쓰고 힘쓰다가, 시간의 흐름에 맡겨보겠다는 무력함으로 견디다가 결국은 상담을 요청하게 된다.

따라서 내담자가 목표 수립을 통해서 자신의 문제에 대한 현재까지의 무력감을 극복하고, 스스로의 능력을 통해 문제해결을 위한 행동을 수립함으로써 자신감을 지니게 된다. 결과적으로 내담자는 목표 수립 과정에서 높은 성취감과 자신감을 경험할 수 있다. 또한, 목표 수립은 내담자에게 자신의 문제에 대한 보다 새로운 시각을 제공한다. 상담목표를 선택하고 정의하는 내담자의 경험이 바람직한 변화에 기여를 한다.

2. 통찰 및 해석

정신분석 이론으로 볼 때 심리적 문제와 정신 장애는 '이드-자아-초자아'의 균형이 깨진 것이다. 상담사로서 단순히 표면적인 문제만 보고 논하거나 자기 경험에 기준하여 일을 처리하는 것은 위험하며 옳지 않다. 보이는 것뿐 아니라 보이지 않는 무의식 깊은 곳에 숨은 것까지 들여다봐야만 정확한 해석을 할 수 있고, 이를 통해 내담자가 새롭게 인격의 통합과 완성을 이루어내도록 도울 수 있다.

1) 통찰

(1) 일반적 의미의 통찰

통찰Insight은 상황과 사물의 본질을 꿰뚫어 보는 새로운 관점이다. 통찰은 복잡했던 문제를 단순하게, 어려웠던 문제를 쉽게 만든다. 한마디로 기존 프레임과는 다른 프레임으로 접근함으로써 표면 아래 숨어있는 진실을 찾아내는 것이다.

통찰을 통해 우리는 문제를 재해석할 수 있다. 대부분의 사람은 자기가 기존에 가지고 있던 선입관, 생각, 접근법과는 전혀 다른 해석에 새로운 깨달음을 경험하게 되며, 그 새로운 해석이 이치에 더욱 논리적이고 타당성이 높은 사실에 대하여 감동하게 되고 설득된다. 이러한 통찰을 얻는 가장 중요한 방법은 문제의 본질을 정확하고 새롭게 해석하는 것에서 시작된다.

고정관념에 대한 새로운 해석은 놀라운 결과를 만들어낸다. 해결해야 할 문제의 의미와 그 핵심의 본질을 인식하게 되며 동시에 해결 방법을 찾을 수 있다. 어떤 문제에 봉착했을 때에는 그 문제에 대한 고정관념을 먼저 살펴보라. 그리고 그 고정관념을 재해석해 보아야 한다.

(2) 상담 심리적 의미에서의 통찰

통찰의 핵심은, 증상의 원인을 지식으로 이해하는 것이 아니다. 깊은 수준의 통찰을 얻기 위해 내담자는 증상의 원인이 나에게 어떻게 영향을 미치게 되었는지를 머리와 가슴, 온몸으로 깨달아야 한다. 통찰은 내담자가 새로운 지각을 감당할 만한 충분한 심리적인 힘을 발달시켜 나감에 따라 조금씩 점진적으로 얻어지게 된다. 상담자는 내담자에게 부단한 피드백을 통해 내담자로 하여금 자존감을 회복하고 통찰력을 향상시켜 나갈 수 있도록 도와야 한다.

통찰은 내담자가 하고 있는 역할에 대한 인정뿐만 아니라 자기 속에 있는 억압된 충동에 대한 인식도 포함한다. 상담과정에서 내담자는 자신 속의 어떤 마음을 숨기려 하고 부정하는 모습이 있을 수 있다. 나타나는 상황에 대한 해결에 급급하며 그 상황에 대한 원인은 오히려 회피하고 부정하는 경우이다. 내담자가 자신 속에서 발견하는 어떤 마음을 부정하는 한, 상담목표를 향하여 나아가기는 어렵다. 내담자가 스스로 이러한 부정적 감정을 분명히 직면하고 자신의 모습으로 수용할 수 있을 때 방어적 반응에 대한 욕구가 사라지게 된다.

또 다른 측면에서 통찰이란 자신의 대인관계 방식을 객관적으로 바라보는 것이다. 객관적으로 자신의 대인관계를 바라볼 때에 자신의 많은 문제점을 깨닫게 되고 문제의 초점을 자기에게 두게 되므로 새로운 마음과 깨달음을 갖게 된다. 이때 다른 사람이 입장을 이해하고 포용하려는 마음이 일어나면서 새로운 각도에서 관계를 다시 생각하게 된다. 이로 인하여 과거의 삶이나 오랜 갈등을 새로운 차원에서 바라보며 점차 해결하게 되는 것이다.

(3) 정서적 통찰

상담학에서는 통찰을 지적 통찰intellectual insight과 정서적 통찰emotional insight로 구분한다. 지적 통찰은 자신에 대하여 지적이고 논리적인 깨달음을 얻게 되는 것, 피상적인 통찰을 의미하며, 반면 정서적 통찰은 정서적인 반응을 수반하는 깊이 있는 통찰을 의미한다. 상담에서 중요시하며 추구하게 되는 통찰은 정서적인 통찰이다.

교육이 지적 영역에 집중되어 있다면 상담은 정서적 영역에 집중되어 있다고 볼 수 있다. 사람이 살아가며 중요한 부분들, 대인관계, 상황과 사람에 대한 선택, 행복을 느끼는 감정 등의 많은 부분이 우리가 알게 모르게 지식이 아닌 감성에 의해 결정되기 때문이다. 상담에서도 내담자의 문제들은 지적 영역이 아닌 정서적 영역이 대부분인 이유이다. 그러기에 상담에서는 무엇보다 정서적 통찰이 중요하다.

이러한 정서적 통찰이 없이는 진정한 치유가 일어나지 않는다. 그러므로 자신의 문제에 대해서 한 번 깨닫는 것만으로 문제가 다 치유되었다고 할 수 없으며, 그렇게 되었다 해도 다시 몇 번이고 반복적으로 같은 문제에 맞닥뜨리면서 마침내 그 문제에 얽힌 자신의 감정을 깊이 느끼게 되어 그동안 알고 있던 사실에 대한 정서적인 이해가 체험될 때에야 치료가 이루어진다.

(4) 통찰의 시기 및 내용

상담에서 말하는 통찰은 상담자의 통찰이 아니라 내담자의 통찰이다. 즉 통찰이란 내담자가 스스로 깨닫는 것이지, 억지로 해 주거나 하게 만들 수 없다. 상담자는 단지 내담자가 통찰을 얻도록 인도할 따름이며, 직접 통찰을 해 보고 상담자의 통찰을 내담자에게 알려주는 것이 아니라는 것이다. 만약 상담자가 내담자에게 직접 통찰을 주고 싶어서 급급해하는 자신을 잘 다루지 못한다면 이는 초보적 수준의 상담자이다. 흔히 초보 상담자는 이 점을 잘 이해하지 못하고 조급하게 혹은 억지로 내담자에게 통찰을 얻게 해 주려고 하다 보니 해석을 너무 서둘러 하는 경향이 있다.

정확한 해석을 위해 상담자의 이러한 태도는 바람직하지 못할뿐더러 내담자로 하여금 거부감을 갖게 하거나 상담자에 대한 신뢰도를 떨어뜨리게 하며 상담결과에도 전혀 도움이 되지 못한다.

다음은 내담자가 상담에서 깨달을 수 있는 통찰의 몇 가지 내용이다.

① 자신의 과거가 현재에 영향을 미치고 있다는 점

② 자신의 태도가 지금의 상황에 영향을 미치고 있다는 점

③ 자기 생각이 부정적이고 극단적이었다는 점

④ 결국, 문제의 본질은 자신에게 있었다는 점

⑤ 반대로, 내 문제라고 생각했던 것이 실제로는 내 책임이 아니었다는 점

⑥ 자신의 생각하는 방식이 스스로의 행동에 영향을 미친다는 점

⑦ 자신의 힘든 마음을 지금까지 인정하지 않고 외면하고 살고 있었다는 점

⑧ 자신의 무의식적인 욕구가 행동에 영향을 미치고 있다는 점

⑨ 두렵고 무서워했던 것이 실제로는 아무것도 아니었다는 점

⑩ 서로 관련이 없어 보였던 행동이나 감정이 실제로는 서로 연관되어 있다는 점

이외에도 내담자가 깨달을 수 있는 내용은 다양하다. 깨달음의 내용은 내담자 문제의 속성이나 내담자의 성격에 따라 다를 수 있다.

(5) 통찰 방법

통찰 방법은 크게 두 가지가 있다. 첫째는 상담자의 설명을 통해 내담자가 통찰을 얻는 것이고, 둘째는 상담자의 질문이나 공감의 도움을 받아 내담자가 스스로 통찰을 하게 되는 것이다. 대개의 경우, 상담자는 전문적인 심리학적 지식을 가지고 있고, 또한 다양한 상담경험을 가지고 있으므로 내담자가 하는 이야기를 잘 들어보면 내담자의 문제가 왜 생겼는지, 어떤 것이 문제의 원인인지를 어느 정도 이해할 수 있다. 따라서 상담자는 적절한 시기에 내담자에게 문제의 원인을 직접 설명해 줄 수 있다. 참고로 상담자의 설명 중에서 단순히 정보 제공 수준의 설명이 아니라 내담자 마음속 깊은 곳에 무의식적 욕망이나 갈등에 관해 설명해 줄 때가 있는데, 이를 해석이라고 한다.

통찰에 있어서 또 한 가지 중요한 점이 있다면 그것은 설명의 타이밍이다. 경험이 풍부한 상담자는 내담자의 심리에 대해서 잘 이해할 뿐만 아니라 그것을 언제 전달해야 하는지를 안다. 통찰은 머리로 이해하는 것만이 아니라

가슴으로, 온몸으로 깨닫는 것이 중요하기 때문에 내담자의 상태를 점검하여 통찰을 받아들일 수 있는 적절한 시기에 설명해 나아가야 한다. 적절한 통찰은 사람을 변화시킬 수 있는 강한 힘이 있다. 자신의 변화를 위해 온몸으로 깨닫기 위해서 내담자는 상담자의 설명을 진심으로 수용하고 받아들여야 한다. 만일 상담자가 통찰에 대한 설명을 비판적인 태도로 해 주거나 또는 부적절한 시기에 설명을 제공한다면 내담자는 상담자에 대한 권위와 일부분의 신뢰로 당장에는 수긍하더라도 내담자의 행동이나 내담자 인생의 변화는 일어날 수 없을 것이다.

(6) 통찰의 기술

통찰 단계에서 상담자가 가장 빈번하게 사용하는 기술은 경청, 공감, 수용, 재진술, 개방형 질문, 감정반영 등이다. 상담자는 통찰 단계에서 탐색을 계속하는데, 이때 여러 기술을 사용해 보다 깊은 수준으로 탐색을 하게 된다. 여기에는 도전, 해석, 자기개방, 즉시성이 있다. 통찰단계의 기술은 탐색 단계 기술보다 배우고 적용하기가 더 어렵다. 이 단계에서 다루는 기술을 상담 상황에서 적합하게 사용하기 위해서는 많은 시간과 연습을 요한다.

내담자로 하여금 통찰의 기본적 기술을 얻게 하기 위해서는 상담자의 자제된 활동이 요구된다. 내담자가 스스로 자기를 수용하고 이해될 때까지 상담자는 태도와 감정의 표현을 절제해야 한다. 내담자의 통찰을 위해 성급히 돕거나 과도한 설명은 내담자의 진전에 전혀 도움이 되지 않는다. 오히려 내담자의 통찰기술을 지연시키거나 불가능하게 만들 수 있다. 그러므로 내담자로 하여금 자신을 충분히 표현할 수 있도록 지지해 주고 조장해 준다면 순조롭게 내담자의 통찰 기술은 이루어질 수 있게 된다.

상담자는 내담자가 내면의 마음을 표현하거나 태도를 드러내면 안 된다는 느낌을 받거나, 상담자가 비난할지도 모른다는 걱정을 하지 않도록 도와주어야 한다. 그렇게 되면 내담자는 관계를 보다 분명하게 인식하고, 또 지금까지는 숨겨져 있던 자신의 마음을 인정할 수 있게 된다. 상담자는 흔히 상담과정에서 내담자에게 내담자의 반응유형을 알려주고 그의 행동이나 성격을 해석해 주고 싶은 강한 욕구를 느끼게 된다. 그러나 상담자의 해석이 정확하면 정확할수록 더욱더 방어적인 내담자의 저항에 직면하게 될 것이다. 상담자의 해석이 두렵기 때문이다. 타이밍이 중요한 이유이다.

통찰은 내담자 스스로 성취되는 경험이지 강요할 수 있는 경험이 아니라는 것을 상담자는 인식해야 한다. 초보 상담자의 경우, 해석의 기술이나 다른 특별한 기술을 사용하지 않는 것이 내담자에게 있어 통찰의 발달을 위해 오히려 더 안전하고 만족스럽다고 할 수 있다. 만약 상담자가 내담자의 태도를 적절하게 인정해 주고 감정을 명료화하는 과정을 도와주기만 하면 그리고 자유스럽게 표현하도록 조장해 주기만 하면 새로운 통찰은 저절로 나타날 것이고, 또 통찰이 나타났을 때 상담자가 이것을 인정할 수 있게 된다. 이를 위해 통찰의 발달을 조장하고 내담자의 자기이해의 폭을 넓혀 주기 위해 상담자의 부단한 노력과 주의가 필요하다.

2) 해석

(1) 해석의 의미와 가치

해석interpretation[6]은 내담자가 자신의 문제를 새로운 각도에서 이해하도록 그의 생활 경험과 행동의 의미를 설명하는 것이다. 해석은 내담자가 새로운 관점으로 문제를 볼 수 있도록 하기 위하여 상담자로 하여금 내담자가 진술한 것이나 인식한 것을 넘어서게 하고, 행동이나 생각, 감정 등에 새로운 의미와 원인, 설명을 드러내고자 하는 중재이다. 정리하면, 해석이란 문제의 심리적 요소를 해석함으로써 생각을 정리할 수 있게 돕는 것이다.

상담에서 해석은 내담자에게 매우 좋은 통찰을 줄 수 있는 상담 기술 중의 하나이다. 합리적인 해석능력을 키워서 인생 전체를 해석할 수 있는 힘을 가진다면 큰 자산을 얻게 되는 것이다. 해석은 개인의 상황에 맞게 구체적이고 상세할 때 가장 효과적이다. 상담자가 일반적이고 모호하게 해석할 때 그 해석은 내담자에게 도움이 되지 않는다. 상담자의 해석이 모호한 경우는 초보 상담자일 경우와 그 해석이 내담자에게 힘든 설명이 될 수 있다는 상담자의 나약한 심리에서 비롯된다. 상담자는 해석에 관하여는 더욱 객관적이고 전문적인 관점으로 접근해야 한다. 해석이 다소 미묘하고 모호해야 할 명백한 이유가 없다면 단순하고 직접적이며 명쾌한 해석이 가장 좋다. 상담자가 어떻게 해서 그런 관찰에 도달하게 되었는지를 내담자가 이해할 수 있도록 도와주는 것이 바람직하다.

---

6) 해석interpretation은 '정신분석'에서 중요한 기법이다. 사람의 행동 동기를 분석함으로써 무의식적 어떤 특정한 감정과 행동 방식을 더 잘 이해하도록 돕는다.

(2) 해석의 절제

해석은 절제해야 한다. '단순하고 직접적이며 명쾌한 해석'은 에둘러 설명하거나 하나하나 구구절절이 해석할 필요는 없다. 상담자는 내담자에게 꼭 필요한 최소한의 도움을 주고, 내담자 스스로 자기 행동의 의미를 발견하도록 도와야 한다. 해석은 내담자가 이러한 발견을 할 수 없을 때만 주어야 한다. 상담자의 궁극적인 과업은 상담자 앞에서 내담자가 자기 자신을 치료할 수 있도록 허용하고 격려하는 것이다. 내담자로 하여금 의존성을 버리고 독립적인 인격체를 완성해 나아갈 수 있도록 돕는 것이다. 내담자가 치료를 자신의 것으로 받아들일 수 있다면 치료과정에 대한 저항은 줄어들고 자신의 삶에서 일어나는 일에 대해 책임을 질 수 있게 된다.

(3) 타이밍

내담자가 해석을 긍정적으로 받아들이면 당연히 치료적 관계도 좋아지고 자기 자신에 대해서도 새로운 탐색을 할 수 있게 된다. 그렇지만 상담자가 권위적으로 해석을 제시하여 내담자가 억지로 받아들일 수밖에 없게 되었다고 한다면 당연히 부정적인 결과를 낳게 된다. 내담자가 상담자의 해석이나 직면을 너무 부담스럽게 느낄 때는 다음 상담시간에 나타나지 않을 수도 있다. 상담과정에서 내담자의 이러한 태도는 예상할 수 있는 반응이며 그렇다고 해석과 직면을 회피해서도 안 된다.

해석은 내담자의 정서를 확인하며 진행되어야 한다. 해석의 타이밍은 역동적 기법이 핵심적 요소다. 해석은 지금 해석되고 있는 사건과 관련된 정서에서 내담자가 적절한 거리를 두고 있을 때 가장 잘 수용된다. 내담자가 정서적 반응에 압도되어 있을 때는 해석하지 않는 것이 좋다. 해석은 해석 자체의 의미보다 내담자의 심리적 개선을 위해 진행된다는 것을 상담자는 주의해야 한다. 반대로 현재 내담자의 정서가 상담자가 탐색하려는 갈등과 동떨어져 있을 때도 해석의 효과는 미미하다.

해석은 상담자와 내담자의 신뢰적인 관계성 위에서 진행되어야 한다. 해석의 적절한 타이밍은 현재의 내담자- 상담자 관계를 고려하면서 하는 것이 바람직하다. 내담자가 받아들이기 어려운 해석을 하기에 앞서 상담자는 내담자가 가진 신뢰와 믿음이 그런 긴장을 견딜 만큼 충분히 강한지 확인해 볼 필요가 있다. 해석은 강한 치료적 동맹이 있을 때 가장 잘 수용된다. 만성적이고 지속적인 부정적 전이의 틀 안에서 이뤄지는 해석은 수용되기 어렵다. 내담자가 상담자를 위협하고 벌주는 대상으로 경험하고 있을 때는 방어가 유발될 것이다.

해석은 내담자의 심리상태를 주의하며 진행되어야 한다. 상담자가 너무 오래 해석을 유보하는 경우도 기회를 놓칠 수 있으므로 조심해야 한다. 내담자가 다른 주제로 넘어갈 수도 있고, 혹은 전이 해석에서 내담자의 사랑이나 적개심과 같은 감정이 너무 쌓여 상담자가 무슨 말을 해도 내담자가 더 이상 귀를 기울이지 않게 될 수도 있다. 반면에 내담자가 준비되기 전에 하는 성급한 해석은 자신의 신념을 고수하려는 내담자의 방어와 고집을 강화할 수 있다. 방어는 충분히 존중하면서 접근해야 하며, 아무 생각 없이 벗겨내서는 안 된다.

(4) 해석의 과정

해석의 과정은 직면의 과정과 비슷하다. 첫 번째 단계는 준비 단계로서 해석을 위한 기초자료를 수집하는 단계다. 상담자는 내담자가 했던 말들을 하나씩 살펴보고 과거력을 살펴보면서 연결점을 찾아야 한다.

해석을 제시하기 전에 상담자는 자기 점검을 꼭 해 봐야 한다. 만약에 자신의 능력을 과시하려고 해석을 한다면 그것은 잘못된 시도이다. 해석을 하기 전에 잠시 상담자 자신과 내담자에 대해서 생각해 보고, 이 해석을 왜 전달하려고 하는지 재점검해야 한다.

그다음 단계는 해석을 제시하는 것이다. 협력적이고 부드러운 자세로 해석을 제시하며, 간혹 내담자에게 먼저 해석해 보라고 기회를 줄 수도 있다. 해석이 잘 되었을 경우 내담자는 통찰을 얻게 되고, 해석이 잘 안 되었다면 부작용이 생길 수 있다. 그래서 다음 단계로 해석을 철저히 규명하고 그 후속 반응을 관찰하는 것이 반드시 필요하다.

3. 상담의 효과를 높이는 치료요인

치료적 요인은 내담자의 성장과 변화에 필요한 요인이므로 개인 상담뿐 아니라 집단 상담에서도 중요한 요소이다. 이러한 점 때문에 지금까지 수많은 연구자들이 긍정적인 효과를 낳게 하는 요인이 무엇인지 밝히려는 시도를 해

오고 있다.

상담의 치료적 요인은 상담자에 따라 그리고 상담의 이론적 접근에 따라 조금씩 다르다. 상담 이론에 따라 상담의 효과를 높일 수 있는 기준도 달라진다. 프로이트는 신경증 증상을 가진 환자들에게 성적 경험이나 행동과 관련된 정서적 억압이 있다는 점을 발견하고 정서적 억압을 풀어내거나 자아기능이 약한 경우 자아를 강화시키는 것 즉, 무의식적인 행동의 동기에 대한 통찰, 전이행동 양식에 대한 통찰, 그에 대한 긍정적인 해석 및 현실적인 반응행동 등이 상담에 필요한 요소라고 하였다. 로저스는 상담의 일치성, 무조건적 긍정적 존중, 공감적 이해를 통해 내담자가 조건적인 가치에서 벗어나게 하고, 더 나아가 스스로 문제를 발견 및 이해하고, 대안을 탐색하여 바람직한 해결방안을 설정하며, 이를 행동으로 실천하도록 할 때 상담이 효과가 있을 것이라고 보았다. 또한, 행동주의 상담자들은 문제행동은 학습된 것이기 때문에 연합, 강화, 모델링, 인지수정과 같은 학습 원리를 이용하여 바람직하지 않은 행동을 소거하고 바람직한 행동을 형성시키고자 하였다.

상담은 내담자가 상담자와 기꺼이 협력하여 수용하는 목표를 위해 함께 노력할 때만이 효과적일 수 있다. 내담자만 조언을 청하는 한 치료는 어려워지며, 내담자가 해야 할 것을 상담자가 결정지어 줄 때도 치료란 불가능하다. 상담의 치료목적은 내담자의 만족감을 성취시켜주는 것이 아니다. 그렇게 된다면 내담자를 기만하는 것이다. 진정한 치료목적은 내담자의 건강한 성장을 돕고 이루어 가는 것이다. 상담과정에서 어느 정도의 불만족, 혼동, 불안, 고통 등은 불가피하다. 즉 상담자가 감당해야 할 역할은 내담자에게 상담과정에서의 불만족한 상태가 증가할지라도 장기간의 만족을 가져다주는 최종 목표를 향하여 심정적 문제들을 극복하고 전진할 수 있도록 고무해 주는 일이다. 치료는 적응이 아니라 변화이며, 이것은 인격적, 사회적 변화를 의미한다.

4. 상담사례 분석

1) 중요 치료기법들

(1) 게슈탈트Gestalt therapy[7] 치료기법

사람은 누구나 자기 일을 제대로 처리할 능력을 갖추고 있다. 단지, 훈련되지 못하고 인식되지 못하여 자신의 능력을 사용할 방도를 모르기에 전문가의 도움을 받는 것이다. 그러므로 상담은 내담자가 자아실현을 통해 존재와 느낌을 충분히 인식할 수 있게 돕는 것이 상담의 주요 임무이다.

상담은 내담자의 어려움에 대해 해석하거나 지도하기보다는 내담자가 자발적으로 책임지고 자신을 치료하고 개선해 나갈 수 있게 격려해야 한다. 사람은 지금의 삶과 감정에 집중해야지 과거의 일에 연연해서는 안 된다. 사람이 느끼는 수많은 불안과 초조는 대부분 과거에서 현재까지 살아오면서 제대로 대처하지 못해 또는 삶에서 직면하는 원하지 않는 상황과 스트레스를 현실 도피로써 처리하려 들기 때문에 생긴 것이다. 이는 개인의 건강한 성장에 심각한 방해가 된다.

---

7) 게슈탈트 치료는 1960년대에 프리츠 펄스(Fritz S. Perls)가 주창한 치료방법이다.

우리는 항상 분노, 슬픔, 자학들과 같이 쉽게 인식되고 외부로 드러나는 감정에 관해서는 관심을 기울이지만 내면의 감정들, 예를 들면 죄책감, 수치감, 자책 등에 대해서는 소홀히 하는 편이다. 왜냐하면, 이런 감정들은 마음속 깊은 곳에 억눌려 있기 때문이다. 그러나 부정적인 감정들이 발산되지 못하고 마음속에 오랜 시간 동안 억압되어 있다면 마음만이 아니라 몸까지도 지대한 영향을 받게 된다.

이러한 미해결 과제를 처리하는 데는 정신분석의 동력을 활용해 해석하는 것 외에 독일 게슈탈트 치료 중 '빈 의자 기법'[8]을 활용할 수 있다. 역할 연기를 통해 자아와 대화하고 안전한 분위기를 조성하며 이미 죽은 사람과 당시 자신의 심경을 연결한다. 이를 통해 혼란스러운 감정을 의식적으로 통합해 나쁜 감정을 해방시킬 수 있다.

내담자를 적극적으로 현실을 직면하게 하고 건강하게 성장하게 하려면 가

---

8) 빈 의자 기법을 운용하려면 치료사는 강렬한 감정 반응에 대응할 준비를 해야 한다. 그뿐만 아니라 치료 과정을 어떻게 통제할지 알아야 하며 동시에 치료사의 역할을 약화시켜야 한다. 빈 의자 기법은 환자가 인격적으로 산산조각 난 부분이나 경험의 양극단을 의식적으로 통합하려는 데 그 목적이 있다. 일반적으로 환자는 인격에서 대립되는 두 역할을 연기하고 두 역할 사이에서 대화하게 한다. 구체적인 방법은 이렇다. 두 개의 빈 의자를 마주 보게 놓는다. 하나는 환자의 인격에서 승리자 역할을 하고, 또 하나는 그 인격에서 실패자 역할을 상징한다. 환자는 승리를 상징하는 의자에 앉아 실패자를 상징하는 빈 의자를 향해 말한다. 그런 다음 실패자를 상징하는 의자로 옮겨 앉아 조금 전 승리자가 했던 말에 대답한다. 환자의 자아 상호 활동 중 치료자는 옆에서 관찰하거나 역할을 바꿀 때 필요한 지도를 할 수 있다. 즉 환자에게 그 말과 행위를 반복하라거나 과장하라고 요구할 수 있다.

장 중요한 수단은 바로 마음의 '미해결 과제unfinished business'를 완성할 수 있도록 돕는 일이다. 미해결 과제란 해결되지 않은, 과거에 받은 마음의 상처와 충격의 경험이 남긴 부정적인 감정을 가리킨다. 번민, 후회, 죄책감, 분노 등의 부정적인 감정들은 현실생활에 걸림돌이 된다. 현실 생활에 집중하고 건강한 생활, 긍정적인 생활을 위해서는 이 마음의 걸림돌을 제거해야 한다. 궁극적으로 상담의 목표는 상담과정을 통해 내담자가 환경과 자신의 상처에 지배당하기보다는 자아가 스스로 버팀목이 될 수 있도록 돕고 세워가는 것이다.

(2) 내담자 중심 치료[9]

사람은 모두 자신의 결함과 부족함을 발견하고 그것을 고쳐나갈 능력을 갖추고 있다. 다만 그 잠재능력을 인식하지 못하여 발휘하지 못하고 살아가고 있는 것이다. 그러므로 상담의 목적은 개인의 외부 환경을 변화시키거나 상담자로 하여금 내담자의 부정적이고 수동적인 인격을 조작하는 데 있지 않고, 내담자가 스스로 돌아보고 깨닫도록 도우며 잠재력을 충분히 발휘할 수 있도록 도움으로써 내담자 자신을 실현하게 하는 데 있다.

---

9) '내담자 중심 치료'는 칼 로저스가 1950년대에 만든 치료기법이다. 심리상담의 대표적인 인물로 보통 프로이트 다음으로 칼 로저스를 꼽는다. 칼 로저스는 처음에 신학을 공부했으나 훗날 전공을 바꿔 정신분석 훈련을 받았다. 하지만 인격에 비관적인 태도를 취하고, 환자의 어렸을 때 기억과 활동이 현재의 행동에 미치는 영향을 탐색하는 정신분석에 불만을 품었다. 그는 사람의 본성은 정상이고 선을 지향하며 무한한 발전 잠재력이 있다고 보았다. 그래서 로저스는 내담자를 환자나 병자로 대하라고 주장하지 않는다. 심리상담의 목적은 내담자가 자기를 완성하고 자신감을 키우도록 돕는 데 있지, 나타나는 어떤 심리 변화를 완화하는 데 있지 않다. 이렇게 로저스는 '내담자 중심 치료' 이론을 만들고 전체 인본주의 심리학이 대변자로 자리 잡아갔다.

사람은 두 모습의 자기가 있다. 현실적인 자기와 이상적인 자기다. 전자는 개인의 현실 생활에서 얻은 자기감정이고, 후자는 개인이 '이성적'으로 바라는 모습과 '이상적'으로 바라는 자기개념이다. 그런데 이 두 개념의 갭gap이 클수록 심리적 비정상을 초래한다. 관계성이 건강할수록 긍정이 많아지고 인격적으로도 더욱 발전한다.

내담자 중심 치료는 상담자와 내담자 간의 진실, 존중, 이해를 기본 조건으로 하는 상담 관계를 주장한다. 로저스는 그런 관계가 구축되면 개인의 자기치료능력이 작동하기 시작해 행동과 인격에도 적극적인 변화를 불러온다고 본다. 그러므로 상담사는 내담자와 상호 동등, 상호 존중 관계를 구축해야 한다. 그래야만 내담자를 자발적 위치에 세울 수 있고 독립적으로 결정하는 법을 배우게 할 수 있다.

내담자 중심 치료는 내담자를 조종하거나 지배하는 것에 반대한다. 내담자를 질책하거나 평가하지 않음으로 내담자 스스로 의미와 의견을 표현할 수 있도록 독려한다. 진실하고 신뢰함으로 따뜻한 분위기 가운데 내담자가 스스럼없이 자신을 개방할 수 있게 해야 한다고 주장한다.

(3) 인지치료

'인지치료'는 은연중에 하는 행위야말로 인간 심리의 본질이라는 관점을 주장한 옴므Homme에서 기인한다. 이 치료는 일련의 사람이 함께 창시한 것으로, 그 요점은 다음과 같다.

a. 인지치료는 인지 과정이 사람의 감정 변화와 행위 동기에 행사하는 지배적 역할을 대단히 강조한다. 내담자의 인지패턴을 바꾸고 거기에 행위 치료 기술을 더함으로써 사람의 나쁜 감정과 행위를 바로 잡을 수 있다고 주장한다. 이렇게 내담자의 인지 방식이 변하면 그 사람의 감정과 인격 장애 역시 해결할 수 있다고 본다.

b. 인지치료가 강조하는 것은 사람의 인지 방식이 그 사람의 심리 변화와 인격 장애에 미치는 영향이다. 하지만 그렇다고 '정신분석 치료'처럼 유일하게 내담자의 어렸을 적 생활 경험(주로 세 살 전후)이 지금 행위에 미치는 무의식적 작용만 탐구하지는 않는다. 인지치료는 주로 내담자가 지금의 인지 방식이 행위 표현에 미친 영향을 탐구한다.

c. 인지치료는 내담자가 자신의 문제에 드러나 비합리적, 비논리적 생각을 철저히 깨닫도록 도움으로써 내담자가 자아를 새롭게 인식하고 평가하며 이치에 맞는 인지 패턴을 수립하고 비합리적인 생각이 자아를 방해하지 못하게 돕는다.

인지치료에서는 사람의 심리적 곤란과 장애는 인지 방식의 영향을 크게 받기 때문에 그런 행위를 바로잡으려면 반드시 그 인지 방식을 바꾸는 일부터 착수해야 한다고 본다.

(4) 합리적 정서치료[10)]

합리적 정서치료의 목적은 내담자의 생각에서 비합리적 신념과 좌절감을 제거해, 발전을 위해 노력하는 인생관을 구축하도록 돕는 데 있다. 합리적 정서치료에서는 사람의 비합리적 신념에 세 가지 특징이 있다고 주장한다. 즉

10)'합리적 정서치료'는 미국의 심리전문가 앨버트 엘리스Albert Ellis가 1950년대 창시했다.

남에게 절대화를 요구하고, 생활사건을 과도하게 단순화하며, 생활 속 좌절에 대해 지나치게 격한 반응을 보인다는 점이다.

사람은 합리적이지만 비합리적이기도 하다. 정신적 번뇌와 정서적 어려움은 대부분 그 생각이 비합리적, 비논리적인 신념에서 나온다. 이로 인해 사람은 현실을 도피하고 스스로를 원망하고 자책하며 현실 상황에 직면하지 못한다. 오랫동안 비합리적인 신념을 가지고 살아온 사람은 나쁜 정서를 반복할 수밖에 없다. 반대로 합리적이고 이성적인 신념으로 살아온 사람은 부정적인 정서가 아닌 긍정적인 정서를 고수하게 된다.

비합리적 신념에는 세 가지 특징이 있다. 첫째, 완벽을 요구한다. 즉 사람이나 일에 대해 절대화의 기대를 가지고 이를 요구한다. 둘째, 지나치게 비약한다. 즉 소소한 일에 대해 과장하고 부분으로 전체를 판단해버린다. 셋째, 감성으로 반응한다. 즉 좌절과 어려움에 맞닥뜨려 지나치게 격한 반응을 보이고 심각한 부정 정서로 반응한다. 이러한 갖가지 것들로 인해 좌절과 정신적 어려움 앞에서 사람은 자포자기와 자기 원망과 자책의 반응을 보인다.

합리적 정서치료의 목적은 자기 생각에서 불합리한 신념을 또렷하게 인지한 뒤 논리적이며 이성적인 신념을 구축함으로써 좌절감을 줄이고 자신과 타인에게 더 이상 가혹하게 요구하지 않으며 자신과 타인을 너그러운 마음과 긍정적인 시각으로 받아들이는 법을 배우도록 돕는 데 있다.

이러한 부정적 심리 기저에는 뜻밖에 콤플렉스가 자리하고 있다. 콤플렉스는 왜곡된 정서를 조장하여 자신과 타인을 힘들게 한다. 콤플렉스는 내담자를 이해하고 관용하는 것만으로 벗어날 수 있는 게 아니다. 상담자는 정확하고 상세하게 해석[11]하여 내담자로 하여금 건강한 마음과 그러한 시각이 바로 설 수 있도록 할 때만이 개선이 가능하다.

5. 상담을 통한 자존감 회복

내담자가 상담을 요청하는 경우는 대부분 아픔의 치료, 상황의 개선이다. 사람의 아픔에는 실연의 아픔, 가족을 잃은 슬픔, 선택받지 못한 서운함, 사람 관계에서의 배신감, 승진에 실패한 분노 등 다양한 상황으로 경험하게 된다. 정신적 고통은 단순히 문제를 최소화하는 방식으로 해서는 안 된다. 오히려 그런 정신적 고통을 완전히 개방하여 솔직하고 분명하게 말할 때에 미해결 과제로 인한 정신적 아픔에서 해방된다. 나아가 심적 평안을 얻고 현실의 억압된 감정과 상황을 벗어나게 된다. 상담사는 이 과정에서 내담자의 마음의 갈등을 잠재우고, 마음에 거슬리는 경험을 털어버려 새로운 인식을 갖도록 도와야 하며 이러할 때 내담자는 성숙해지고 더욱 성장한다.

심리상담이 도달하려는 목표는 마음의 상처를 치유하고 성장을 돕는 일이다. 이 두 가지는 맞물리면서 서로 보완하고 완성한다. 그렇지 않으면, 마음을 억압

---

11) 해석interpretation은 정신분석에서 중요한 기법이다. 사람의 행동 동기를 분석함으로써 무의식적 어떤 특정한 감정과 행동 방식을 더 잘 이해하도록 돕는다.

하는 상처는 시간이 지날수록 깊어지고 심해지며 생활 가운데 심각한 억압으로 작용한다. 상처는 정상적인 생활을 하지 못하게 방해한다. 그래서 마음의 상처와 그 잔재를 제거하는 일은 심리건강을 유지하는 데 더없이 중요하다.

사람은 일시적 감정 충격으로 심한 경우 정신이상을 겪게도 된다. 너무도 고통스러운 감정의 충격을 완화해 주기 위해서는 주위 사람들의 진정한 도움이 필요하다. 그런데 주위 사람들이 진정으로 위로하는 방법을 몰라 그저 털고 잊어버리라고, 미래를 바라보며 나아가라고 조언한다. 고통 가운데 빠진 사람에게 그 말은 귀에 가장 거슬리는 데다 도움은커녕 방해만 될 뿐이며 때로는 분노마저 가져온다. 과거를 잊으라고만 할 것이 아니라 어떻게 과거와 바르게 대면할지 배우도록 돕는 게 중요하다. 마음속의 상처를 제때 토로하거나 풀어내지 못하면 비슷한 일이 생길 때마다 힘든 상황이 거듭될 수 있다. 사람은 어린 시절 심각하고 큰 상처를 장기간 받으면 대뇌의 감정 발육[12]이 억압되거나 왜곡된 방향으로 발전한다. 환경이 대뇌에 미치는 영향은 매우 중대한데, 건강하지 못한 환경으로 인하여 대뇌를 압박하는 독소가 과도하게 분비되고 오랫동안 부정적인 영향을 받으면 사고력이 정상적으로 발전하지 못하게 방해를 받게 된다.

이러한 환경에 노출된 사람은 낮은 자존감을 형성하게 된다. 자존감이란 스스로를 존귀하게 여기는 마음이다. 학식의 고하, 물질의 여부, 외모, 환경이

12) 대뇌 발육 과정에서 정서와 감정은 매우 중요한 역할을 한다. 사람들이 환경의 충격을 받을 때 대뇌는 우선적으로 정서 요소를 가공한다. 중대한 외상 사건이 일으키는 부정적 감정으로 인해 대뇌는 신경 독소를 분비하고, 이는 대뇌의 발육과 성장을 억제한다.

아닌 존재 그 자체로 존귀한 존재이다. 사람은 살아가며 자존감의 상실로 인하여 여러 가지 어려움을 경험한다. 자기연민에 빠지고 우울감을 경험하며 더 나아가 우울증으로까지 도달하게 된다. 이러한 부정적인 감정을 치유하기 위해서는 이 자존감을 바로 세우고 건강하게 지켜나가야 한다. 자신에 대한 존재가치를 스스로 인정하고 나를 사랑하는 만큼 남을 사랑하는 마음으로 살아간다면 더욱 건강한 '우리'가 되고 더욱 건강한 사회인으로 거듭날 수 있는 것이다. 사람의 인격은 개인 생활 경험의 작용일 수도 있고 교육의 작용일 수도 있다. 사람의 인격을 형성하고 때로는 재구성해 나아가는 데 일익을 감당하는 상담의 가장 큰 매력은 사람에게 지혜와 깨달음을 가져다주는 것이다. 상담의 위력이란 사람에게 인격적 변화를 가져오는 것이다. 그 핵심에 '자존감'이 자리 잡고 있다. 내담자가 스스로 통찰하도록 돕고 건강한 자존감을 세워가는 상담의 역할은 현 사회에 매우 귀중한 영역이다.

|부 록|

어록 모음

1. Impossibility(불가능)에 점 하나 찍으라. ▶ I'm possibility(가능)

2. 가장 적극적인 생각이 '행동'이다.

3. 가장 중요한 것은 능력이 아니라 '태도'이다.

4. 가장 확실한 지지자는 자기 자신이다.

5. 가지 않으면 알 수 없다.

6. 가치 있는 것에 인내하라.

7. 감동은 머리가 아니라 가슴이다.

8. 감동은 지식이 아닌 인격에서 온다.

9. 감사에 주저하지 말라.

10. 감사의 분량이 행복의 분량이다.

11. 감사한 마음이 감사한 현실을 만든다.

12. 감사한 만큼 행복할 수 있다.

13. 감성은 감성으로 전달된다.

14. 감정 또한 내가 선택하는 것이다.

15. 감정은 긍정도 부정도 아닌, 단지 생각을 느끼는 것이다.

16. 감정은 생각의 반영이다.

17. 감정은 생각의 반응이다.

18. 감정은 전염된다.

19. 감정을 표출하는 것이 치유의 시작이다.

20. 걱정으로 해결되는 일은 없다.

21. 건강한 비판은 발전을 위한 숨겨진 힘이다.

22. 결단의 키를 잡으라.

23. 결정하였으면 순간에 흔들리지 말라.

24. 경청은 인내이다. 인내는 인격이다. 그러므로 경청은 인격이다.

25. 경험 없이 성장은 없다.

26. 경험하기 전에는 누구도 판단하지 마라.

27. 계획이 아니라 목표에 집중하라.

28. 고난은 이룸의 과정이다.

29. 고난은 훈련이지 고통이 아니다.

30. 고난을 상황으로 받아들이면 상처로 남지만, 깨달음으로 받으면 교훈이 된다.

31. 고난의 비중만큼이 행복이다.

32. 고민은 시작이 아닌 망설임에서 온다.

33. 고정관념만큼 사람을 멍청하게 하는 것은 없다.

34. 고지가 생각보다 가까이 있다.

35. 고통은 면역이 없다.

36. 고통을 참아낼 때 변화는 시작된다.

37. 공부는 머리싸움이 아니라 인내의 싸움이다.

38. 과거가 당신을 변호하지 않게 하라.

39. 과거가 짐이 아닌 약재료가 되어야 한다.

40. 과거를 직시하라. 그것이 치유의 시작이다.

41. 관계성에 의해 상황판단의 오류를 범하지 마라.

42. 관계성에서 긍정은 기대를 가져오고, 부정은 시기를 가져온다.

43. 관계성을 위하여 공감대를 형성하라.

44. '괴롭히는 사람'은 가르쳐주는 사람이다.

45. 교만과 비굴함은 짝을 이룬다.

46. 교양 뒤에 숨은 교만이 가장 악하다.

47. 귀가 아닌 마음에 말을 하라.

48. 귀한 입이 되고 싶다면 귀한 말을 하라.

49. 그 무엇에도 노예가 되지 말라.

50. '급한 것'이 아니라 '중요한 것'부터이다.

51. 긍정 없이는 행복도 없다.

52. '긍정'은 치유를 위해 꼭 필요한 에너지이다.

53. 긍정적인 말을 하고 능동적으로 행동하라.

54. 긍정적인 사람들과 어울리라.

55. 기다리지 말고 지금 하라!

56. 기대가 그에 부합하는 현실을 만들어낸다.

57. 기대를 믿음으로 바꾸라.

58. 기억에서 자유하라, 고통을 잊고 싶다면.

59. 기억하지 못하는 경험은 아무 가치가 없다.

60. 기억해야 적용한다.

61. 기회는 준비와 시간이 맞아 떨어지는 것이다.

62. 길은 '하려는 마음'이 만드는 것이다.

63. 길이 없으면 닦아 나가면 된다.

64. 꿈은 간절함으로 품어라.

65. '끈기'는 최고의 기능이다.

66. '끝'은 상황이 아니라 마음이다.

67. 나를 다스릴 수 있다면 남도 다스릴 수 있다.

68. 나를 만드는 것은 나 자신이다.

69. "나를 봐!"의 인생을 살아야 한다.

70. 나만 안다고 생각하지 말라, 그도 안다.

71. 나의 길이 다른 이의 이정표가 되게 하라.

72. 나의 꿈은 타인의 동의가 필요 없다.

73. 나의 말을 통해서 나의 삶이 만들어진다.

74. 나의 마음이 나의 가치이다.

75. 날아간 시간에 미련을 두지 말라.

76. 남에게는 과정에, 나에게는 결과에 주목하라.

77. 남을 미워하면 내 마음이 미워진다.

78. 남을 조절하기 전에 나를 조절하라.

79. 남이 이룬 것을 과소평가하지 마라.

80. 내 안의 세계가 내 바깥세계를 창조한다.

81. 내 인생에서 가장 강력한 사람은 '나'이다.

82. 내 입술의 30초가 남의 인생이 될 수 있다는 것을 기억하라.

83. 내가 뜨거워진 만큼 세상도 뜨거워진다.

84. 내가 먼저 자신을 인정하라.

85. 내가 무엇을 심고 있는가 확인하라.

86. 내가 하고 싶은 말보다 상대방이 듣고 싶은 말을 해라.

87. 내게 불가능한 것을 남에게 요구하지 마라.

88. 넓은 세상은 높은 곳에서 볼 수 있다.

89. 노력하는 자에게는 열매가, 게으른 자에게는 후회가 따른다.

90. 눈앞의 조건이 아니라 인생의 Whole picture를 그려라.

91. 눈에 보이는 것만으로 타인을 판단하지 말라.

92. 눈을 바라보라, 그곳에 답이 있다.

93. 능력은 타고나나 노력은 내 몫이다.

94. 다시 못 볼 것처럼 절절함을 간직하라.

95. 단기적인 생각에 굴복하지 말라.

96. 대화의 기본은 듣는 것이다.

97. 두려움도 습관이다.

98. 두려움이 없으면 용기도 없다.

99. 두려워할 것은 두려움 그 자체뿐이다.

100. 뒤가 아닌 앞을 보라.

101. 들음으로 지혜가 오고, 말함으로 후회가 온다.

102. 따뜻하게 칭찬하라.

103. 때로는 침묵으로 소통하라.

104. 때를 기다리지 말라. 그때가 바로 지금이다.

105. 떠나야 할 곳에서 주저하지 말라.

106. 똑같은 말을 해도 인격대로 받아들인다.

107. 똑똑한 사람보다 현명한 사람이 되라.

108. 마음 가는 곳으로 삶은 이끌려 간다.

109. 마음을 행동화하는 것이 가장 큰 용기이다.

110. 마음이 가난하여 눈물이 많은 사람이 되라.

111. '마음'이 모든 것의 시작이다.

112. 마음자세가 무엇을 성취하는 것보다 더 중요하다.

113. 마지막 결과에 초점을 맞추어라.

114. 많은 친구가 아닌, 좋은 친구를 사귀어라.

115. 말은 곧 씨앗과 같다.

116. 말은 머리가 아니라 가슴으로 하라.

117. 말은 반응하지 말고 포용하라.

118. 말은 정보이다, 그러니 많이 들어라.

119. 말은 하는 사람의 인격이지, 듣는 사람의 인격이 아니다.

120. 말은 하지 못했을 때보다 하지 말아야 할 말을 했을 때 후회된다.

121. 말을 독점하면 적이 많아진다.

122. 망상과 이상은 '실천'으로 분별된다.

123. 망상은 꿈이 커서가 아니라 노력하지 아니함이다.

124. 머리는 머리를 만나고, 가슴은 가슴을 만난다.

125. 머리보다 마음이 이끄는 대로 나아가라.

126. 모든 것은 지나간다.

127. 모든 것의 근본은 마음이다.

128. 모든 결과는 열매로 나타난다.

129. 모든 결정은 '핵심가치'로 판단하라.

130. 모든 계획은 단순화 시키라.

131. 모든 능력은 자기확신에서 비롯된다.

132. 모든 사람과의 좋은 관계란 망상이다.

133. 모든 이론은 적용을 위하여 존재한다.

134. 모든 일은 확신과 자신감부터이다.

135. 목소리는 단순히 소리가 아니다, 인격이다.

136. 목소리를 바꾸는 과정은 인생을 바꾸는 과정이다.

137. 목소리의 톤이 높아질수록 뜻은 왜곡된다.

138. 목표goals는 일시적인 것이나 목적purposes은 영원하다.

139. 목표를 이룬 후만 아니라, 지금도 소중한 삶이다.

140. '무엇'을 하는가보다 '왜'하는가에 집중하라.

141. 무엇'이 아닌, '왜'를 설명하라.

142. 무한한 가능성을 가지고 있는 나 자신을 신뢰하라.

143. 문제가 문제가 아니라, 무엇이 문제인지 모르는 게 문제이다.

144. '문제'가 아니라 '해결'에 집중하라.

145. 문제가 아닌 답에 집중하라.

146. '문제'가 아닌, '해결책'을 이야기 하라.

147. 문제는 감정이 아니라, 나의 생각이다.

148. 문제는 어두운 곳에서 자란다.

149. 문제를 문제로 느끼지 못하는 것이 문제이다.

150. '문제'보다 내가 크다.

151. 문제의 뿌리를 찾아야 변화가 가능하다.

152. 미래의 성취 여부는 자신의 '간절함'에 달려있다.

153. 미움은 감옥이다.

154. 믿어주는 것과 방치하는 것은 다르다.

155. 믿음을 넘어 행동으로 나아가야 한다.

156. 바쁘다는 것은 일이 아니라, 마음이다.

157. 받고 싶은 것을 먼저 주어라.

158. 발뺌하지 말라, 흔적은 남는다.

159. 배려는 감동을, 감동은 사랑을 가져온다.

160. 배려는 세밀해야 한다.

161. 배우는 것은 지식, 느끼는 것은 인격이다.

162. 베푼 것을 기억하는 것은 사랑이 아니다.

163. 베풀다 거지된 사람 없다.

164. 변명은 거짓말보다 더 나쁘다.

165. 변명을 멈추고 변화를 시작하라.

166. 변명이 위험한 것은 늘 그럴싸하기 때문이다.

167. 변화 속에 기회가 숨어있다.

168. 변화는 기다리는 것이 아니라 일으키는 것이다.

169. 변화된 행동이 변화된 결과를 가져온다.

170. 변화를 원하는가, 생각을 바꾸라.

171. '변화'의 주체는 나 자신이다.

172. 본질을 단순화 하라.

173. 봐야 믿는가, 믿어야 볼 수 있다.

174. 부담감이 사명이다.

175. 부모가 자녀의 환경이다.

176. 부모는 사리로 판단할 대상이 아니다.

177. 부정적인 사람일수록 남을 판단한다.

178. 분별없는 열정은 가장 위험하다.

179. 불만에 속지말라, 이것이 행복의 원리이다.

180. 불행의 포장 안에 들어있는 '축복'을 발견하라.

181. 비워야 채운다.

182. 비전에 의해 우리의 나아갈 바가 결정된다.

183. 비전이 실현되는 시간은 천천히, 꾸준히, 확실하게 다가온다.

184. 비판은 상대의 결점을 지적하여 자기의 결점을 감추려는 심리이다.

185. 빛과 어둠은 공존할 수 없다.

186. 빨리 가지 못해도 잘못 가서는 안 된다.

187. 사건보다 해석이 중요하다.

188. 사람도 인생을 바라보지만, 인생도 사람을 바라본다.

189. 사람은 결국 자신의 인격만큼 산다.

190. 사람은 '능력'에 앞서 '예(禮)'를 갖춰야 한다.

191. 사람은 머리가 아닌 가슴으로 대하라.

192. 사람은 위치가 아닌, '신념'이 매력이 되어야 한다.

193. 사람은 '이해'가 아니라 '인정'이 필요하다.

194. 사람은 자기가 보고 싶은 것을 본다.

195. 사람은 자신의 생각수준만큼 살아간다.

196. 사람은 자신이 인정한 한계만큼 살아낸다.

197. 사람을 움직이는 것은 입이 아니라 귀다.

198. 사람이 문제이고, 사람이 답이다.

199. 사랑으로 닦지 못할 눈물은 없다.

200. 사랑은 가장 건강한 관계성이다.

201. 사랑은 관심이다.

202. 사랑은 머리가 아니라 가슴이다.

203. 사랑은 배려에서 시작된다.

204. 사랑은 의무가 아니라 권리이다.

205. 사랑은 표현될 때 완성된다.

206. 사랑은 품는 것이 아니라 주는 것이다.

207. 사랑은 품을 때가 아니라 나눌 때 완성된다.

208. 사랑의 첫 번째 대상은 자신이다.

209. 사실 실패란 결과가 아니라 과정일 뿐이다.

210. 사실에 근거하지 않은 칭찬은 모멸감을 준다.

211. 살아가는 이 순간이 삶이다.

212. 삶에 대한 우리의 관점이 우리의 삶을 만든다.

213. 삶으로 나타나지 않는 주장은 거짓이다.

214. 삶은 사는 것이 아니라, 살아내는 것이다.

215. 삶은 살아온 만큼 경험을 남긴다.

216. 삶은 우리가 선택한대로 이루어진다.

217. 삶은 우리에게 축복이다.

218. 삶의 모든 영역이 시험이다.

219. 삶의 변화는 생각의 변화에서 출발한다.

220. 상대의 말을 끊는 것은 가장 어리석은 행동이다.

221. 상식적인 말은 상식으로 받아들여라.

222. 상처는 이성이 아닌 감성에서 온다.

223. 상처도 말로 받지만, 치유 또한 말로 이루어진다.

224. 상처를 숨기는 것은 상처를 깊게 할 뿐이다.

225. 상황에 대한 '반응'도 선택이다.

226. 상황에 대한, 반응이 아닌 분석을 하라.

227. 생각과 감정은 내가 아니라, 내가 만들어 낸 것이다.

228. 생각에 자유를 주라.

229. 생각은 원인이고 상태는 결과이다.

230. 생각을 넘어 실행하라.

231. 생각을 바꾸면 유전자도 바뀐다.

232. 생각이 변하지 않으면 인생도 늘 똑같다.

233. 생각이 유전자를 바꿀 수도 있다.

234. 생색이 아닌 배려를 하라.

235. 선과 악은 자신의 프레임에 영향을 받는다.

236. 선포하라, 말에는 큰 힘이 있다.

237. 설득은 말을 하는 것이 아니라 말을 들어주는 것에서 시작된다.

238. 설득이 아닌 납득을 시켜라.

239. 성공에는 지름길이 없다.

240. 성공은 간절함의 결과이다.

241. 성공은 남이 아닌 내가 결정하는 것이다.

242. 성공은 생각에서 시작되어 행동으로 이루어진다.

243. 성공은 생각이 아닌 행동에서 시작된다.

244. '성공'은 운명이 아니다, '도전'과 '이룸'이다.

245. 성공은 트릭이 아니라 최선에서 온다.

성공을 추구하기 전에 성공적인 인물이 되라.

246. 성공을 원하는가, 가장 좋아하는 일을 하라.

247. 성공을 원한다면 욕망을 증진시켜라.

248. 성공의 반대는 실패가 아니라 포기다.

249. 성공의 약재료는 끈기와 인내이다.

250. 성공의 자격은 '최선'이다.

251. 성공의 장애물은 우유부단함이다.

252. 성공이란 내 가슴이 원하는 것을 이루는 것이다.

253. 성공인지 성취인지 분명히 하라.

254. 성공하고 싶은가? 결단하라. 그리고 올인하라.

255. 성공한 사람보다 소중한 사람이 되라.

256. 성공한 사람은 성공할 사람을 알아본다.

257. 성공했는가? 도움의 손길을 잊지말라.

258. 성숙을 위한 지름길은 없다.

259. 성취의 크기는 열망의 크기에서 비롯된다.

260. 성패를 좌우하는 것은 '사고'와 '자세'이다.

261. 세상에 도전하라 그리고 누리라.

262. 세상은 과정이 아니라 결과를 기억한다.

263. 세상의 10%는 앞서가고, 90%는 따라간다.

264. 세월에 묻혀오는 지혜와 분별을 간직하라.

265. 소통의 시작은 공감이다.

266. 속이려는 자는 반드시 속게 되어있다.

267. 습관은 제2의 천성이다.

268. 습관이 미래를 결정한다.

269. 습관이 인격이 된다.

270. 습관적인 비판은 교만이다.

271. 습성에 매여있는 한 변화는 없다.

272. 시간 앞에 겸허하라.

273. 시련은 기회다.

274. 시련은 변화의 원동력이다.

275. 시련의 순간일수록 입을 더욱 단속하라.

276. 신념이 나를 바꾼다.

277. '신뢰'는 상대의 '신념'을 이해할 때 생긴다.

278. 실력은 높이고 마음은 낮추라.

279. 실력이 있어야 운도 따른다.

280. 실패는 원인을 분석해야 반복되지 않는다.

281. 실패는 종점이 아니라 휴식이다.

282. 실패는 중단함으로 오는 것이다.

283. 실패자가 아니라 실패의 경험자가 되라.

284. 싸움은 사실을 확대해석할 때 빈번해진다.

285. '씨'는 묻는 것이 아니라 심는 것이다.

286. 아는 것이 아니라 익숙함이 나의 것이다.

287. 아는 자가 아닌, 배우는 자가 되라.

288. 아름다운 사람은 향기가 있다.

289. 안 되는 것은 시련이지 실패가 아니다.

290. 앞의 정보가 뒤의 정보를 해석한다.

291. 애매하게 말하면, 애매하게 알아듣는다.

292. 약속을 남발하지 말라.

293. 약점은 장점의 디딤돌이다.

294. 양심이 깨끗하면 행복해진다.

295. 어떻게 바라보는가에 따라 운명이 달라진다.

296. 어제와 다르게, 남과 다르게 분명하게 살라.

297. 어제와 똑같은 행동으로 미래를 바꿀 수는 없다.

298. 언어는 예술이며, 예술은 진실 그 자체이다.

299. 언어는 인격으로 나타나야 한다.

300. 언어를 기술로 익히려 하지 말라.

301. 역경지수가 높은 사람이 성공한다.

302. 역사는 대중이 아닌 한 사람에 의해 이루어진다.

303. 역사는 생각이 아니라 행동으로 이루어졌다.

304. 역사는 오는 것이 아니라 만들어지는 것이다.

305. 열 사람보다 한 사람의 에너지가 강할 수 있다.

306. 열등감이 심한 사람일수록 SNS에 소개가 길다.

307. 열망하는 자가 아니라, 준비하는 자가 되라.

308. 열정 앞에 방향성을 결정하라.

309. 열정이 운명을 이긴다.

310. 영리한 머리로는 은을 얻고, 분별과 지혜의 사람은 금을 얻는다.

311. 오늘의 모습은 지난날의 결과이다.

312. 완벽주의는 자기 학대이다.

313. 욕망은 강력한 프레임을 만든다.

314. 용서는 나를 위한 작업이다.

315. 용서와 화해를 미루지 말라.

316. 용서하지 못함은 나의 마음을 지배하도록 허용하는 것이다.

317. 우리가 부족함을 느끼는 것은 상황이 아니라 마음이다.

318. 우리가 사용하는 지금의 말이 우리의 미래를 만든다.

319. 우리가 집중할 것은 '현상'이 아니라 '내면'이다.

320. 우리는 변화와 성장을 위해 이 땅에 태어났다.

321. 우리는 생각보다 많이 가지고 산다.

322. 우리는 스스로 지어낸 의미로 살아간다.

323. 우리의 말은 자신에게 하는 예언이다.

324. 우리의 삶을 만드는 것은 우리의 생각이다.

325. 우월감과 열등감은 같은 것이다.

326. 운명은 오는 것이 아니라, 내가 가는 것이다.

327. 운은 만드는 것이다.

328. 운의 중심에는 최선이 있다.

329. 웃음을 아끼는 것이 가장 인색한 것이다.

330. 위대한 욕망이 위대한 결과를 만든다.

331. 의무를 다하기 전에 권리를 말해서는 안 된다.

332. 의미부여는 대상에게 에너지를 부여하는 것이다.

333. 이 세상은 '함께'할 때 의미가 있다.

334. 이기고 지는 것도 습관이다.

335. 이루고자 하는 상황을 단어화하라.

336. 이루기 원한다면 간절히 원하라.

337. '이룸'의 시작은 열망이다.

338. 이유는 있는 것이 아니라 만드는 것이다.

339. 이의를 제기하라. 단, 부정이 아니라 도전의식으로.

340. 이의를 제기할 때 세상은 발전한다.

341. '이해'가 아닌, '익숙'함이 자기 것이다.

342. 인격은 돈을 모을 때가 아니라 쓸 때 나타난다.

343. 인격은 머리가 아니라 가슴이다.

344. 인격은 시험에 의해 개발되고 다듬어진다.

345. 인격의 성장은 길고 느리다.

346. 인맥은 양이 아니라 '질'이다.

347. 인생에는 도돌이표가 없다.

348. 인생은 보여줄 것이 없을 때 설명이 길어진다.

349. 인생은 사는 것이 아니라 누리는 것이다.

350. 인생은 생각만큼 이룬다.

351. 인생은 수채화가 아니라 유화이다, 고로 개선이 가능하다.

352. 인생은 장기전이다.

353. 인생은 정직하다, 뿌린 대로 거둔다.

354. 인생의 '독'은 무지가 아니라, '우유부단'함이다.

355. 인생의 아름다운 그림을 그리라, 그리고 이루라.

356. 일과 삶의 조화를 이루어라.

357. 일상의 감사를 간직하라.

358. 일에는 열정으로, 해석은 긍정으로.

359. 일은 다시 할 수 있어도 신용은 다시가 없다.

360. 일의 순서는 '중요한 일'부터이다.

361. 입꼬리에 복이 들어온다, 그러니 올리라.

362. 자기 확신이 없으면 남도 나를 신뢰하지 않는다.

363. 자기내면의 능력을 감지하라.

364. 자녀를 바라보라, 그 모습에 당신이 있다.

365. 자녀양육은 투사이다.

366. 자신감을 위하여 긍정적 경험이 필요하다.

367. 자신에 대한 기대수준을 높이라.

368. 자신에 대한 확신이 기적을 부른다.

369. 자신에게 가장 중요한 것부터 하라.

370. 자신을 응시하라. 발전의 시작이다.

371. 자신을 이기라. 이것이 가장 큰 승리이다.

372. 자신의 강점으로 일하라.

373. 자신의 노력에 감동하는가. 그것이 최선이다.

374. 자신의 마음의 문제를 아는 것이 먼저이다.

375. 자신의 말은 자신이 가장 큰 영향을 받는다.

376. 자신의 모습을 계속 개발하라.

377. 자신의 목표성취로 인해 행복을 느끼는 삶. 이것이 성공이다.

378. 자신의 발전을 위해 제일 먼저 할 것은 '결단'이다.

379. 자기 생각이 '애착'인지 '진실'인지 분별하라.

380. 자신의 속도를 존중하라.

381. 자신의 입에서 나가는 말을 의식으로 지켜보라.

382. 자신의 절대적 가치를 인정하라.

383. 자신의 초점이 감정을 결정한다.

384. 자신의 현재 모습을 용납하고 즐기라.

385. 작은 일부터 성취해 나가라.

386. 작은 주머니에 큰 것을 넣을 수 없다.

387. 잘할 수 없었다면 실패가 아닌 '실험'으로 생각하라.

388. 장벽을 통하여 절실함을 테스트하라.

389. 장애물에 집중하면 두려움이 보이고, 목표에 열중하면 열정이 보인다.

390. 절대 포기하지 마라.

391. 정말 유치한 것은 말이 아니라, 숨겨진 감정이다.

392. 정확한 평가보다 긍정적인 평가가 큰 힘을 지닌다.

393. '조금 더'가 아니라, '확실히' 잘하는 사람이 되라.

394. 조금만 더 넓게 보라, 누리고 있는 축복이 보일 것이다.

395. 존경은 지식이 아니라 인격에 대해서다.

396. 좋고 나쁜 것은 상황이 아니라 자신의 관점이다.

397. 좋아하는 일을 하는 것보다, 하는 일을 좋아하라 이것이 행복이다.

398. 좋은 목소리에도 노력이 필요하다.

399. 주는 것으로 교만치 말라.

400. 주도적인 삶을 살라.

401. 중요한 것은 상황이 아니라 관점이다.

402. 지금 나의 태도가 미래이다.

403. 지금 이 시간에 집중하라.

404. 지금에 집중하라.

405. 지금을 느끼라.

406. 지금의 고통에 굴복하지 말라, 결과에 초점을 맞추라.

407. 지나친 욕망이 나를 가난하게 할 뿐이다.

408. 지식과 지혜도 행동이 없으면 의미를 상실한다.

409. 지식은 실력이 아닌, 능력이 되어야 한다.

410. 지식은 어디에 머무느냐가 중요하다.

411. 지식은 이해가 아니라, 익숙함이다.

412. 지식은 지혜를 위해 필요하다.

413. 지식이 머리에 머무르면 교만이 되고, 가슴에 머무르면 지혜가 된다.

414. 지혜가 되지 않는 지식은 의미가 없다.

415. 지혜는 교육을 통해서 얻을 수 있다.

416. 지혜는 이타적이다.

417. 지혜는 훈련의 대상이다.

418. 지혜의 본질은 우리 마음의 한계를 지각하는 것이다.

419. 지혜자는 핵심과 본질을 이해하고, 우둔자는 보이는 것만 본다.

420. 진리는 머리 숫자에 있는 것이 아니다.

421. 진실은 불변하나 현상은 관점에 의해 결정된다.

422. 진실은 입술이 아니라 삶에서 나타난다.

423. 진실하게 성공하라.

424. 진정 내가 원하는 것을 이루라.

425. 질문 자체가 프레임이 될 수도 있다.

426. 집중을 어디에 하느냐가 우리의 감정을 결정한다.

427. 착한 것과 선한 것을 분별하라. 그리고 선을 택하라.

428. 처신으로는 안락함을 얻지만, 의리로는 인생의 동반자를 얻는다.

429. 처음 만날 때처럼 새로운 마음으로 대하라.

430. 최고가 아닌 최선을 다하는 인생이 되라.

431. 최고를 원한다면 최고를 고집하라.

432. 최선도 습관이다.

433. 최선을 다할 때 최고의 것이 주어진다.

434. 최선이 아닌 차선도 생각하라.

435. '치유'는 상처를 현재형에서 과거형으로 바꾸는 것이다.

436. 칭찬에는 '발', 험담에는 '날개'가 있다.

437. 칭찬은 사실에 근거하라.

438. 칭찬하기보다는 공감하라.

439. 칼로 벤 상처보다 말로 벤 상처가 더 깊다.

440. 콤플렉스가 힘이다.

441. 크게 생각해야 크게 이룬다.

442. 큰 감정이 작은 감정을 몰아낸다.

443. 큰 사람이 품고, 성숙한 사람이 인내하는 것이다.

444. 타인의 눈을 마음에서 몰아내고 스스로에게 집중하라.

445. '탁월함'은 타고나는 것이 아니라, 만들어지는 것이다.

446. 트렌드를 쫓지 말고 선도하라.

447. 특별하게 받아들이면 특별하게 반응하게 된다.

448. 판단은 프레임이다.

449. 포기하지 않는 한 실패는 없다.

450. 포기할 자와 인내할 자를 분별하라.

451. 프레임은 고정관념이다.

452. 프레임은 정의definition이다.

453. 하고 싶은 것이 많다는 것은 실천하지 못하고 있다는 방증이다.

454. 하나의 경험은 하나의 지혜이다.

455. 하나의 장애물은 하나의 경험이다.

456. 하루 분량의 즐거움을 누리라.

457. 하루에 한 번 하늘을 바라보는 여유를 가지라.

458. 하루에 한 번 하늘을 바라보면 죄짓지 않는다.

459. 하면 되고, 안 하면 안 된다.

460. 하지 못해 후회할 일들을 너무 많이 남기지 말라.

461. 학교에서는 지식을 배우지만, 삶에서는 지혜를 배운다.

462. 학문은 '이해', 사람은 '인정'으로 접근하라.

463. 한번 틀어진 관계는 회복되어도 흠집이 남는다.

464. 핵심감정을 파악하라.

465. 행동은 사고의 지배를 받는다. 기억하라 긍정사고!

466. 행동하지 않으면 아무 일도 일어나지 않는다.

467. 행복, 긍정, 성공은 같은 말이다.

468. 행복은 '무엇'이 아니라 '어떻게'의 문제이다.

469. 행복은 내가 선택하는 마음의 상태이다.

470. 행복은 목표가 아니라, 현재의 선택이다.

471. 행복은 상황을 긍정적으로 해석하는 능력이다.

472. 행복은 세상을 바라보는 긍정의 눈이다.

473. 행복은 소유가 아니라 기대에서 온다.

474. 행복은 얻는 것이 아니라, 깨닫는 것이다.

475. 행복은 조건이 아니라 마음이다.

476. 행복은 찾는 것이 아니라, 결단하는 것이다.

477. 행복한 사람만이 남도 행복하게 할 수 있다.

478. 행복한 사람만이 너그러워질 수 있다.

479. 행복한 삶을 얻고자 너무 바빠서 행복하지 못하다면….

480. 행운은 찾는 것이 아니라 잡는 것이다.

481. 향기는 '최고'가 아니라, '최선'에서 난다.

482. 혀를 다스리는 것은 나지만, 뱉어진 말이 나를 다스린다.

483. ‘현상’이 ‘본질’을 가리지 않게 하라.

484. ‘현실’은 상황에 대한 나의 생각이다.

485. 현실은 주관적으로 재해석 된다.

486. 현재는 선택의 결과이다.

487. 현재의 마음이 미래를 결정한다.

488. 현재의 삶에서 가장 파괴적인 면은 근시안적인 사고이다.

489. 화자와 청자의 수준이 동일할 때 건강한 소통은 이루어진다.

490. 희망의 포로가 되어라.

491. 희생이 없는 권위는 아무도 따르지 않는다.

492. 힘든 대상을 사랑하라, 그것이 참사랑이다.

493. 환상이 아닌 현실을 직시하라.

494. 희망과 용기는 전진하는 가장 큰 에너지다.

495. 행복한 인생을 뒤로 미루지 마라.

496. 힘든 대상을 사랑하라, 가장 고귀한 훈련이다.

497. 향기는 최고가 아니라 ‘최선’에서 난다.

498. 학문은 ‘이해’, 사람은 ‘인정’으로 접근하라.

499. 확실한 표현과 확실한 인생은 함께 있다.

500. 행복은 환경이 아니라 마음이다.

|부 록|

심리용어 해설

가면 우울증(masked depression)

우울증상이 주 증상으로 나타나지 않고 다양한 신체적, 정신적 증상이 두드러져 우울증상이 가려져 버린 우울증을 말한다. 따라서 신체증상에 대한 치료로 좀처럼 개선되지 않았던 우울증이 항우울제의 투여로 급속하게 회복되는 경우다.

가성환각(psudohallucination)

환각과는 다른 것이고, 표상이 병적인 것을 말한다. 그 표상은 본인의 의지와는 관계없이 마음속에 자연히 나타나는 것과 같은 것이고, 실체성이 없다. 본인은 그것이 외계에 실재하지 않은 것을 자각하고 있다. 그 상은 본 일도 없는 사람, 동물, 식물, 풍경 등이 선명하고도 세부까지 색채를 띠고 보이는 경우가 많다.

가족 경계선(family boundary)

미누친에 의하면 경계는 두 개 또는 그 이상의 수의 체계나 하위체계를 나누기 위한 추상적인 개념이라고 설명한다. 가족 경계선은 가족이 하나의 단위로서 외부와 관계하는 방식을 일컫는 데 사용하는 은유적 표현으로, 체계 간의 상호작용의 특징을 구분하고 이러한 상호작용이 그 체계 내에 머물도록 하는 역할을 한다.

가족조각(family sculpture)

한 가족 구성원이 '감독'이 되어 다른 가족 구성원에 대해 느끼는 내적 정서 상태와 가족원 간의 의사소통 유형을 자세와 동작 및 소도구를 사용하여 공간적으로 나타내도록 하는 비언어적인 치료기법이다.

가족치료(family therapy)

가족 간 의사소통의 형태와 심리적인 상호관계들을 조정함으로써 가족 구성원 안에서의 개인의 문제를 치료하는 기법이다. '가족상담'이라는 말도 같은 의미로 쓰인다.

가족투사과정(family projection process)

가족들 간의 감정적 갈등을 다루기 어렵거나 인지적인 힘을 통해 처리하지 못 하는 경우에 가족들 자신의 불안을 다른 가족구성원에게 투사하게 되는 과정을 말한다. 즉, 미성숙한 부모가 정서적으로 취약한 자녀를 선택하여 무의식적으로 그들의 불안과 융화를 전수하는 과정으로 투사대상인 자녀는 정서적 손상을 입게 된다.

간헐적 폭발성 장애(intermittent explosive disorder)

정신과적 증후군의 이차적 증상이 아닌 지속적이고 반복적인 비적응성 기타 행동의 분류. 환자는 이런 행동을 수행하려는 충동을 이기지 못한다. 긴장감의 전구시기와 행위 후 위안증상이 있다. 공격적 충동이 갑자기 촉발되어 엄청난 공격이나 기물의 파괴로 나타나는 충동조절장애가 몇 번 삽화적으로 일어나는 경우를 말한다. 이러한 행동을 한 환자들은 흔히 발작이라고 표현하는데, 유발적인 자극과는 현저한 차이가 나는 행동이나 삽화가 일어나지 않는 동안에는 일반적으로 충동적이거나 공격적인 행동의 징후는 없다. 또한, 이런 행동은 정신분열증이나 또는 반사회성 인격 장애와 같은 기타 정신장애에 의해서 일어나는 것도 아니다.

갈등(conflict)

둘 또는 그 이상의 상호대항적인 충동, 동기, 욕구들이 동시에 존재하는 상태를 말한다.

감수성(sensitivity)

자극의 수용에 관계되는 능력. 자극의 강도 및 변화에 대한 개인의 반응성, 타인의 감정에 민감하게 반응하도록 하는 특성들.

감수성훈련(sensitivity training)

내담자 및 자기 내면세계에 대한 감수성을 계발하기 위한 상담자 훈련과정이며, 훈련기간 동안에는 참가자 자신들의 자유로운 정서표출이 가장 중요한 의미를 지니게 된다.

감정부전장애(dysthymic disorder)

DSM–III에서 채택된 정서장애의 아형의 하나이며, 성인의 경우에는 적어도 2년 이상, 아동의 경우에는 1년 이상 지속되는 만성적인 기분장애이다. 그 특징은 다음과 같은 비교적 가벼운 우울증상이 지속적으로 또는 간헐적으로 나타나는 것이다. 즉, 우울 기분 또는 취미나 즐거움의 현저한 상실, 불면증 또는 수면과다증, 기력저하, 자존심 상실, 생산성 저하, 사회로부터의 철퇴, 자극 과민성, 반응성의 결함, 눈물이 많은 경향, 비관적 태도 그리고 죽음이나 자살에 대한 집착적인 생각 등이다.

강박사고(obsessions)

사고체험의 장애로도 분류되는데 이는 의식적으로 원치 않음에도 불구하고 계속해서 같은 생각이 의식에 떠오르는 것이다. 예를 들어 의혹, 원인 탐색, 계산을 반복하는 경우 등이다. 대개 공포, 우유부단, 의식(ritual)과 같은 강박 행동들이 동반된다.

강박신경증(obsessive–compulsive neurosis)

비합리적이며 상동적이고 의식적인 행위를 수행하려는 집요하고도 흔히 원하지 않는 관념으로 특징 되는 신경증.

강박장애(obsessive–compulsive disorder)

반복해서 계속되는 사고나 행동으로써 의도적으로 자제하기 어려운 증상. 가장 흔한 강박적 사고는 바이러스 감염에 대한 반복적 생각, 반복적 의심, 물건을 질서 있게 정리 정돈하고 싶은 욕구, 공격적이거나 두려운 충동 그리고 성적인 심상 등이 지속되는 경우를 말한다.

강박행동(compulsion)

의도하지는 않으나 반복적으로 되풀이 되는 비합리적인 행동, 자기의 의지나 의식적 경향과 반대되는 행동.

강화(reinforcement)

반응의 빈도 또는 가능성에 변화를 일으키는 방법을 말하기도 하고, 조건화 또는 기타 학습과정의 강도를 증가시키는 방법 또는 자극을 말하기도 한다. 이 용어는 또한 인식적이고 동기적인 세포복합체의 연속적인 발사를 일으키게끔 학습상황에서 포상과 징벌들과 같은 방법을 사용하는 것에도 적용된다.

개체기술접근(ideographic approach)

다양한 평가기법을 사용하여 단일사례 혹은 소수의 연구대상을 집중적으로 조사하는 방법. 개인의 독특성을 이해하는 데 적절한 기법들을 사용하고 연구대상에 관한 지식이 개인에 대한 이해를 바탕으로 치료 혹은 변화촉진에 사용된다는 점에서 상담과 심리치료에도 유용한 방법이다.

거시증(macropsia)

시각적 착각의 하나로써 주시하고 있는 대상이 실제의 크기보다 더 크게 보이는 것을 말한다. 소시증과는 대조적인 현상이지만, 소시증의 경우에서처럼 거시증을 경험하는 기간은 그리 길지 않다. 주시하고 있는 대상이 점점 가까이 다가오면서 동시에 대단히 커져 보이는 경우도 있다. 망막질환이 있을 때에도 일어나는 현상이지만 정신의학적 질환으로서는 간질, 섬망 상태, 급성정신병, 전환 장애 그리고 메스칼린(mescaline) 중독 등에서 볼 수 있다.

거절증(negativism)

타인의 제시나 요구에 대해서 지속적으로 저항을 나타내는 것을 말한다. 이 반응은 18개월에서 4세까지의 어린이들의 경우에는 자기주장의 건전한 표현이라고 볼 수 있고, 또 청소년기에서도 흔히 볼 수 있다. 긴장형 정신분열증에서의 이런 반응은 함구증이나 보살핌에 대한 거절 등의 형태로 나타나며, 이는 그들이 감지하는 위협적인 세계에 대한 반항 또는 그 세계로부터의 철퇴 욕구의 표현이라고도 볼 수 있다. 노인성 환자들에게서의 이런 반응은 분노의 표현 또는 관심 끌기를 위한 아동기적 방법으로의 퇴행이라고 볼 수 있다.

건강염려증(hypochondriasis)

자기의 건강에 관해 지나치게 불안해하는 정신병으로 때때로 소양을 수반하는 우울증을 병발한다. 임상에서는 신경증, 성격이상, 우울증, 부열병(체감 이상형) 뇌동맥 경화증, 뇌 위축질환, 갱년기 신경증 등에서 나타난다.

게슈탈트 치료(gestalt therapy)

'여기와 현재'에 초점을 둔 '전체로서의 유기체'를 다루는 치료방법이다. 유기체, 환경 간의 통일에 대한 내담자의 자각이 문제가 되며, 상담자의 역할은 내담자로 하여금 성격 기능의 조직화된 전체를 회복하도록 돕는 것이다.

경계성 인격 장애(borderline personality disorder)

정서, 행동 및 대인관계의 불안정과 주체성의 혼란으로 모든 면에서 변동이 심한 이상적 성격을 지칭한다. 예를 들면, 타인에 대한 태도 및 감정이 짧은 시간 동안에도 상당히 많이 그리고 불가해 하게 변할 수 있다. 정서도 변덕스러우며 갑작스럽게 바뀌어서 특히 화를 잘 낸다. 이들은 어떤 위기상태에 놓일 때 참을 수 없는 분노감을 나타내며 논쟁적이고 요구적이며, 자신의 문제를 다른 사람에게 책임을 전가시키려 한다. 평상시에도 기분은 변동이 심하며 만성적인 공허감과 권태를 호소하기도 한다. 혼자 있는 것을 참지 못한다. 행동 면에서는 매우 돌발적이고 통제력이 상실되어 있어서 예측할 수 없으며 낭비, 성적 문란, 도박, 약물남용, 좀도둑질, 과식 등의 행동을 보인다. 때로는 자해행위를 하기도 하는데 남들로부터 동정을 받기 위해서라든지 분노를 표시하기 위해서 또는 자신의 불안정한 정서를 가라앉히기 위해서이다. 의존심과 증오심을 동시에 갖고 있다.

경조증(hypomania)

가벼운 기분의 앙양(들뜸), 다행증 및 의욕항진 등이 특징을 이루고 있는 상태이다. 본래의 외향적이며 활동적인 성격이 단지 과장된 것에 불과한 것인지, 조울병의 증상적 표현인지 또는 어떤 신체적 근거로 나타나는 정신병인지를 당장 가려내기가 곤란할 때가 많다.

이 정도의 단계에서는 본인은 물론이고 주위 사람으로부터도 병적이라는 인정을 받지 않고 지나치는 경우가 드물지 않다. 환자는 쾌활하고 활력에 넘쳐 활동적이고 많은 일에 손대는 경우가 많다. 끊임없이 지껄이고 할 말 못할 말 가리지 않고 하게 되며 농담도 곧잘 하게 된다. 여러 사람에게 수많은 편지를 쓰기도 하고 때에 따라서는 엄청난 양의 편지를 두서없이 쓰기도 한다. 이곳저곳 장거리 전화를 수없이 하며 눈에 띄는 것은 아무것이나 사들인다거나 분수에 맞지 않는 기분을 낸다거나 값비싼 선물을 함으로써 엄청난 돈을 쓰기도 한다. 어떤 문제에 대한 비현실적인 계획과 해결방법에 골몰하기도 하며, 때로는 자기 권리를 지나치게 주장하여 사람들과 시비를 걸기도 한다. 경조증은 많은 경우의 조울병 초기나 우울증 경과 직후에 일과성으로 나타나는 경우도 있고 때로는 그것이 곧바로 전형적인 조증으로 이행하는 경우도 있으며, 또 그것만으로 얼마 안 있어 가라앉는 경우도 있다. 때로는 그런 상태가 장기간 지속되는 경우도 있다.

경험적 가족치료(experiential family therapy)

치료자의 자기 활용을 통해 내담자로 하여금 내면 깊숙이 있는 자신과 만나는 경험을 갖도록 하는 데 초점을 두는 접근이다. 이처럼 경험을 통하여 개인이 성장하도록 돕는 경험적 가족 치료자로서 위터커와 사티어가 잘 알려져 있다.

고차 조건형성(higher-order conditioning)

어떤 자극을 이미 조건형성 된 조건자극과 짝짓는 절차를 의미한다.

고착(fixation)

인간의 발달과정 중에서 어떤 스트레스에 부딪힐 때 인격 발달과정이 중단된 상태를 말한다. 예를 들어, 항문기에 좌절을 심히 받았거나 그 반대로 너무 재미를 보았다면 그는 이 시기에 무의식적으로 집착하는 데 이것이 고착이다. 인간은 그 어느 시기에 대한 고착이 강하면 강할수록 스트레스를 크게 받는 경우에 쉽게 고착되어 있는 시기로 퇴행을 잘하는 경향이 있다. 따라서 대개 퇴행하게 되는 그 단계를 바로 고착된 단계로 본다. 좋은 예로 소변을 잘 가리던 아이가 동생이 태어남으로 인해서 다시 야뇨증을 보이게 되는 것이다.

공감(empathy)

상대방의 경험, 감정, 사고 신념 등을 상대방의 관점과 입장에서 듣고 이해하는 능력이다. 상담 장면에서는 필요의 효과를 높이기 위하여 이렇게 이해한 바를 내담자에게 전달해야 한다. 공감의 소통은 판단 설교가 없는 인간적 이해 수용을 바탕으로 한다. 공감을 받는 내담자는 상담관계에서 자유롭게 자신을 드러내고 싶은 심정이다.

공격성(aggression)

분노나 적대감을 나타낼 때 사용되는 용어로 사물이나 사람에 대한 적대적 행동, 죽음의 본능 또는 이에 관련된 의식적 표상, 타인을 공격, 가해, 무시하거나 의식적으로 심한 벌을 주거나 가학적인 행동을 하려는 욕구.

공상(fantasy)

현실에서는 이룰 수 없는 소원, 욕구를 상상 속에서 만족시키는 것을 말하며 백일몽이라고도 한다. 이것은 가장 쉬운 돌출구이기 때문에 모든 사람이 다소는 이와 같이 자기의 욕망을 충족하고 있으나 과도한 경우 바람직하지 못한 것이 되어버린다.

공포반응(phobic reaction)

비합리적으로 나타나는 심한 긴장과 불안.

공황발작(panic attack)

갑작스럽고 극심한 두려움이나 공포감이 비정기적으로 일어나되 곧 죽을 것만 같은 느낌을 수반한다.

공황장애(panic disorder)

불안장애의 하나로 갑작스럽게 강력한 불안을 단기간 호소하며, 이 불안이 너무 심한 나머지 환자는 몸을 떨고 흔들며, 어지러움을 느끼고 호흡곤란을 겪을 수 있다. 광장공포증을 동반한 공황장애, 광장공포증 없는 공황장애가 있다.

과대망상(grandiose delusion)

자신의 재산, 권력, 지식 또는 주체성을 과대평가하는 잘못된 믿음(예: 자신이 대통령이나 예수라고 생각하는 등)을 가진다.

과잉확장(overextension)

아이들이 새로운 대상이나 상황을 지칭할 때 기존에 알고 있던 단어를 적합하지 않은 대상에도 확대 적용하는 현상이다.

과정손실(process loss)

개인으로 수행량을 합산했을 때보다 집단 구성원들이 상호작용 과정을 거치게 됨으로써 집단의 최적 생산성이 낮아지는 현상이다.

과정질문(process question)

내담자의 감정을 가라앉히고 정서적 반응에 의해 유발된 불안을 낮추기 위해 정서보다는 가족과정에 대한 내담자의 사고에 초점을 두고 그것을 촉진하는 보웬 모델의 질문기법이다.

관계망상(idea of reference)

자기와는 아무런 관계가 없는 다른 사람들의 행동이나 말을 마치 자기와 중요한 관계가 있는 것으로 특히, 자기를 비난하고 업신여기는 것 같이 잘못 해석 또는 생각하는 경우를 말한다. 즉, 주변의 일이 자기 자신과 관련되며 누군가가 또는 신문, 라디오가 내 말을 하고 있다는 망상이다.

관계성 질문(relationship question)

내담자와 중요한 관계에 있는 사람들의 생각, 의견 그리고 지각 등에 대해 내담자에게 묻는 것으로 중요한 타인의 눈으로 내담자 자신을 보도록 함으로써 내담자가 자신의 희망, 힘, 한계, 가능성 등을 지각하도록 돕는 해결중심 모델의 질문기법이다.

관찰학습(observational learning)

자신의 직접적 경험이 아니라 자신이 닮고 싶은 모형 인물의 행동과 결과를 관찰함으로써 자신의 행동이 변화되는 과정에 이르는 학습이다.

광장공포증(agoraphobia)

즉각적으로 회피하기 어려운 장소나 상황에 처해 있거나, 공황 발작이나 공황과 유사한 증상이 일어났을 때 도움받기 어려운 장소나 상황에 처해 있을 때 나타나는 불안이나 회피를 의미한다. 이 장애는 두 가지 유형으로 나타나는데 공황발작 없이 일어나는 경우와 공황발작이 선행하고 나서 일어나는 경우가 있다. 이 장애가 심해지면 정상적 활동이 점차 제한받게 되어 종국에는 공포와 회피행동이 그 환자 생활의 전부가 될 때도 있다.

교육상담(education counseling)

주로 학업 상의 곤란, 진학문제, 학과 선택의 문제 등을 다루는 상담활동.

구강기(oral stage)

프로이트 이론에서 심리성적 발달의 첫 단계로써 생후 1년 6개월까지의 시기, 주로 어머니의 젖을 빨고 삼키는 행위를 통해서 쾌감을 얻는 시기를 말한다.

구성주의(constructivism)

포스트모더니즘을 함축하는 이론으로써 객관적이고 절대적인 실재는 존재하지 않으며, 진리와 실재란 각 개인의 삶의 과정에서 구성되는 것이라고 본다.

구조적 가족치료(structural family therapy)

미누친이 발전시킨 모델로서 경계선, 하위체계, 위계 구조의 개념을 통해 가족의 상호작용 구조를 파악할 수 있다고 보며, 치료 목적은 증상이나 문제의 제거가 아니라 가족을 재구조화하는 것으로 보는 가족치료 초기모델 가운데 하나이다.

구호욕구(need of succorance)

혈육 혹은 기타 형태로 연관된 사람으로부터 동정을 받고자 하는 욕구. 이 욕구가 있는 사람은 자신이 받은 상처를 과장되게 표출하면서 항시 헌신적인 보호자를 곁에 두고 있으면서 원조, 승인, 보호, 조언, 안내 그리고 관심의 초점이 되기를 바라는 경향이 있다.

귀환반응(feedback)

자기 자신의 행동결과에 대한 자료를 제공해주는 정보이다. 행동에 대한 보상이나 처벌도 귀환반응은 반응자의 지각내용에 따라서 바르거나 틀릴 수 있다.

기면(somnolence)

기면증은 낮에 지나치게 졸린 증상과 함께 자기도 모르게 1~15분 동안 잠에 빠지는 수면 발작을 주 증상으로 한다. 수면 후 어느 정도 정신이 맑아지고 잠이 덜 오는 것을 느끼나 1~2시간이 지난 후에는 다시 계속 졸린 증상을 보인다. 대개 10대에 이러한 증상이 시작된다. 그 병적 기전을 보면 정상의 경우 각성상태나 REM 수면이 NREM 수면에 의해 억제를 받는데, 기면증에서는 REM 수면이 억제되지 않고 갑자기 뛰쳐나오는 것이라고 설명되고 있다.

기본귀인 오류(fundamental attribution error)

타인의 행동을 설명할 때 상황의 영향은 과소평가하고 개인의 특성의 영향은 과대평가하는 경향이다.

기분장애(mood disorders)

기분 삽화가 주요 특징인 장애들. 기분 삽화에는 주요 우울증 삽화, 조증 삽화, 혼재성 삽화 그리고 경조성 삽화가 있다.

기억과잉(hypermnesia)

회상의 양적 장애의 하나이고, 회상능력이 이상하게 항진되고 있는 상태를 말한다. 이 상태에서는 과거의 기억이 놀랄 정도로 생생히 세부까지 역력하게 떠오르는 것이고, 발열시 꿈, 최면상태, 간질 발작, 때로는 정신분열증에서도 볼 수 있다. 정신박약자 가운데에는 주거 표시, 연월일, 전화번호, 요일 등 기계적 기억에 관해서만 지능과 관계없이 놀랄 정도로 뛰어난 경우가 있다. 이러한 기억과잉은 별로 중요하지 않은 사실을 중요한 사실과 마찬가지로 동등하게 기억하는 경우가 많으며, 이로 인해 오히려 실제로는 어떤 사고를 유추하는 데 도움을 주지 못하는 경우가 있다. 경조증 환자나 편집증 환자의 경우에는 증상을 더욱 악화시키는 결과를 가져온다.

기억착오(memory span)

과거에 없었던 일을 있었던 것처럼 기억하나 사실과 다르게 기억하는 현상. 결손기억을 메우기 위한 현상으로 작화증을 수반하는 경우가 많다. 코르사코프 증후군에서 전형적으로 나타나며 기타 기질성 뇌증후군에서도 흔히 나타난다.

기적질문(miracle question)

문제 자체를 제거하거나 감소시키지 않고 문제와 떨어져서 해결책을 상상하게 하는 질문으로써 내담자가 문제에 대한 집착에서 벗어나 바꾸고 싶어 하는 것을 스스로 설명하게 하여 해결중심 영역으로 들어가며 목표 설정에 도움이 되는 해결중심 모델의 질문기법이다.

기질(temperament)

개인의 체질적인 반응 양상을 말하며, 전반적인 정력의 수준, 감정적 구조 그리고 반응의 강도와 속도 등과 같은 특징을 포함한다. 이러한 양상들은 선천적인 근거를 가지고 있고, 어렸을 때부터 나타나는 것으로 생각되고 있지만, 어느 정도는 생활 경험에 의하여 수식되기도 한다.

꿈의 분석(dream analysis)

개인의 정서적 문제의 근원에 대한 정보를 얻기 위해 꿈의 내용을 분석하는 것. 정신분석가가 사용하는 방법으로 꿈속에 내재된 무의식적 원망 및 동기의 속성이 명백해질 때까지 내담자에게 꿈의 내용에 관한 자유연상을 시키며, 또한 꿈의 상징 내용을 해석하기도 한다.

낙인효과(stigma)

피그말리온 효과와는 반대로 나쁜 사람이라고 부정적인 낙인이 찍히면 그 낙인에 걸맞은 행동을 한다는 것이다.

내담자 중심 치료(person centered therapy)

1940년대 로저스에 의해 시작된 것으로 상담자가 솔직성, 일치성, 긍정적 배려 그리고 비판적이 아닌 깊은 공감적 이해를 보임으로써 개인의 성장 잠재력을 끌어낼 수 있다는 것이 그 주된 가정이다. 즉, 인간은 자신의 심리적 부적응 상태의 요인을 벗어나서 심리적 적응의 상태로 향하는 능력 및 경향성을 가지고 있다고 본다.

내사(introjection)

① 부모의 초자아를 흡수하는 과정. ② 자신의 특징이나 정신적 과정을 생명이 없는 대상에 투사하는 것.

노출증(exhibitionism)

성적 흥분을 얻기 위하여 자신의 성기를 공공연하게 노출시키는 강박 행동을 의미한다. 이들은 성기를 노출시키는 것만으로 만족하지 낯선 사람과의 그 이상의 성행위를 갖고자 하지는 않는다. 이 행위는 남성이 나이 어린 여성 또는 성인 여성 앞에서 하는 것이며, 성기를 노출시키고 자위행위를 하는 경우도 있다.

놀이치료(play therapy)

① 어린이의 성격연구와 행동문제의 치료를 위해 사용되는 기법으로써 어린이가 놀이하는 가운데 자신의 갈등을 표현하도록 한다. ② 내면적인 부적응을 일으키게 하는 감정과 정서를 표현할 수 있도록 놀이를 심리적 정화의 도구로 이용하는 것이다. ③ 유희요법은 어린이의 적응문제를 진단하는 기법으로 유용하게 사용할 수 있다.

다면적 인성검사(MMPI)

피검사자가 찬성 또는 불찬성을 나타내는 500여 개의 진술 문항을 포함하는 성격검사. 반응형태에 따라 건강염려증, 우울증, 히스테리, 반사회적 이상행동, 남녀성, 편집증, 정신분열증, 조증, 신경쇠약증, 사회적 내향성, 외향성에 대한 경향을 잴 수 있다.

다운증후군(down's syndrome)

임신 순간에 수정체가 한 개의 염색체를 더 받아서 총 47개의 염색체를 가진 수정체가 되어서 생기는 기능 이상. 신체적 장애와 지적 장애를 수반한다.

다중인격장애(multiple personality disorder)

해리장애의 하나로써 한 사람 속에 둘 또는 그 이상의 뚜렷이 다른 인격이 존재하는 경우를 말한다. 때에 따라 그중에 어느 하나의 인격이 그 개인을 지배하게 된다. 본래의 인격은 해리되어 나간 인격의 존재를 알지 못하고, 해리되어 나온 인격은 본래의 인격과는 대조적인 성격을 지니게 되며 그 나름대로의 독특한 주체성, 성명, 그리고 관계성을 가지고 있다. 어느 하나의 인격으로부터 다른 하나의 인격으로의 이동은 정신적인 충격을 계기로 하여 갑작스럽게 일어난다.

다지능이론(multiple intelligence theory)

Gardner가 주장한 지능 이론으로 기존의 인지 능력을 측정하는 요인 이외에 음악, 대인관계, 신체 등의 요인도 포함시켜야 한다는 이론이다.

단기기억(short term memory)

작업 기억을 포함하여 비교적 짧은 기간 동안 우리가 현재 기억을 유지하고 있는 동안의 기억을 의미한다.

대면집단(encounter group)

다른 사람과의 관계 및 자기 자신의 심리적 과정을 탐색, 경험하는 훈련 집단이다. 이와 비슷한 집단으로 실험실 방법집단, 훈련 집단, 감수성집단 등이 있다.

대처질문(coping question)

자신의 미래를 매우 절망적으로 보기 때문에 아무런 희망이 없다고 하는 내담자에게 주로 사용하는 질문으로, 어려운 상황 속에서 어떻게 견딜 수 있었고 잘 대처해 왔는지를 질문함으로써 내담자로 하여금 자신이 미처 인식하지 못했던 자원과 성공적 경험 및 장점이 있었음을 깨닫게 하는 해결중심 모델의 질문 기법이다.

도구적 / 조작적 조건형성(instrumental / operant conditioning)

행동에 따르는 결과에 의해서 행동이 강화되거나 약화되는 현상. 즉, 행동에 이어서 나타나는 결과와 관련성을 학습하는 것을 의미한다.

도시증(voyeurism)

주로 남성에게서만 볼 수 있는 정신성적 장애의 하나로 전혀 눈치를 채지 못하고 있는 사람이 나체로 있거나 옷을 벗고 있거나 또는 성행위를 하는 장면을 보는 것만이 성적 흥분을 얻는 유일한 방법인 경우를 말한다. 도시증 환자는 그가 벗고 있는 사람과의 성 관계에는 전혀 관심이 없으며, 몰래 보면서 자위행위를 하거나 또는 보고 나서 그 장면을 회상하면서 자위행위를 한다.

독서요법(bibliotherapy)

상담 및 심리치료의 보조 수단으로 내담자의 자기이해 감정적 순화에 필요한 독서 자료를 읽도록 하는 방법.

동기(motive)

① 개인에게 향한 목표행동을 유발하고 유지시키는 개인 내의 긴장 상태. ② 개인이 자기의 행동에 부여하는 의식적, 무의식적 이유. ③ 충동.

동기요인(motivator)

성취감, 인정, 책임감 등 일 자체에 내재해있는 요인들로 작업자들의 동기를 높이는 요인이다.

동물애(zoophilia)

성적 흥분을 얻기 위해서 동물이 반복적으로 또는 전적으로 선택되는 것. 이때의 동물은 대개 집안에서 키우는 동물이며, 동물과의 직접적인 성교 또는 동물을 훈련시켜 자신의 국부를 핥게 하거나 마찰함으로써 성적 만족을 추구한다.

동일시(identification)

충동이 용납될 수 없는 것일 경우, 충동 그 자체는 부정되지만, 그 충동을 갖고 있는 어떤 사람(그의 일면을 느낌으로써)과 동일화함으로써 받아들이는 과정을 말한다. 예를 들면, 강한 공격적 충동을 억압하고 있는 사람이 강력하고 공격적인 히틀러와 같은 사람과 동일시하거나(공격자와의 동일시, identification with the aggressor) 또는 아들이 무서운 아버지를 닮은 경우, 강한 성적 욕망이 있는 여자가 화려한 생활을 하는 여

배우와 동일화하는 것 등이다. 즉, 동일시란 부모, 형, 윗사람 등 주위의 중요 인물들의 태도와 행동을 닮는 것을 말하는데, 이는 단순히 흉내(imitation)와는 다른 것이다.

동일행동(coaction)

여러 사람이 동일한 과제를 개별적으로 수행하는 상황. 학교 체육 시간에 여러 사람이 각자의 줄로 줄넘기하는 경우나 농구코트에서 여러 사람들이 각자의 공을 가지고 자유투를 연습하는 경우 등이 이에 해당한다.

둔화(desensitization)

이전에 심하게 불안을 경험한 상황에서 편안하게 느낄 수 있도록 만드는 심리치료의 방법으로 불안상황에서 단계적으로 노출시킴으로써 정서적 반응을 약화시키는 것.

라포(rapport)

① 상담자와 내담자 사이의 따뜻하고 신뢰하는 관계. ② 심리검사에 있어서 검사자와 피검사자 사이의 안락하고 따뜻한 분위기. 상담의 촉진적 관계의 예비적 단계라고 볼 수 있다.

로르샤하 검사(Rorschach test)

대칭적인 잉크반점을 가진 10개의 카드를 자극으로 하여 얻은 반응을 토대로 피검사자의 성격을 평가하는 검사. 투사법에 속하는 성격검사.

로미오와 줄리엣 효과(Romeo&Juliet effect)

부모들이 반대할수록 애정이 더 깊어지는 현상. 반발 심리와 인지 부조화(cognitive dissonance) 때문에 로미오와 줄리엣 효과가 나타난다. 인지 부조화란 태도와 행동이 일치하지 않을 경우 사람들이 느끼는 긴장과 불안을 말한다. 사람들은 긴장과 불안을 감소시키려고 태도나 행동 중 하나를 바꿔 태도와 행동을 일치시키려는 경향이 있다.

로젠탈 효과(Rosenthal effect)

타인의 기대나 관심으로 인하여 능률이 오르거나 결과가 좋아지는 현상. 로버트 로젠탈이 주장한 자기 편파, 자성적 자기 충족적 예언의 한 형태로, 자성적 예언, 자기 충족적 예언이라고도 한다. 로젠탈은 사회상황에서 실시한 실험에서 지적 능력이 평범한 아동들을 교사에게 잠재능력이 특별한 아동들로 소개하면서 잘 가르치면 그 능력을 발휘할 것이라는 믿음을 심어주었다. 그 결과, 교사는 이를 믿고 열과 성을 다해 아이들을 가르치게 되어 보통의 지능지수를 가지고 있는 아이들이 다른 반 아이들에 비해 탁월하게 높은 학업성적을 올렸다. 개인은 중요한 타인의 기대에 부응하는 쪽으로 변하려고 노력하여 결국 그렇게 된다는 것이고, 학교 장면에서 교사의 관심은 학생에게 긍정적인 영향을 미치는 심리적 요인이 된다는 점을 강조하고 있다.

말 더듬기(stuttering)

말 더듬기는 DSM- Ⅳ에서 의사소통장애에 포함된다. ICD- 10에서는 이를 소아 및 청소년기 발병 기타 행동 및 정서장애 중 하나로 분류하고 있다. 이는 말할 때 음이나 음절을 자주 반복하거나 지연시키거나, 한 단어 사이를 쉬어서 발음하기 때문에 유창하게 말하는 것이 나이에 비해 현저한 장애가 있는 것으로 정의된다. 대부분 소아기에 발생한다. stammering은 말 더듬기와 같은 의미로 사용된다.

망각(forgetting)

인출, 즉 기억해 내려 할 때에 주어진 또는 스스로 생성해 내는 인출 단서들이 이전에 목표 자극을 부호화(학습)했을 때의 단서들과 일치하지 않기 때문에 일어나는 현상이다.

망상(delusion)

사실의 제시나 논리에 의해 수정될 수 없는 잘못된 사고. 계속적이고 체계적인 망상은 정신병적 상태와 편집반응의 특징이다. 망상은 왜곡된 지각이나 대상 없이 자각하는 환각과 구별되는 것이다.

망상형 정신분열병(schizophrenia paranoid)

망상에 대한 집착이 있거나 빈번한 환각이 현저한 정신분열병을 의미한다.

머피의 법칙(Murphy's law)

시간적으로 단순히 앞선 사건이 나중에 일어나는 사건의 원인이라고 착각하는 지적 오류를 말한다. 머피의 법칙은 사람들이 모든 현상의 원인을 찾으려 하기 때문에 나타나는 심리적 현상으로 논리학에서는 이런 현상을 '거짓 원인의 오류'라고 한다. 머피의 법칙이 다소 부정적이고 구세대적이라면, 요즘 새롭게 등장한 '샐리의 법칙'은 긍정적, 신세대적이라고 할 수 있다. 샐리의 법칙은 머피의 법칙과 반대되는 현상이다.

명료화(clarification)

비지시적 상담치료에서 내담자가 방금 이야기한 것의 의미를 요약하고 더 분명하게 해주는 상담자의 진술을 말한다. 이때 상담자는 내담자에 대한 비판적인 태도를 보여서는 안 된다.

명상(meditation)

감정과 직관력을 담당하는 뇌의 우반구를 사용하여 '지금– 여기'에 존재하게 하는 활동으로 자신의 내·외적 자원을 감사히 생각하고 충분히 활용할 수 있게 하며, 새로운 에너지를 갖고 새로운 선택과 가능성을 추구할 수 있도록 함으로써 변화와 성장이 일어나게 하는 치료 도구이다.

모델링(modeling)

내담자가 획득해야 할 바람직한 행동의 실제적, 상징적 본보기를 제공함으로써 모방 및 관찰을 통해 조기의 행동을 학습하도록 하는 방법.

몸짓언어 교류(body language communication)

표정, 눈빛, 손짓, 자세 등 온갖 동작이 표현하는 정보 교류를 말한다. 때로는 언어보다 비언어가 더욱 진실성이 강하며 상담자는 내담자의 비언어에 집중할 필요가 있다.

몽유증(somnambulism)

제4단계 수면상태에서 되풀이되어 나타나는 장애로서 일어나 앉아서 이불을 끌어당기고, 잠자리에서 일어나서 걸어 다니거나 문을 연다거나 또는 음식을 먹는다거나 하는 행동을 약 30분가량 하게 된다. 이때에 말을 걸어 보거나 잡아 흔들어 보아도 공허한 눈길로 쳐다볼 뿐 반응이 없다. 따라서 정신을 차리게 하기가 대단히 곤란하다. 다음 날 아침에 깨어나서 그런 삽화에 대해 전혀 기억을 해내지 못한다.

무감각(apathy)

① 감정이나 흥분을 유발하게 마련인 상태에서 감정 정서를 일으키지 못하는 것. ② 매우 억압된 상태에서처럼 자신의 주위 환경에 무관심한 것.

무도병(chorea)

급속하고 복잡한 불규칙 수축성 운동이 다양한 정도로 끊임없이 일어나는 경련성 정신병. 그 근육운동은 잘 조화된 협조운동같이 보이지만 불수의적으로 일어나며 흥분 또는 우울과 더불어 정신장애를 수반하기도 한다.

무의식(unconsciousness)

개인이 잊었고 기억해 낼 수 없는 기억과 생각. 정신분석에서는 꿈, 자유연상 등을 통해서 무의식의 내용을 추적, 해석한다.

무조건 반응(Unconditioned Response: UR)

고전적 조건형성에서 사전훈련 없이 무조건적 자극에 의해 방출되는 반응이다.

무조건 자극(Unconditioned Stimulus: US)

고전적 조건형성에서 무조건 반응으로 방출시키고 강화로도 사용되는 자극을 의미한다.

무조건적 긍정적 배려(unconditional positive regard)

내담자에 대한 배려, 수용에 있어서 조건이 없다는 뜻이다. 즉, 내담자를 선택적으로 평가하지 않으며 탐색, 동의, 반대, 권위적 해석 등을 가능한 피한다. 이러한 상담자의 태도는 내담자를 진지하게 받아들이고 내담자의 자기 이해나 긍정적인 변화를 위한 능력을 완전히 믿는 데서 나올 수 있다.

물품음란증(fetishism)

전적으로 남성에게서만 볼 수 있는 성변태증의 하나로써 성적 흥분을 얻기 위해서 무생물, 즉 물품을 선택하는 것이 그 본질적 양상이다. 신발 속에 대고 자위행위를 하는 경우에서처럼 성행위에 물품만이 포함되기도 하고 어떤 때는 이성을 상대로 하는 성행동의 한 부분으로 물품의 사용이 포함되기도 한다. 후자의 경우에는 성적 흥분을 얻기 위해서 어떤 물품이 필수적인 역할을 하게 되며, 그 물품이 없으면 남자는 발기가 되지 않는다. 즉, 여성과 성관계를 가질 때 그 여자가 굽 높은 구두를 신고 있어야만 성적 흥분과 만족을 얻을 수 있는 경우가 이에 해당한다. 이런 목적을 위해서 선택되는 물품들은 대개 여성의 내의 같은 옷이라든지 구두, 장화 또는 드문 경우이기는 하지만 모발이나 손톱 같은 것들이다. 대개 이런 물품들은 아동기 때 가장 가까웠던 사람, 특히 자기를 돌보아 주었던 사람과 밀접한 관계를 가지고 있는 것들이다.

물활설(animism)

물체가 생명과 의식, 즉 영혼을 가지고 있는 것 같이 생각하는 경향을 말하며 원시인과 유아의 사고 형태의 특징이라고 할 수 있다. 구름, 태양, 달, 불길, 흐르는 강, 또는 바람과 같이 움직이고 있는 것들 또는 움직이고 있는 것 같이 보이는 물건들을 살아있는 것으로 파악하고 움직이는 물건은 그 자체가 움직이고 있음을 알고 있는 것같이 생각하는 것을 말한다. 유아에게는 아직 확실하게 객관적이고 논리적인 사고가 형성되어 있지 않기 때문에 자기중심적 사고가 우세한 위치를 차지하고 있다. 2~6세 사이에서 흔히 볼 수 있는 사고방식이다.

미소뇌 장애(minimal brain dysfunction)

비교적 가벼운 뇌 기능의 손상을 말하며 지각, 행동 그리고 학습능력에 미묘한 영향을 주게 된다. 거의 평균 수준 또는 평균 수준보다 높은 지능을 가지고 있으면서 경중의 차이는 있지만 중추신경계의 기능장애와 관계가 있는 특정한 학습장애 또는 행동장애를 나타내는 아동들의 경우에 적용되는 용어이다. 이런 기능장애는 지각장애, 개념형성 장애, 언어장애, 기억력장애, 주의력, 충동 또는 운동기능의 조절장애 중 여러 가지의 배합상태로 나타난다. 이런 상태의 결과는 상당히 다양해서 신체상의 왜곡, 어색한 몸놀림, 원근감의 착란, 과다행동, 불안정한 감정, 난잡한 몸가짐, 주의집중 기간의 단축 그리고 언어장애들이 나타날 수 있다.

바이오피드백(biofeedback)

사람이 의도적으로 통제할 수 없는 자율신경계통의 생리적 반응을 통제하는 것을 학습하는 기법이다.

반동형성(reaction formation)

무의식적으로 작용하는 정신방어기전의 하나로써, 의식적, 또는 무의식적으로 지니고 있는 바람직하지 못한 충동이나 속성을 부정하기 위해서 그것들과는 정반대되는 정서, 생각, 태도 그리고 행동을 취하게 되는 경우를 말한다. 예로서, 편견을 숨기기 위해 관용을 설교하는 경우라든지 또는 아이에 대한 싫은 감정을 부정하기 위해 아이를 맹목적으로 사랑하는 어머니의 경우 등을 들 수가 있다.

반복강박(repetition compulsion)

정신질환에서 흔히 보는 양상으로, 경험으로부터 배우지 못하고 계속 일정한 병적 행동 양상을 반복하는 것이다. 이는 무의식이 주로 행동을 결정하기 때문이다. 미숙한 자아는 실패를 거듭함에도 불구하고 같은 행동 양상을 되풀이하기 쉽니다. 예를 들어, 결혼에 계속 실패함에도 불구하고 전과 같이 알코올 중독자와 결혼을 또 하는 것이다.

반사회성 성격장애(antisocial personality disorder)

생활 전반에 걸쳐서 타인의 권리를 무시하거나 침해하는 행동을 보이며, 이런 행동은 소아기부터 시작하여 성인기까지 계속된다.

반영(reflection)

비지시적 상담에서 내담자가 언급한 인지적, 정서적 요점을 분명히 하기 위하여 내담자가 한 말을 상담자가 다시 진술하는 것을 말한다.

반항성 장애(oppositional defiant disorder)

권위 있는 인물에 대해 거부적, 도전적, 불복종적, 적대적 행동을 하는데 적어도 6개월 이상 지속한다.

반향동작(echopraxia)

반향현상은 다른 사람의 여러 가지 행동, 표정, 몸짓, 동작 또는 외치는 소리를 그대로 모방하는 현상으로, 환자는 자기의 자유의사에 따라서 타인의 언동을 취사선택할 수가 없으며 자동적으로 받아들이게 된다. 이런 현상 중의 하나로써 주위 사람들의 몸짓과 동작을 반사적으로 모방하는 행동이 있다.

반향언어(echolalia)

다른 사람의 여러 가지 행동, 표정, 몸짓, 동작 또는 외치는 소리를 그대로 모방하는 반향현상의 일종으로 상대방이 간단한 질문을 한다거나 짧은 단어나 문장을 말하면 그것을 앵무새같이 모방하는 것이다.

발모광(trichotillomania)

강박적으로 머리털을 뽑는 행위. 신체의 털, 즉 때로는 음모인 경우도 있지만 대개는 머리털을 잡아 뽑는 경우를 말하며, 주로 여아들에서 볼 수 있다.

발양(elation)

극단적인 환희, 과장된 낙천성, 가만히 있지 못하는 흥분 등이 일어나는 상태를 말한다. 급성 조증의 주증상의 하나이며, 그 이외에도 진행성 마비, 정신분열증적 흥분, 뇌종양 때문에 일어나는 정신병 등에서도 볼 수 있다.

방어기제(defense mechanism)

자아가 불안에 대응 대처하는 데 동원하는 갖가지 심리적 책략을 방어기제 또는 정신기제라고 부른다. 대응과 다소 구별되기는 하나 정확히 구분하기는 어렵고 서로 중첩적인 점이 많다. 즉, 방어기제도 긍정적 내지 적응적으로 사용되기도 한다는 것이다. 우리들 모두는 정상인이든, 환자이든 이러한 방어기제들을 계속해서 사용하고 있다. 인간이 가진 성격상의 특성이란 '평소와 위기상황 양면의 생활에서 어떤 방어기제들을 어느 정도 두드러지게 쓰느냐'는 것이라고도 볼 수 있다. 방어기제는 주로 무의식적으로 나타나며, 부정, 투사, 억압, 합리화가 그 예이다.

방화광(pyromania)

충동조절장애의 하나로써 그 특징은 ① 경제적, 사회적, 정치적 또는 기타의 동기 없이 불을 지르고, 불타는 광경을 보고 싶은 충동을 억제하지 못하는 것이 되풀이된다. ② 불을 지르기 전까지 긴장감이 점차 증가하고, 불을 지르는 행동을 통해 강한 쾌감, 만족감 또는 해방감을 경험한다.

베르테르 효과(werther effect)

괴테의 소설 「젊은 베르테르의 슬픔」에서 주인공 베르테르는 로테와의 사랑을 이루지 못하고 끝내 권총 자살로 생을 마감한다. 이 소설이 19세기 유럽의 젊은이들 사이에서 공감대를 형성하며 널리 읽히자 소설의 주인공 베르테르처럼 자살하는 젊은이들이 급증했다. 그런 현상에 비유해 어떤 유명인이 죽은 다음 동조 자살하는 현상을 '베르테르 효과'라 이름 붙인 것이다.

변태(paraphilia)

성적 흥분을 얻기 위해서 보통이 아닌 괴이한 심상이나 행위가 필요한 정신성적 장애의 한 집단이다. 이 장애에는 다음과 같은 특수형이 있다. 즉, 물품음란증, 의상도착증, 동물기애증, 아동기애증, 노출증, 도시증, 성적 피학증, 성적 가학증 등이다. 성변태의 심상이나 행위는 몇 가지의 형태를 취할 수 있다. 즉, 성적 흥분의 목적으로 동물이나 이성의 의복과 같은 비인간적인 대상을 선택하는 것, 실제적이거나 또는 위장된 고통 또는 모욕, 즉 회초리질을 한다거나 꽁꽁 묶어놓는다거나 하는 행위를 내포하는 인간과의 성행위의 반복 또는 합의하지 않은 대상과의 성행위의 반복 등이다.

보강(reinforcement)

① 고전적 조건형성에서 조건자극에 뒤따라 무조건 자극을 제시하는 실험적 절차. ② 조작적 조건형성에 조건반응에 유관하게 자극을 제시하는 결과. ③ 일반적으로 어떤 행동이 계속되도록 격려하고 지지할 때 '보강한다'고 말한다.

보상(compensation)

약점이나 실패를 다른 것으로 보충함으로써 자존심을 회복하려는 자아 방어기제. 실제적인 것이든 상상의 것이든 개인 자신의 성격, 외모, 지능 등의 결함을 보완하기 위해 취하게 되는 무의식적 노력이다. 즉, 심리적으로 어떠한 약점이 있다고 여기는 사람이 약점을 보완하기 위해 다른 것을 과도하게 발전시키는 정신현상으로 학교 성적이 나쁜 아동이 물질적으로 과시하는 것, 몸이 약해 운동을 잘 못 하는 아동이 공부를 열심히 해서 좋은 성적을 받는 것, 키나 몸집이 작은 사람이 목소리는 큰 것, 혹은 제대로 교육받지 못한 부모가 자녀의 교육에 지나치게 집착하는 것 등이 그 예이다.

보속증(perservation)

하나의 사고에 되풀이해서 또는 계속해서 집착하는 경우를 말하며, 한 관념이 지속적으로 반복 표현된다. 즉, 어떤 다른 질문에도 같은 대답을 하는 것이다. 실어증, 강경증 및 노인성 치매 환자에게서 볼 수 있다.

복장도착성·물품음란증(transvestic fetishism)

남자에게서만 볼 수 있다. 성적 흥분을 목적으로 여성의 복장을 사용하는 것이다. 소아기나 사춘기 초기에 시작된다. 이성의 복장을 하는 것을 금지하면 심한 욕구불만이 일어난다.

복합가족(stepfamily)

이혼 혹은 재혼 등으로 생물학적 혈연이 없는 구성원이 포함되어 이루어지는 가족의 형태.

본능(instinct)

①유기체가 어떤 방식으로 행동하도록 하는 타고난 생물학적 힘. ② 학습 받지 않은 새들의 집 짓는 행동에서 보이는 것처럼 특유의 유형화된 목표 지향적 행동.

부적강화(negative reinforcement)

전기쇼크나 고통같이 자극이 반응 뒤에 제거되거나 감소함으로써 반응빈도를 증가시키는 절차를 의미한다.

부적연습(negative practice)

문제 행동과 유관 되는 과잉교정의 한 형태로 개인으로 하여금 부적응 행동을 여러 차례 반복적으로 수행하게 함으로써 혐오자극이 되게 하는 벌의 형태. 아동이 성냥을 가지고 놀면 아동으로 하여금 수백 번 연속적으로 성냥을 켜게 하도록 하는 것이 그 예이다.

부적응(maladjustment)

① 환경에 적절히 반응하지 못하고 문제해결적인 행동양식이 결여된 상태. ② 정신병 등에서 매우 불안하거나 특이하게 행동하는 것.

부정성 효과(negative effect)

인상형성에서 긍정적 특성보다 부정적 특성이 더 큰 영향을 미치는 현상이다.

분노발작(temper- tantrum)

2세에서 4세 사이에 흔히 나타나는 격렬한 분노 폭발을 말한다. 소리 지르고 발로 차고, 물고, 때리고, 벽이나 의자에 머리를 찍는 행동들이 이러한 발작 중에 나타난다. 이러한 삽화는 그 직전에 경험한 유발인자와는 그 정도가 현격히 차이가 난다. 따라서 누적된 긴장과 좌절의 표현으로 볼 수 있다.

분리(isolation)

무의식적 방어기전의 하나이다. 고통스러운 불안을 일으키는 느낌을 막아 내기 위해서 감정을 경험하지 않으면서 또는 냉철한 태도를 취하면서 외상적 사건을 상기해 내는 방법을 사용하는 경우를 말한다. 병적인 형태는 반복적인 생각과 행동에 대한 강박적인 집착, 기억상실과 같은 해리반응 그리고 정신분열증 환자에서의 현실접촉의 상실 등에서 볼 수 있다.

분리(splitting)

자기와 남들의 심상과 자기에 대한 태도에서 '전적으로 좋은 것'과 '전적으로 나쁜 것'이라는 두 개의 상반된 정서를 자아가 가지는 것을 말한다. 이는 경계선 장애에 많다.

분리불안(separation anxiety)

어머니나 어머니 대리자로부터 분리되거나 또는 분리될 것 같은 상황에서 어린이들이 느끼는 정상적인 불안 또는 두려움을 말한다. 분리불안은 생후 6개월경에 처음 나타나며 6개월에서 10개월 사이에 가장 현저히 나타난다. 성장 후에 사랑하는 사람과의 분리가 일어나면 이와 유사한 불안이 일어나며 이 경우에 심한 공포감이 일어날 때에는 신경증적 애착이 있었음을 말해준다.

분열적 성격(schizoid personality)

공격적 충동을 직접적인 방법으로 표현하는 데 어려움이 있고 내향적이고 폐쇄적인 사고를 하며 다른 사람과 괴리되어 있는 성격.

분열정동장애(schizoaffective disorder)

정신분열증상에 현저한 우울증이나 또는 기분 항진의 장애가 첨가되는 경우를 말한다. 이들에게 우울증이 첨가되었을 때에는 정신운동성 지연과 자살사고가 나타나게 되며, 동시에 터무니없는 피해망상이 나타나기도 한다. 또한, 외부의 어떤 힘에 의해 조정받고 있다고 호소하기도 하고, 기타의 뚜렷한 정신분열증적 사고장애를 나타낸다. 어떤 경우에는 정신분열증의 증상을 나타내면서 기분이 좋아지고 장난을 잘 치며, 행동이 많아지는 수도 있다. 이 경우의 진단은 정신분열증의 증상이 확실히 있다는 것을 파악했을 때에만 내려질 수 있다.

불안(anxiety)

① 특정한 원인이 없이 미래에 대한 두려움과 근심걱정이 있는 상태. ② 경미한 정도의 만성적 공포라고 볼 수 있으나 일반적인 공포보다 그 대상이 구체적이지 않다. ③ 습득된 회피반응을 포함하는 2차적 충동.

불안위계(anxiety hierarchy)

단계적 둔화를 위해 작성되는 것으로써 내담자에게 가장 불안을 많이 야기시키는 상황에서 가장 적게 일으키는 상황에 이르기까지의 목록이다.

불안장애(anxiety disorder)

불안할 이유가 없는데도 불안해지거나 과도하게 불안이 심하여 사회생활의 적응이 어려워지고 일상생활이 잘 안 되는 상태이다.

비접합적 과제(disjunctive task)

시험에 대비하여 여러 사람이 함께 예상문제에 대한 답을 구하는 경우처럼, 집단 구성원들 가운데 능력이 가장 뛰어난 사람에 의해서 집단 전체의 수행 수준이 결정되는 과제이다.

비지시적 치료(non- direction therapy)

내담자가 주도권을 가지고 표현할 수 있도록 하는 심리치료이다. 상담자는 최소한의 지시를 하며 따뜻하고 수용적인 분위기를 조성하여 내담자가 자신의 문제를 솔직하게 토의할 수 있도록 한다. 심문식의 질문 또는 해석을 하지 않고 주로 내담자의 표현을 반영해 주고 명료화시킨다.

빙산치료(iceberg)

개인의 행동 이면에 있는 기대, 감정, 감정에 대한 감정, 지각, 열망 그리고 자아에 대해 탐색하며, 이를 통해 자기가치를 찾고 자아통합을 하도록 돕는 경험적 치료기법이다.

빙의 망상(delusion of possession)

귀신, 악령, 동물이 자신의 몸속에 들어와 지배한다는 망상이며, 비슷하게 자신이 동물이나 괴물로 변신했다는 망상, 즉 수화증(lycantropy)도 있다.

사고비약(flight of idea)

한 생각에서 다른 생각으로 계속 연상이 빨리 진행되며 목적에 도달하지 못하는 것이다. 빗나가는 사고(tangentiality)라고도 한다. 가속된 내적 욕구와 주의산만 때문이며 조증에서 흔히 본다. 특수한 예로써 음연상(clang association)은 음에 따라 새로운 관념이 연상되는 것이다. 예를 들면 우연히 시작된 '사' 발음 때문에 '사람, 사슴, 사랑' 등으로 무의미한 연결을 보인다. 전형적으로는 조울 정신병의 조증에서 볼 수 있는 증상이다.

사고지연(retardation)

사고비약에서 사고의 흐름이 비정상적으로 빨랐던 것과는 반대로 사고의 시작과 진행이 지나치게 느린 것이다. 흔히 목소리도 낮다. 이런 증상을 갖고 있는 환자들은 흔히 생각이 잘 떠오르지 않는다든지 생각하기가 힘들다고 호소하는 경우가 많다. 이 증상은 우울증에서 흔히 보며, 때로는 정신분열증에서도 볼 수 있다.

사고축출(thought withdrawal)

기괴한 망상으로 자기 생각이 외부의 어떤 힘에 의해 빼앗긴다고 믿는 증상이다.

사례연구(case study)

한 사람의 개별적인 특성을 밝히기 위한 심리학적 방법으로 개인에 대한 복합적인 자료들이 장기간에 걸쳐 수집·분석된다. 개별 기술적 성격 연구에서 뿐만 아니라 임상, 상담심리학에서 실제적, 진단적인 목적을 위해서 흔히 쓰이는 방법이다.

사이코드라마(psychodrama)

치료과정에서 환자들이 어려움이나 갈등에 관해 직접 토론하는 대신에 자신의 어려움을 유발한 다양한 대인관계 상황을 언어와 행위를 통해 재창출하고 재경험하도록 하는 집단역동 기법을 말한다.

사회공포증(social phobia)

다른 사람들의 시선을 끌 수 있는 사회적 상황에서 모욕당하거나 당황하게 되는 상황에 대한 공포. 대중 앞에서 말을 한다거나 음식을 먹는다거나 글을 쓴다거나 또는 공중화장실을 사용한다거나 하는 따위의 다른 사람들로부터 주시당하는 상황에 대해, 지속적이며 비합리적 공포증 및 그러한 상황을 피하고자 하는 강박적인 욕망 등이 특징적으로 나타나는 불안장애의 하나이다. 이와 더불어 다른 사람들로부터 수모를 받거나 무안을 당하게끔 행동하면 어떻게 하나 하는 두려움이 수반된다.

사회적 보상(social compensation)

사회적 태만과 반대되는 현상으로 집단에서 자신의 노력을 높여서 집단 전체 노력의 부족분을 메우는 현상을 의미한다.

삼각관계(triangles)

2인 관계에서 긴장이 심해질 때 관계불안을 감소시키기 위해 제삼자를 끌어들여 3인 체계를 만듦으로써 긴장을 해소하는 정서적 역동방식이다.

상담(counseling)

조언, 명료화, 해석 및 전문적인 교육방법을 통해 인지정서행동의 변화를 가져옴으로써 내담자의 문제해결과 성장을 도와주는 여러 가지 과정 및 활동을 뜻함.

상호억제(reciprocal inhibition)

① 행동 수정의 일정으로 제거될 반응과 양립할 수 없는 반응들을 함께 제시하는 고전적 조건형성이다. ② 상호방해 때문에 두 가지 연상 중 한 가지를 기억할 수 없음. ③ 길항근의 수축과 동시에 일어나는 근육의 이완.

상환(restitution)

무의식에 있는 죄책감을 씻기 위해 일부러 고생하는 행동. 즉, 상환행위로 죄책감으로부터 벗어나려는 기제이다. 예를 들면, 끊임없이 지칠 줄 모르게 마음씨 좋은 성품이라든지, 자기는 반평생을 단칸 셋방살이하면서 돈만 좀 벌면 자선사업에 바치는 사람의 경우이다.

설단(舌端)현상(tip-of-the-tongue phenomenon)

어떤 사실을 알고 있긴 한데 혀끝에서 맴돌며 밖으로 표현되지 않는 현상. 설단현상은 여러 정보가 복잡하게 얽혀있어 기억 인출에 실패했을 경우, 시험과 같이 심리적 압박이 심할 경우, 무의식적으로 어떤 것을 떠올리지 않으려고 하는 경우와 같이 다양한 이유로 나타난다.

섬망(delirium)

급성 뇌증후군(예: 고열, 수술 후, 산욕기, 요독증, 중독 상태, 알코올 금단 후 등)의 일반적 증상으로 급성이다. 의식장애, 착란, 주의산만, 당황, 좌불안, 지남력 장애, 지리멸렬한 사고, 착각, 환각, 불안, 의심, 공포, 악몽 등의 증상과 경과의 변동이 심한 것이 특징이다. 감각자극이 감소되는 밤에 악화된다. 대체로 회복 후 그동안의 일을 잘 기억하지 못하나 꿈같다고 회상하기도 한다.

성격장애(personality disorder)

개인의 적응 능력을 심하게 제한하는 행동 및 습관을 포함하는 경직된 성격유형. 때때로 당사자는 자신의 행동을 부적응으로 보지 않는 경우도 있다.

성도착증(paraphilia)

정상이 아니거나 잠재적으로 문제가 있는 것으로 보이는 성적 표현 유형을 기술할 때 사용되는 임상용어이다.

성장모델(growth model)

변화와 그 변화를 확장해가면서 성장할 수 있는 인간의 능력에 바탕을 두고 있으며, 개인과 가족의 잠재능력 개발과 자기실현에 초점을 두는 치료모델이다.

성적일탈(sexual deviation)

사물이나 정상적이 아닌 행동으로부터 성적인 흥분과 만족을 얻거나 특정사회의 표준적인 성행동에서 현저하게 이탈된 성적 행동의 형태. 예를 들면 동성애, 피학증, 음란증, 강간, 주물숭배 등이다.

성적가학증(sexual sadism)

가학성애, 새디즘이라고도 한다. 새디즘은 18세기 프랑스 작가인 Marquis de Sade의 이름에서 유래하였다. 다음과 같은 진단기준 3가지 중 하나가 해당될 때 성적가학증이라 할 수 있다. ① 동의하지 않은 상대방에 대하여 성적 흥분을 얻기 위해 반복적, 의도적으로 심리적 또는 신체적 고통을 준 적이 있거나, ② 성적 흥분을 위하여 동의한 상대방에게 가벼운 상처를 주고 괴롭히면서 고통을 주는 것이 애용되거나 또는 유일한 방식일 때, ③ 성적 흥분에 도달하기 위해 동의한 상대방에 대해 광범위하고 지속적인 또는 치명적일 수도 있는 신체적 상해를 가하는 경우이다. 강간, 난폭한 성행동, 성적살인(lust murder, 성관계 후 살인함)이 관련될 수 있다. 정신 역동적 원인은 희생자에 대한 지배 및 통제의 욕구로써 성적 무능감의 병적 극복이다. 기타 유전적 요소인, 호르몬 이상, 병적 대인관계, 과거 성적 남용의 피해 경험, 정신장애(대개 정신분열병)의 동반 등이 원인적 요인들에 해당된다. 발병과 경과는 성적 피학증과 같다.

성취도 검사(achievement test)

개인의 과업수행 능력을 측정하는 검사로서 현재의 특정 훈련 결과나 지시를 측정한다. 한 가지 검사만으로 여러 가지 복잡한 성취결과를 측정하기는 불가능하므로 교육, 산업 장면에서는 보통 여러 개의 성취검사가 동시에 사용된다.

성취동기(achievement motivation)

① 성공 또는 원하는 목표의 달성을 위하여 노력하는 경향. ② 과제에 대한 개인의 심리적 몰입. ③ 주어진 과제에 있어서의 성공에 대한 기대. ④ 어려운 일을 빨리 그리고 잘하려고 노력하거나 또는 장애를 극복하려는 동기.

소거(extinction)

무조건 자극 없이 조건자극만 여러 번 제시했을 때 시행이 계속되면 조건 반응이 점차 사라지게 되는 것을 의미한다.

소망성취(wish-fulfillment)

① 정신분석 이론에서 실제의 꿈은 성적 또는 공격적인 충동, 원망이 위장된 것으로 추측함. 따라서 꿈은 소망 충동의 상징적 충족이라고 본다. ② 긴장으로부터 해방되기 위한 정신적 투쟁. 소망성취는 꿈, 실언, 신경증적 증상에서 가장 명백하게 나타난다고 프로이드는 해석한다.

소아기 붕괴성장애(childhood disintegrative disorder)

적어도 2년 동안 명백한 정상 발달이 이루어진 후 여러 가지 기능영역에서 현저한 퇴행을 보이는 장애이다.

소아기호증(pedophilia)

성적 흥분을 얻기 위해 선호하는 방법이나 유일한 방법으로 어린아이들과 성관계를 가지려는 욕망을 의미한다.

소외(alienation)

① 고립된 느낌과 서먹서먹한 상태. ② 타인과의 따뜻한 우호적 관계의 결여. ③ 진정한 자아로부터의 분리.

송과선(pineal gland)

제3 뇌실의 후부에 있는 작은 구상의 내분비기관. 7세까지 발달하여 성장을 촉진하다가 점차 없어진다.

수단목표분석법(means-end analysis)

문제해결에서 가장 널리 사용되는 편의 법의 하나. 현재 상태와 목표상태의 차이를 줄이는 것을 하위목표로 삼고 그 하위목표를 달성하기 위한 조작자가 적용 가능한지를 따져 위계적으로 문제를 해결하는 방법이다.

수동적- 공격적 성격(passive-aggressive personality)

수동적인 공격성, 토라짐 또는 극단적 의존성의 형태로 적개심을 표현하는 성격.

수면박탈(sleep deprivation)

대개는 실험적 목적을 위한 것이지만 징벌의 하나로, 또는 포로로부터 자백을 강요하기 위한 방법으로도 사용되는 고의적인 수면방해를 말한다. 지금까지의 연구결과에 의하면, 하룻저녁의 수면을 박탈당한 사람들은 신체적 기능이나 정신적 기능에 별 변동이 일어나지 않으며, 또 30~60시간 각성상태를 강요받은 사람들은 생소한 또는 힘든 과업을 해내는 데에는 별 장애를 나타내지 않지만, 무엇을 쳐다본다거나 하는 따위의 따분한 과업에는 내성이 약해진다. 그 이상 수면을 박탈하면 언어 차질이 생기기 시작하고, 심리적 검사를 제대로 수행해내지 못한다. 지남력장애, 현실과의 유리감, 지각의 왜곡 그리고 편집적 태도들과 같은 많은 정신병적 증상은 6~7일간의 수면 박탈을 당하고 난 후에 나타난다.

수용(acceptance)

긍정적 태도로 내담자의 가치, 행동에 대해서 중립적인 관심을 나타내는 것으로, 내담자를 평가하지 않으려는 태도이다. 그리고 내담자가 현재 그대로 느끼고 행동할 권리가 있음을 인정하는 것이다.

순환모델(circulation model)

올슨과 동료들이 가족체계이론을 바탕으로 개발한 가족기능 모델로서 응집성과 적응성을 가족기능의 핵심축으로 가족유형을 범주화하였다.

순환질문(circular question)

밀란모델의 기법으로 각 가족원에게 돌아가며 가족 상호작용에 관해 이야기하도록 함으로써 다른 가족 구성원의 입장에서 새로운 인식을 도모하고 관계적 맥락에서 문제를 바라볼 수 있도록 하는 대화기법이다.

스톡홀름 증후군(stockholm syndrome)

인질사건에서 인질로 잡힌 사람이 인질범에게 정신적으로 동화되어 오히려 자신을 볼모로 잡은 범인에게 호감과 지지를 나타내는 심리 현상. 이 용어는 스웨덴의 수도 스톡홀름에서 은행 강도에게 인질로 잡힌 여성이 일정한 시간이 흐르자 은행을 포위한 경찰에 대해서는 공포와 적의를 품는 반면, 범인에 대해서는 동정과 애정이 담긴 친밀감을 느끼는 심리에서 유래되었다. 즉, 생명의 위협을 느낄 정도로 공포 분위기를 조성한 다음에 제공되는 호의는 그 사람의 매력도를 급상승시키는 역할을 한다는 것이다.

승화(sublimation)

① 원욕이 보다 사회적으로 수용될 수 있는 방향으로 변경되는 무의식적 과정, 정신분석에서는 예술적 작품 활동을 승화의 표현으로 본다. ② 광의로는 사회적으로 용납될 수 없는 충동을 수용될 수 있는 형태로 바꾸는 것을 뜻함.

신경성 식욕부진증(anorexia nervous)

대개는 사춘기의 여자 청소년이나 젊은 여성에서 흔히 발병하는 정신 생리적 장애의 하나로써 식욕부진과 섭식 거부, 구토증, 심한 체중감소 및 무월경증 등이 주증상이다. 사춘기 이전이나 중년 이후 또는 남성에서 발병하는 경우는 대단히 드물다. 환자들의 대부분에서 병 전에 비만증이 있었으며, 친구들로부터 놀림을 당하거나 이성과의 첫 번째 접근에서 공포감과 혐오감을 경험했던 것이 발병의 계기가 되기 쉽다. 환자는 심한 허기증을 느끼면서도 복부 팽만감이나 오심을 호소하며 섭식을 거부하거나 전혀 식욕을 상실하여 자발적으로 무엇을 먹으려고 하지 못한다. 하지만 때로는 가족들과 같은 식탁에서는 먹을 수 없음에도 불구하고 밤중에 몰래 부엌에 나가서 음식을 먹거나 숨겨두었던 음식을 몰래 먹는 경우도 있다. 정도의 차이는 있지만 체중을 줄이려고 하는 의식적인 소망이 모든 환자에게 있으며, 교묘한 방법으로 먹었던 음식을 토해 낸다거나 다량의 설사약을 일상적으로 사용하거나 한다. 그러면서도 운동량이 지나치게 많으며 매우 마른 체구를 가지고 있으면서도 활발하게 일을 한다거나 산책을 하는 경우가 흔하다.

신경쇠약(psychasthenia)

정신적 활동수준의 전반적인 저하, 환경에 적응하기가 어려워지고 현실 수용이 불가능해진다.

신경증(neurosis)

자신의 외모가 다른 사람에게 어떻게 보일까 하는 개인의 생각 또는 자신의 신체에 대한 일반적인 상념, 종종 신체의 기능이 어떠한가 하는 관념이 포함된다.

신입생 부적응 증후군(freshmen maladjustment complex)

새로운 환경에 잘 적응하지 못하는 신입생을 가리킬 때 사용하는 일반적인 전문용어이다.

신체망상(somatic delusion)

신체의 각 기관 또는 신체 전부가 혼란되어 있다고 잘못 생각하고 있는 경우를 말한다. 가령 위나 심장이 없어졌다거나 또는 다리가 2m나 길어졌다고 하는 따위이다. 이런 망상들은 흔히 망상형 정신분열증에서 볼 수 있다.

신체변형장애(body dismorphic disorder)

임상적 주 특징은 정상 용모를 가진 사람이 용모에 대해 상상적으로 추형이나 이형 또는 결손 등 문제가 있다는 생각 또는 사소한 외모 문제를 과장되게 변형된 것으로 보는 생각에 집착해 있는 상태이다. 대부분 환자가 피부과, 성형외과 등을 찾기 때문에 연구된 바가 적다. 그러나 상당수 사람이 병적은 아니지만 자신의 용모 중 어디엔가 문제가 있다는 불만을 가지고 있는 것은 사실이다. 대체로 특정 신체 부위에 무의식적으로 큰 의미를 주는 것은 어린 시절의 정신성적 발달 때의 특수한 경험 때문이다.

특히 성적 내지 감정적 갈등이 관련이 없는 신체 부위로 대치되어 나타나는 것이라고 보기도 한다. 동시에 그 사회나 가족문화 내에서 미모에 대한 개념이 중요한 영향을 미친다.

신체상(body image)

자신의 외모가 다른 사람에게 어떻게 보일까 개인의 생각 또는 자기의 신체에 대한 일반적인 상념, 종종 신체의 기능이 어떠한가 하는 관념이 포함된다.

신체화 장애(somatization disorder)

수년간에 걸쳐서 다양한 신체 증상, 즉 여성의 경우에는 14개 이상의 증상을 그리고 남성의 경우에는 12개 이상의 증상들이 있었던 과거력을 포함하는 신체형 장애(somatization disorder)의 하나이다. 내과적 진찰과 치료는 수없이 받아보지만 어떤 신체적 장애나 손상에 의한 것들은 아니다. 이들의 호소는 흔히 극적이고 막연하거나 과장되어 있으며 대개는 불안해하고 우울해 하는 기분을 수반한다. 이들 증상 중에는 몸이 불편한 느낌, 연하 곤란과 보행 곤란, 시력장애, 복통, 오심, 설사, 월경통 또는 불규칙한 월경, 성에 대한 무관심, 요통, 또는 관절통, 숨이 가쁜 것, 심계 항진 그리고 흉부동통 등이 있다.

신호탐지이론(signal detection theory)

자극을 탐지하는 데는 자극의 강도만이 중요한 것이 아니라 판단자의 판단 기준도 영향을 미친다는 이론이다.

실독증(alexia)

뇌의 좌측 반구의 일부에 이상이 있는 경우에 읽기(소리 내어 읽기, 읽으며 이해하기)와 쓰기 모두 못 하는 장애이다.

실어증(aphasia)

뇌의 좌측 반구의 손상으로 말을 하지 못하고 언어를 이해하지 못하거나 글을 쓰지 못하는 이상 증상이다.

실인증(agnosia)

두뇌의 손상으로 인해 대상 지각이 안 되는 증상. 대상의 모양을 지각 못 하는 증상과 대상의 모양은 지각하는데 그 대상의 이름이나 의미와 연합되지 않는 증상들이 있다.

실존치료(existential therapy)

심리치료의 한 형태로써 상담자는 있는 그대로의 내담자를 받아들이며 내담자로 하여금 인생에서의 의미와 가치를 찾도록 돕는다.

심리극(psychodrama)

모레노에 의해 발견된 진단적 치료기법으로 개인이 가장 갈등을 많이 겪는 타인과의 관계를 무대 또는 집단 상담 장면에서 실연한다. 정신과 의사나 임상상담심리 전문가들의 지도하에 이루어진다.

심리치료(psychotherapy)

정신질환이나 심리적 적응문제의 해결을 위해 전문적인 심리학적 기법을 적응시키는 요법, 정신치료라고도 한다.

심상(imagery)

듣거나 맛보기, 운동감각 등 지각 영역의 경험까지 포함한 표상을 의미한다. 일반적으로 순식간이고 희미하며 부분적인 특징이 있으나, 개인에 따라 그 강도가 다르다. 심상은 학습, 지각, 사고, 의미의 영역과 관련된 역할을 하고, 특히 기억향상에 정신 표상을 이용하는 매우 유용한 방법이 있는데, 높은 심상을 가진 단어는 높은 의미를 가진 단어보다 학습이 쉽기 때문이다. 심상에는 개인의 자기상, 기억, 꿈, 공상 등이 포함된다.

아동애(pedophilia)

정신성적 장애의 하나로써 사춘기 전의 아동을 대상으로 하는 성행위나 성적 공상이 성적 흥분을 얻기 위한 유일한 방법으로 선택되는 경우를 말한다. 대상 아동들은 아동기애자보다 연령적으로 10세 이상 나이가 어리며 대개는 이성의 아동을 선택한다. 이 경우에서의 성행위는 직접적인 성교가 아니라 쳐다본다거나 만진다거나, 포옹하거나 또는 입을 맞추는 행위로 나타난다.

아동지도(child guidance)

어린이들과 부모에 대한 상담을 통해 어린이들의 비정상적 행동을 수정하거나 정신신체장애의 진단과 치료까지도 포함한다.

아스퍼거스 장애(asperger's disorder)

사회적 상호작용에서 심하고 지속적인 장해와 제한적이고 반복적인 행동이나 관심, 활동이 발달되는 장애이다.

악몽질문(nightmare question)

해결중심 모델에서 사용하는 기적 질문과 유사하나 특수한 형태의 문제 중심적 질문으로, 내담자에게 더 나쁜 일이 일어나야만 내담자가 무언가를 하려고 하거나 문제에서 벗어날 수 있을 것으로 생각될 때 사용하는 질문기법이다.

알츠하이머형 치매(dementia of the Alzheimer's type)

치매 증상이 서서히 발병하여 지속적인 인지기능의 저하를 초래하고, 치매의 직접적인 병리적 증거를 찾기 힘들 때를 말한다.

알코올 남용(alcohol abuse)

적어도 한 달 이상 술을 병적으로 사용하는 경우를 말하며, 그 특징은 첫째, 제대로 생활을 영위해 나가기 위해서는 매일의 음주가 필요하고 둘째, 음주를 조절하려고 하지만 빈번히 실패하며 셋째, 주기적인 과음, 기억상실증, 때때로 1/5갤론의 화주 혹은 이에 해당하는 알코올 섭취 넷째, 취중 폭행이나 취중 운전사고 같은 기능장애 및 법적 문제 다섯째, 결근, 실직, 구속 및 과음 때문에 일어나는 친구와 가족과의 논쟁이다.

암묵적 기억(implicit memory)

명료하게 기억을 불러일으키는 검사에서는 나타나지 않지만 다양한 과제의 수행에서 입증되는 기억이다.

암시(suggestion)

사고나 태도에 있어서 무비판적으로 수용하도록 영향을 주는 것. 심리치료에서는 신경증 증상의 일시적 회복을 위해 특히 히스테리 증상의 치료에 사용된다. 태도와 믿음을 바꾸거나 그대로 유지시키기 위해서 광고 전문가가 활용되기도 한다.

애도(mourning)

실제적 상실에 따른 슬픔이다. 이 애도반응이 연장될 때 우울이 된다. 우울과 애도과정은 같은 정신 역동적 과정을 가진다. 사랑하던 사람의 상실에 기인하는 비탄 반응이며 낙담, 외부세계에 관한 관심 상실 그리고 활동과 자발성의 감소 등이 특징적으로 나타난다. 이들 반응은 우울증이나 멜랑콜리아와 유사하지만 덜 지속적이고 또한 병적이라고는 볼 수 없다.

애착(attachment)

특정 대상에 가까이 있으려 하고, 그런 대상과 함께 있을 때 더 안전함과 편안함을 느끼는 경향.

야경증(night terror)

제4단계 수면에서 갑자기 깨어나는 것이 반복되는 수면장애로써, 깨어남과 동시에 소리를 지르고, 땀을 많이 흘리며, 놀란 표정을 하고, 동공이 산대되고, 호흡과 심장박동이 빨라지는 등의 심한 공황과 불안의 징후가 나타난다. 이런 초조증과 착란증이 가라앉을 때까지는 아무리 달래보아도 소용이 없다. 이런 상태가 지나고 나서는 오로지 다편적인 위협적 내용의 꿈만 상기할 수 있을 뿐이다.

양가감정(ambivalence)

한 대상에 대해 사랑과 미움이 동시에 있는 것과 같이 두 가지의 상반된 감정이 모순 없이 존재할 때이며, 한쪽이 무의식 내에 억압되어 있는 것이다. 즉, 동일한 대상에 대해서 사랑과 증오 또는 친근감과 적대감 등과 같은 상반된 심리적 경향, 감정 및 태도가 동시에 존재하는 정신 상태를 말한다. 양가성 감정과 같은 갈등적 감정은 애정과 징벌을 행사했던 부모에 대해 특히 강하게 지향한다. 결혼을 할까 말까 하든가, 어떤 직업을 가질까 말까 하는 우유부단 역시 부분적으로 자신도 알지 못하고 있는 근거에서 오는 양가감정에 기인하는 것이다.

양성성(androgyny)

남성의 성격 특징과 여성의 성격 특징을 모두 가지는 것.

양양(exaltation)

극단적인 흔쾌한 기분과 기쁨에 넘치는 흥분상태를 말한다. 이런 상태가 되면 환자는 춤을 추고 노래하고, 소리 내서 웃고, 거리낌 없이 할 말, 못할 말 가리지 않고 떠오르는 대로 열변을 토하기도 한다. 급성 조증에서 흔히 볼 수 있는 증상이다. 어떤 경우에는 신체기관의 기능이 비정상적으로 항진된 상태에 대해서도 이 용어가 사용된다.

억압(repression)

① 고통, 창피스러움, 불안을 일으키는 충동, 기억 경험 등을 의식으로부터 강력하게 밀어내는 것. ② 정신분석에 의하여 원초아로부터의 용납될 수 없는 충동을 현실원칙에 따라 적용하려는 자아와 초자발적인 것이며, 무의식적이며 비자발적이다.

억제(inhibition)

① 정신적 방해 또는 행동상의 망설임. ② 정신분석에서는 초자아의 유제로 본능적 충동에 대한 의식이 봉쇄된다고 본다.

언어신착증(neologism)

일상에서는 사용되지 않는 기발한 새로운 말을 자기 말로 만들어 자기 나름의 의미를 가지고 사용하는 것을 말한다. 일상 회화 중에서 사용하는 일도 있고, 문자로 쓰는 경우도 있으나 이해가 어려운 경우가 많다. 그러나 환자는 자각 없이 사용하고 있다. 현기적 색채를 띠고 있는 일도 있고, 사고장애와 연결되어 현저한 경우에는 지리멸렬로 되는 일도 있다. 정신분열증에서 자주 볼 수 있는 증상으로 조어증이라고도 한다.

엘렉트라 콤플렉스(electra complex)

남자아이들이 오이디푸스 갈등을 겪는 비슷한 시기인 4~6세경에 여자아이들이 아버지를 상대로 자신의 사랑 감정을 표현하고 아버지와의 근친상간적인 상상에 빠져드는 것이다. 즉, 여자아이들이 아버지를 사랑하며 어머니를 경쟁상대로 놓고 겪는 심리적 갈등을 말한다.

역조건 형성(counter-conditioning)

현재의 반응성향과 양립할 수 없는 새로운 반응을 강화시킴으로써 현재의 반응을 소거시키는 방법, 즉 이전에는 내담자에게 공포나 부적절한 반응을 일으키게 했던 장면에 그러한 반응보다 강한 바람직한 새 반응을 도입함으로써 현재의 부적절한 반응을 소거하는 것이다.

역동심리학(dynamic psychology)

심층 심리 또는 행동의 무의식적 원인이나 동기를 강조하는 심리학의 체계.

역설적 개입(paradoxical intervention)

내담자에게 증상 행동을 계속하도록 격려하는 '증상처방적' 개입으로, 내담자가 치료자의 지시에 저항하면서 변화를 일으키도록 유도하는 방법이다.

역전이(counter-transference)

내담자의 태도 및 외형적 행동에 대한 상담자 개인의 정서적 반응. 흔히 상담, 치료적인 과정에서 방해가 되는 상담자의 심리현상으로 간주한다.

역할 바꾸기(role reversal)

상대하던 두 사람이 서로의 역할을 바꾸어 함으로써 상대방의 눈을 통해 자신의 문제, 갈등을 보게 될 뿐만 아니라 상대의 역할을 이해하고 자기 생각과 표현의 불일치를 이해하게 된다. 특히 권위에 대한 두려움을 가진 환자나 말을 위한 말이나 질문을 위한 질문을 하는 환자, 질문에 대한 답변을 스스로 찾을 수 있는 환자의 경우 치료자와의 역할 교대는 효과가 있다. 그러나 치료자, 환자 관계가 형성되지 못한 경우에는 환자가 당황하기 쉬우니 조심해야 한다.

역할수행 연습(role practice)

심리치료나 지도자 훈련에서 내담자로 하여금 자발적인 역할 행동을 함으로써 대인관계에서의 바람직한 태도나 행동을 습득하도록 지도하는 방법.

역할지각(role perception)

직무수행을 제대로 하기 위해 자신이 해야 할 역할이 무엇인지를 올바로 인식하고 있는 정도.

연사이론(volley theory)

청신경 세포들의 흥분 빈도에 의해 음높이를 지각한다는 이론으로, 하나의 청신경이 아니라 일련의 청신경들이 하나의 단위로 작동한다고 주장함. 저주파의 음에 대한 지각은 잘 설명할 수 있다.

연상의 탈선(derailment)

대개는 정신분열증에서 볼 수 있는 사고장애의 한 형태이며, 항상 환자 자신을 혼란스럽게 만들고, 어느 한 가지 생각에서 전혀 관계가 없고 타당치도 않은 다른 생각으로 탈선하는 경우를 말한다.

연합(association)

학습을 통하여 형성되는 연결 관계를 지칭하는 일반적인 용어. ① 학습이나 경험을 확립된 둘 이상의 심리적 현상 간의 기능적 관계나 연결. ② 관념 간의 유대나 연결.

열등복합(inferiority complex)

① 아들러가 강조한 개념으로 우월성을 향한 투쟁에서 좌절을 겪음으로써 생겨난 중심적 태도. ② 무의미, 무력, 미완감, 삶을 영위하는 능력이 없다는 등의 불안정한 느낌.

예외질문(exception-finding question)

일상생활에서 성공적으로 잘하고 있으면서도 의식하지 못하는 것을 발견하고, 성공했던 행동을 의도적으로 하도록 강화시키기 위해 예외상황에 초점을 두고 던지는 해결중심 모델의 질문기법이다.

예후(prognosis)

질병이나 정신질환의 결과 및 치료 전망에 대한 예언.

오이디푸스 콤플렉스(oedipus complex)

4~6세 정도의 남자아이들이 어머니를 사랑하고 아버지와 갈등 관계에 빠지는 상황

을 오이디푸스 상황이라고 한다. 오이디푸스 상황에서 남자아이들은 어머니를 놓고 아버지와 경쟁하는 한편, 어머니의 사랑을 독차지하려는 욕망으로 아버지를 살해하려는 적의를 품기도 한다. 이런 현상을 정신분석학의 창시자 프로이트는 '오이디푸스 콤플렉스'라고 불렀다.

와해된 행동(disorganized behavior)

어린애 같은 바보짓에서부터 예측할 수 없는 초조감까지 다양한 행동이 나타나는 것으로 목적 지향적인 행동을 할 수 없으며, 규칙적인 식사나 청결을 유지하는 등의 일상 활동을 수행하는 데 어려움을 보이는 상태.

완전주의(perfectionism)

자신에 대하여 비상하게 높은 수준의 성취를 요구하고 모든 것을 철저하게 처리하고자 하거나 또는 사소한 실수에 강박적으로 걱정하는 경향.

왜곡(distortion)

정신분석학에서 사용되는 경우에는 금지된 생각, 충동 또는 경험들을 자아가 좀 더 받아들이기 쉽도록 하기 위해 수식하는 것을 말한다. 가령 꿈속에서는 금지된 욕망이 흔히 변장되거나 또는 상징적인 형태로 표현된다. 즉, 층계를 걸어 올라가는 것 같은 천진난만한 행동은 그것이 대신하고 있는 죄 많은 성교 행동보다는 상위자아가 설정한 검열을 훨씬 쉽게 통과할 수 있는 것이다. 그러나 이 왜곡은 다른 형태를 취할 수도 있다. 많은 사람들이 대개의 경우 그들이 그렇게 한다는 것을 알지 못하면서 어떤 경험을 말할 때 자기에게 불리하지 않게끔 왜곡해서 말하는 경우가 많다. 좀 더 병적인 차원으로는 망상, 환각, 비현실감, 정서둔화 또는 신조어(neologism) 등과 같은 정신병적 증상들은 정신과정 또는 감정의 왜곡에 의한 것이라고 말할 수 있다.

외상 후 스트레스장애(post traumatic stress disorder)

폭행, 강간, 전투, 홍수, 지진, 죽음의 수용소, 고문, 자동차 사고, 두부 외상 등과 같은 사건에 의하여 야기되는 불안장애의 하나이다. 그 특징적 양상은 첫째, 회상, 즉 반복되는 꿈 또는 악몽의 형태로 그 외상적 사건을 반복적으로 경험하는 것, 둘째, 감정적 둔마와 같은 반응성의 감소와 이에 수반하는 타인들로부터 떨어져 있는 것 같은 소원감 및 중요한 활동에 대한 무관심, 셋째, 과장된 경악반응, 수면장애, 주의집중력과 기억장애, 딴사람들은 죽었는데 자기만 살아남은 데 대한 죄악감, 자기가 경험한 외상적 사건을 회상케 해주는 활동이나 상황에 대한 회피반응 등이다.

외재적 동기(extrinsic motivation)

약속된 외적 보상을 얻기 위해서 혹은 처벌의 위협을 피하기 위해서 행동을 수행하려는 욕망.

외현화(externalization)

사람과 문제 사이에 공간을 설정하는 행위로 문제가 마치 사람과 동떨어진 인격을 가진 어떤 존재인 것처럼 취급하는 것으로 사람과 문제의 관계를 탐색할 수 있는 기회를 만들어낸다.

요구(needs)

유기체의 건강과 복지를 위해 필요한 것들. 인간의 경우 신체적 요구(음식, 물, 공기 등)와 심리적 요구(자존심, 쾌락, 성장 등)의 두 가지가 있다.

우울증 삽화(major depressive episode)

적어도 2주 동안 우울 기분 또는 거의 모든 활동에서 흥미나 즐거움이 상실되는 상태로써 기분이 쉽게 자극받게 되는 과민상태가 나타나거나 식욕, 체중, 수면, 정신운동 활동에서 변화가 일어나고, 에너지가 감소하고 피곤하고 나른하며 자신이 무가치하다고 느끼며 죄책감이 들기도 한다.

우원증(circumstantiality)

결과적으로는 시초에 의도했던 사고결론에 도달하기는 하지만 사고 진행 과정 중 지루할 정도로 불필요하다고 하찮은 묘사를 거친 후 말하고자 하는 목적에 도달하는 경우를 말한다. 정신분열증, 기질성 정신장애, 정신지체 등에서 흔히 볼 수 있다.

원가족 삼인군 치료(primary triad therapy)

역기능적인 원가족 삼인군(어머니, 아버지, 아동) 관계에서 유래된 쟁점을 현재의 상황에서 이해하게 하며, 이러한 쟁점을 현재의 삶에 대한 방해물이 아닌 긍정적인 것으로 부각시키는 사티어의 경험적 치료기법이다.

원가족(family of origin)

머레이 보웬이 창안한 개념으로, 개인이 태어난 가족, 즉 생물학적 가족으로 새로운 핵가족을 형성하기 이전에 각 배우자가 속해있던 가족의 형태. 임상 장면에서 자주 볼 수 있는 것으로 증상을 가진 자녀와 부모 사이의 문제는 부모가 자신에게서 자녀를 자립하지 못하도록 하는 데 있다. 치료에서 부부관계에 주된 초점을 맞추는 경우, 원가족으로부터 자기분화를 하도록 원조하는 방법을 자주 사용한다.

원욕(libido)

① 행동을 유도하는 본능적인 충동 또는 에너지. ② 성적 욕망 또는 성적 쾌감. ③ 성본능 ④ 정신분석에서 말하는 삶의 본능과 죽음의 본능.

원초아(id)

정신분석이론의 성격구조의 한 부분으로 원욕이 위치하는 곳이다. 이 정신세계는 쾌락원칙에 의해 지배되고 동기의 즉각적인 만족을 꾀하며 현실에 관한 배려를 하지 않는다.

원형(archetype)

옛날부터 전해 내려온 관념과 소인 등으로 구성된 종족적 무의식의 내용.

위기개입(crisis intervention)

위기에 직면하여 스스로 헤어나지 못하는 개인이나 집단에 신속하고 효과적인 조치를 해줌으로써 혼란 속에서 빠져나올 수 있게 하는 치료방법을 말한다. 위기의 구체적인 경우로는 자살기도, 심리적 공황장애, 가출, 불안, 우울증, 정신적 착란상태, 가족의 죽음에 의하여 야기되는 비탄 상태, 충동적 행동, 범죄, 비행, 급성적인 약물 또는 알코올 중독 등이 있다.

위기상담(crisis counseling)

삶의 주요 목표의 좌절과 위급한 역경을 극복하는 상담방법으로 위기상황에 대한 내담자의 대처능력을 돕는 상담. 위기의 성질에 상관없이 상담자로 하여금 우선 자신감과 내적인 안정을 유지하도록 한다.

위약효과(placebo effect)

밀가루를 알약처럼 만든 플라시보가 약효를 보는 것처럼 가짜 약이 진짜 약처럼 정신적, 신체적 변화를 일으키는 것이다.

위장기법(pretend technique)

전략주의 기법 중 비교적 덜 직면적인 놀이적 기법으로써, 내담자는 증상을 가진 척하고 보호자는 내담자를 돕는 척하는 가상의 게임(연극)을 하면서 가족의 이중적 위계구조를 재구조화하여 증상을 포기하게 하는 치료기법이다.

유기체적 평가과정(organismic valuing process)

유기체를 유지하거나 고양시키는 방향으로 이끌어 가는 타고난 성향으로 체험들이 유기체 실현 경향에 맞으면 좋게, 그렇지 못하면 나쁘게 평가되는 과정이다.

음악치료(music therapy)

내담자에게 음악을 듣게 하거나 적절한 연주 행동을 통하여 치료적 효과를 보게 하는 특수한 심리 치료기법. 그 효과는 내담자의 기분뿐만 아니라 신체적 기능까지도 작용한다.

의미기억(semantic memory)

일화적 경험이 쌓이고 이것이 추상화되어 이루어진 개념적 일반지식의 기억.

의미치료(logotherapy)

의지력에 의한 환경극복과 인생에 대한 의미를 자각하도록 하는 것으로 정신, 자유, 책임감을 강조한다. 플랭클이 자신의 유대인 수용소 생활경험을 토대로 발전시킨 치료법이다.

의사소통 가족치료(communication approach)

베이트슨과 잭슨이 설립한 MRI를 중심으로 유추한 개념이 치료적 목적으로 적용되는 과정에서 발전한 가족치료 모델이다. 가족 내에서 일어나는 상호작용에 초점을 둔 접근으로 언어적, 비언어적 의사소통을 연구함으로써 가족체계를 파악하고 잘못된 의사소통을 바로잡음으로써 가족의 기능개선을 유도하는 치료 모델이다.

의식(consciousness)

개인이 어떤 순간에 자각하고 있는 생각.

의존성 인격 장애(dependent personality)

자기 생활의 중요한 영역을 다른 사람이 책임지도록 피동적으로 허용하거나 또는 자신감과 자기 자신에게 의존하는 능력 등의 결함 때문에 자신의 욕구보다는 다른 사람의 욕구를 충족시켜 주는 것과 같은 행동양상이 장기간에 걸쳐 나타나는 인격 장애를 말한다.

이상적 자아(ideal self)

개인이 가장 높은 가치를 두며 가장 가지고 싶어 하는 자아개념.

이상행동(abnormal behavior)

행동이 대다수의 많은 사람들의 평균적인 행동과 비교하여 일탈되는 행동.

이완요법(relaxation therapy)

① 정신적 긴장과 육체적 피곤을 감소시키기 위한 심리치료 기법, 최면 또는 암시적 기법과 자기훈련 등을 활용한다. ② 주로 근육이완을 위한 신체 치료법의 하나로 근육이완 훈련이라고도 한다.

이인성 장애(depersonalization disorder)

사회적 기능이나 직업적 기능을 손상시킬 정도로 심한 자기 자신에 대한 비현실감과 같은 이인증상의 삽화가 한번 또는 그 이상 나타나는 것이 특징인 해리장애의 한 형태이다. 자기소원감(sensation of self– estrangement) 또는 비현실감이 주증상이며 자신의 팔다리의 크기가 변했다든지 또는 자기 자신을 멀리서 쳐다보고 있는 것 같다는 느낌을 호소한다. 또 자기가 마치 꿈속에서 움직이는 로봇 같다고 호소하는 경우도 있다. 여러 가지 종류의 무감각증이라든지 또는 자신의 행동이나 언어를 자기 마음대로 조절할 수 없다고 호소하기도 한다. 이런 모든 느낌은 자아 이질적(ego– dystonic)인 것이며, 따라서 이들의 현실 평가능력은 건전하다. 이인증은 갑자기 발생하지만 없어지는 경우에는 서서히 없어진다. 비현실감도 빈번히 나타난다. 즉, 주위 환경에 대한 지각이 이상하게 변한 것 같다. 따라서 외부세계의 사물들의 크기나 모양이 변한 것 같다는 느낌을 호소하기도 하고, 주위 사람들이 마치 죽어있거나 또는 기계같이 느껴지기도 한다. 기타 흔히 수반되는 증상들로는 현훈, 우울증, 강박적 숙고, 불안, 미쳐버릴 것 같은 두려움 또는 시간에 대한 주관적 감정의 장애 등이 있다. 또 기억을 상기하기가 힘들거나 또는 느리다는 호소도 흔히 볼 수 있다.

이중관계(dual relationship)

치료자가 내담자와 전문적 치료관계 이외에 다른 사적 관계를 맺는 경우를 가리키는 말이다.

이차과정 사고(secondary process thought)

안전하고 효과적으로 긴장을 방출하기 위해 적절한 자극을 찾고 욕구를 지연시키는 방식의 사고.

인본주의 심리학(humanistic therapy)

인간의 잠재력과 독특성을 강조하는 심리학적 접근 방법, 주관적 경험과 인간의 가치를 존중한다. 인간을 목적적인 존재로 보기 때문에 개인의 이념, 목적, 가치 및 자유의지가 인간행동을 결정한다고 본다. 정신분석과 행동주의에 이어 심리학의 제3 세력을 형성한다.

인지심리학(cognitive psychology)

행동을 이해하는데 있어서 심적 과정에 초점을 둔 심리학. 인간의 행동을 심적 표상의 수준에서 설명하고 이러한 심적 표상이 결과를 산출하는 데 있어서 작동하는 심적 과정에 초점을 둔다.

인지적 부조화(cognitive dissonance)

① 개인이 양립할 수 없는 두 개의 신념이나 인지를 경험할 때 느끼는 불편한 심리상태. ② 동시에 일어난 인지들 사이에 또는 인지와 행동 사이의 불일치에 의해 일어나는 동기적 상태.

인지행동치료(cognitive behavior therapy)

내담자의 심리적 문제를 일으키는 인지적 왜곡을 바로 보게 하여 보다 정확한 평가와 해석을 하게 하는 심리 치료방법이다.

인출(retrieval)

필요한 정보를 저장고에서 찾아내어 우리가 의식하거나 반응할 수 있게 하는 과정이다.

일반체계이론(general systems therapy)

체계가 외부 환경과 상호작용하면서 환경으로부터의 지속적인 입력과 출력을 통해 자신을 유지해 나간다고 보는 생물학적, 유기체론적 모델이다.

일중독증(workaholic)

자신과 가족의 개인적인 삶이나 욕구는 제쳐놓은 채 가정보다는 일을 우선하는 사람들이 보이는 심리적, 행동적 현상.

일차과정 사고(primary process thought)

현실과 환상을 구분하지 못하고 추동에 따라 생긴 긴장을 즉각적으로 방출하는 욕구충족 방식의 사고를 의미한다.

일차적 강화물(primary reinforce)

먹이처럼 특별한 학습경험 없이도 행동을 강화시키는 강화물이다.

일치성(congruence)

① 자아의 일부가 되도록 경험을 의식적으로 통합하는 것. ② 상담자가 자기 내부의 경험을 알아차리고 상담관계에서 자신의 내면적 경험을 명백하게 할 수 있는 기본 능력을 갖추고 있어서 자기의 부정적 감정을 표현하는 것뿐 아니라 내담자가 표현하는 부정적 감정 역시 받아들인다. ③ 상담자의 내면적 경험이 자신을 투명하게 드러낼 수 있으며 그대로의 자기 자신이어야 한다.

일화기억(episodic memory)

개인이 경험하는 각종 사건들, 일화들에 대한(그리고 그들 사이의 관계에 대한) 기억이다.

자기(self)

① 자신의 고유한 성격에 대한 자각 또는 지각. ② 의식적인 존재로서의 개인. ③ 자신의 일관적인 정체성, 지속성, 독특성, 자기상 등에 대한 개인의 의식.

자기강화(self reinforcement)

자기 내부의 기준에 따라 자신이 스스로에게 주거나 박탈하는 강화이다.

자기개념(self-concept)

유아가 성장함에 따라 자신을 환경과 분리하여 소유할 줄 알게 된다. 이런 인식과 기능이 발달함에 따라 환경적 경험으로부터 자아에 대한 인식이 생기게 되는데 이것이 자아개념의 발달이다. 자아개념의 발달은 유기체가 자신의 경험을 어떻게 지각하느냐에 따라 많이 좌우한다.

자기공명영상(Magnetic Resonance Imagine: MRI)

뇌조직의 원자 주위에 형성되는 전기장을 컴퓨터로 탐지하여 뇌를 영상화하는 방법이다.

자기분석(self-analysis)

① 자기 자신에 대한 정신분석의 실시. ② 일반적 의미로는 개인이 자신의 동기정서 잠재력의 한계에 관해 이해하려는 시도.

자기분화(differentiation of self)

보웬의 핵심개념으로 개인이 사고와 감정을 분리하는 심리 내적 능력과 타인과 융화되지 않는 대인 관계적 능력을 의미한다. 궁극적인 상태의 개념이라기보다 개인이 자신만의 방식에 따라 기능하는 것을 배우는 과정이다.

자기-사랑(self-love)

자기 자신을 소중히 여기며 좋아하고 사랑하는 것이다. 이는 친밀성의 기초가 된다.

자기상(self image)

개인이 자신에게 바라는 생각의 내용 또는 현재의 자기에 대한 긍정적 부정적 평가내용.

자기수용(self-acceptance)

자신의 특질 및 기호 등에 본질적으로 만족하고 자신의 한계를 깨닫는 것.

자기실현(self-actualization)

① 유기체가 자신을 유지시키고 향상시키는 방향으로 자신의 능력을 발달시키려는 타고난 경향. ② 인간의 욕구 계열에서 가장 고차원적인 것.

자기애(narcissism)

자기 자신의 신체적 속성이나 행위를 부적절하게 과도한 가치를 부여하는 특성을 말한다. 정신분석에서는 자아가 타인이 아닌 자기 자신을 사랑의 대상으로 삼을 수 있으며 이런 자애적인 사람은 생의 전반을 통해 어느 정도 유지되는 것으로 극단적인 경우에는 정신분열 증세로 발전하기도 한다고 한다.

자기중심성(ego-control)

개인이 자신의 욕구와 관심에 지배되어 생각하거나 행동함으로써 타인의 입장을 이해하지 못하는 경향.

자기통제(self-control)

자신의 행동을 통제하는 능력, 충동적인 행동이나 감정을 억압하거나 자제하는 능력.

자기표현 훈련(assertive training)

일반적으로 직접적인 대인관계 장면에서 유발되는 불안을 해소하는 데 사용된다. 상담자는 내담자의 공포와 불안이 근거 없다는 것과 공포가 그를 어떻게 무능력하게 만들었는지를 지적, 설명해 주며, 자기주장이 처음에는 어렵지만 점점 쉬워짐을 자각시켜 줌으로써 내담자가 억제된 의사와 감정을 표현하도록 훈련한다. 일단 자기 자신을 표현하기 시작하면 좀 더 어려운 상황에서도 주체적으로 행동할 수 있도록 한다.

자기 효능성(self efficacy)

어떤 구체적인 활동에 대해 자신이 그것을 충분히 해낼 수 있는 능력이 있다고 보는 신념.

자발적 회복(spontaneous recovery)

소거된 후 다시 조건자극을 제시했을 때 소거반응이 갑자기 다시 나타나는 현상이다.

자아(ego)

특히 개인이 갖는 자기 자신에 대한 개념. 정신분석에서는 원초아로부터 발전된 의식기능으로 본다. 즉, 자기와 현실 사이를 구별하는 것을 학습하고 원초아의 요구와 비판적이고 도덕적인 면을 추구하는 초자아 사이를 조정하는 역할을 한다.

자아기능(ego function)

자아가 현실에 적응하고 조작하는 활동으로써 자각, 사고, 현실검증, 판단능력 등이 포함된다.

자아 동조적(ego-syntonic)

자아 또는 의식적인 자기개념과 화합할 수 있는 경우를 말한다. 자아에 위협을 주지 않으며, 상위자아의 간섭을 받지 않고 가질 수 있거나 할 수 있는 생각, 소원, 충동 그리고 행동들이 이에 해당한다. 동성애의 경우도 자아동조적인 경우가 있는데 많은 성변태증, 충동조절장애, 공상 또는 성격경향 등 역시 자아 동조적인 경우들이다.

자아 이질적(ego-dystonic)

자아 또는 자신이 용납할 수 없거나 불쾌하게 여기는 충동, 소원 또는 생각을 의미하는 데 사용되는 용어이다.

자유연상(free association)

① 정신분석적 심리치료에서 사용하는 기법으로 환자가 마음에 떠오르는 것은 아무리 부적절하고 부끄러운 것이라도 모두 이야기하도록 한다. ② 피험자 반응의 속성에 제한을 가하지 않고 주어진 단어에 대한 자유로운 생각을 표현하도록 하는 것.

자의식(self-consciousness)

개인이 자신에 대한 다른 사람들의 반응에 관심을 가질 때 나타나는 자각 상태. ① 자신의 행동에 대한 과민성. ② 자신의 심리적 과정에 대한 의식의 독특한 개인으로서의 자신의 존재의식.

자존심(self-esteem)

자신을 받아들이고 적어도 어느 면에서는 자기가 가치 있는 사람이라고 느끼며 자기 자신을 존중할 수 있는 것. 자아긍정과 비슷한 의미이다.

자폐증(autism)

① 개인적인 욕구나 환상에 의해서 지배되는 폐쇄적인 사고. ② 주로 비현실적 소망으로 세계를 지각하는 증상. ③ 자신의 사고와 공상에 극단적으로 지배되는 증상.

작업 기억(working memory)

주어진 자극에 대해 주의를 기울여 정보처리(생각)를 하는 동안의 작업대와 같은 역할을 하는 기억이다.

잔류형 정신분열병(schizophrenia residual type)

적어도 한 번 이상 정신분열병 삽화가 있었으나 현재는 활성기 증상이 없으며 음성 증상(예: 둔마된 정동, 빈곤한 언어, 무욕증)이나 2개 또는 그 이상의 악화된 양성 증상이 있어서 장해가 지속되고 있을 때 진단 내려진다.

잔물결효과(ripple effect)

조직 구성원의 일부를 야단쳤을 때 다른 구성원들에게 미치는 부정적 영향. 잔물결효과는 특히 벌을 받는 사람이 조직에서 중요한 역할을 하고 있을 경우, 상사의 명령이나 지시가 모호하고 분명하지 않을 경우에 더 크게 나타난다.

재구성(reframing)

부정적인 것으로 인식되는 행동을 긍정적 명칭으로 바꿈으로써 그 행동이 인식되는 맥락 자체를 바꾸고 동일한 행동에 대해 새로운 반응을 불러일으키는 치료기법을 말한다.

재구조화(restructuring)

구조적 가족치료의 목적으로써 역기능적 가족의 경계선, 하위체계, 위계구조를 재조정함으로써 기능적인 가족구조로 변형시키는 것을 의미한다.

재활(rehabilitation)

신체적, 정신적, 사회적 무능력을 예방·제거·감소시키며 자신의 생활목적과 사회적 요구에 부응하도록 신체적, 정신적 능력을 회복·증진시키는 과정을 말한다.

저항(resistance)

① 상담관계에서 나타나는 내담자의 방어는 상담자에게는 저항이 된다. 즉, 저항은 무의식적인 자료가 인식되는 것을 피하려고 하는 내담자의 시도이다. ② 과거에 있었던 중요한 사건을 기억하지 못 한다든가 불안을 일으키는 주제에 대해 말하지 못 하는 것, 자유연상 때 말이 막히는 것 등으로 저항을 알 수 있다.

적대적 반항장애(oppositional defiant disorder)

3세에서 18세 사이에서 나타나는 증상으로 권위적 위치에 있는 사람들에게 복종하지 않고, 거부적이며 도전적인 반항을 하는 양상이 지속되는 경우를 말한다. 짜증, 사소한 규칙위반, 게으름 피우기, 말싸움 그리고 고집과 같은 행동으로 나타난다.

적응(adjustment)

① 정서적 표적을 원래의 대상으로부터 대리적 대상으로 옮기는 것. ② 방어기제의 하나로써 직접 표현될 수 없는 동기를 더 받아들이기 쉬운 형태로 바꾸어 나타내는 것.

적응장애(adjustment disorder)

어떤 정신적인 충격을 받은 후 사회적으로나 직업적으로 기능적 장애를 나타내는 것. 이혼, 사업의 위기, 가정불화, 부모가 되는 것, 또는 정년퇴직 등과 같은 특수한 그러나 확인할 수 있는 스트레스에 직면했을 때 3개월 이내에 나타나는 부정적인 반응을 말한다. 특히 인격 구성면에서 취약점을 많이 갖고 있는 사람에게는 대단치 않은 충격에도 심한 반응을 나타낸다.

전구(prodrome)

발병 전 환자는 대개 전구 증상기를 보인다. 보통 수개월 내지 수년에 걸쳐 서서히 발병한다. 갑작스러운 발병은 혼란이 심한 정신병적 증상을 보이는 수가 많다. 대개 조용하고 수동적이며 내성적이다. 친구가 적고 집단행동을 피하고(사회적 철퇴), 영화, TV, 음악 등을 즐기는 편이다. 초기 증상으로 논리에 맞지 않는 신체 증상을 표현하는 수도 많고, 학교, 직장 혹은 사회적 활동의 기능이 위축된다. 흔히 발병 전에 주위 사람들은 그가 뭔가 변했다는 인상을 받는다. 또는 추상적 사고, 철학, 종교 등에 심취하기도 하고, 괴상한 생각과 행동, 감정반응 및 착각 등을 보인다.

전도성 실어증(conduction aphasia)

말이 수다스럽고 남이 하는 말은 잘 이해를 하지만 흔히 착어증이 일어나는 것이 특징이다. 사물을 보고 이름을 대는 것뿐만 아니라 쓰기에도 심한 장애를 발견할 수 있다. 글을 보고 크게 소리 내어 읽는 것은 잘되지 않지만 쓰여있는 글을 이해하는 기능은 잘 보전되어 있다.

전략적 가족치료(strategic family therapy)

MRI의 의사소통주의와 상호작용주의에서 시작된 치료모델로서 정교하게 계획된 전략적 개입을 통해 역기능적 가족 상호작용의 변화에 초점을 둔 지시적이며, 증상 중심적인 가족치료 모델이다.

전략적 구조주의 모델(strategic-structural model)

전략적 가족치료모델 중 헤일리의 접근 모델을 의미한다. 헤일리는 베이트슨의 인식론에 에릭슨의 역설적 개입을 절충한 전략적 모델을 발전시키는 과정에서 다시 미누친의 구조주의 모델의 영향을 받게 되었으며, 따라서 헤일리의 전략모델은 증상을 유지시키는 가족의 위계와 조직에 특별한 관심을 둔 전략적 구조주의 모델로 분류된다.

전의식(preconsciousness)

평상시에는 자각하지 못하지만 어떤 순간에 쉽게 자각될 수 있는 의식, 의식과 무의식의 중간 지대로 본다.

전이(transference)

① 내담자가 이전의 대인관계 중 중요했던 사람에게 가졌던 감정을 상담자에게 무의식으로 표현하는 것으로 주로 부모와 아동 간의 정서적 관계를 재현하게 된다. ② 정신분석에서는 상담자가 전이의 대상이 되며 전이감정은 내담자로 하여금 중요한 타인에 대해서 가졌던 감정을 표현할 수 있도록 하기 때문에 분석에 도움이 된다. ③ 일반적으로 한 대상에서 다른 대상으로의 감정전이를 뜻함.

전이신경증(transference neurosis)

내담자가 부모 대신 치료자에게 심리적 애착을 느끼는 것처럼 주로 대체적인 심리기제에 의해 본능적 요구의 만족을 얻는 신경증.

전치(displacement)

원래 실제로 있는 어떤 대상에 향했던 감정이 그대로 곧장 대체물(substitute)에게 향하는 것을 말한다. 즉, 정서적 감정이 원래 대상에서 다른 대상으로 향해 표현된다. 예를 들어, 아버지를 무서워하는 어린이가 말을 무서워하게 되는 것. 또는 자기의 도덕적 타락에 대한 무의식적 죄책감에 휩싸인 사람이 더러워지는 것을 무서워해 하루에도 몇 번씩 내복을 갈아입고 또 시내버스 손잡이도 장갑을 끼어야 잡는 사람, 제주도 출신 상사에게 부당하게 야단맞고 들어와 제주도 출신 아내에게 화를 내는 경우이다. 전치와 대치는 서로 비슷하나 대치는 그 어떤 대체물이 되는 '대상'에 중점을 두어 말하고, 전치는 '감정'에 중점을 두어 말한다는 차이가 있다.

전화 신경증(conversion hysteria)

여러 가지 형태를 취하는 복잡한 신경증으로 흔히 정서적 불안정, 억압, 피암시성 등이 장애증상으로 나타난다.

절도광(kleptomania)

강박적으로 훔치는 행동. 충동조절장애의 하나이며 그 특징은 첫째, 당장 필요한 것도 아니고 또한 값비싼 것도 아닌 하찮은 물건을 훔치고 싶은 되풀이되는 충동에 저항하지 못하고 결국 충동적으로 물건을 훔치게 되는데, 훔친 물건은 남에게 주어버리거나 몰래 제자리에 갖다 놓거나 또는 숨겨둔다. 둘째, 그런 행동을 하기 전에 긴장감이 점차 증가한다. 셋째, 그런 행위를 할 때 쾌감이나 또는 해방감을 경험한다. 이러한 훔치는 행동은 행위 장애나 또는 반사회성 인격 때문이 아니고, 오랫동안 계획을 세우고 한다거나 딴 사람의 도움을 받거나 아니면 딴 사람과 같이 협조해서 하는 것도 아니다.

접근-접근갈등(approach-approach conflict)

① 양립될 수 없는 두 가지 다른 목표에 동시에 접근하도록 유인되는 갈등상태. ② 똑같은 매력을 지니나 상호 불안적 목표들 사이에 개인이 놓인 상황.

정동(affect)

자극에 의하여 유발되는 유쾌 및 불유쾌의 감상에 대하여 사용되는 프로이트 학설상의 용어. 어떤 정신 상태에 수반되는 감정적인 콤플렉스(이상심리)에 대해서도 말한다. 감동과 결부하여 경험하는 감정. 주관적인 감정적 느낌을 말하며, 강한 주관적인 느낌의 시간적인 변동, 조절 및 표현을 모두 포함.

정서(emotion)

내장기관의 생리적 변화를 수반하는 반복적 반응이며, 강한 느낌이나 감정의 상태를 포함한다.

정서장애(affective disorder)

정서의 혼란을 가진 정신병으로써 조증, 우울증, 조울증 등이 여기에 속한다.

정서적 단절(emotional cut-off)

원가족의 투사과정에 많이 개입된 가족원이 원가족과의 접촉에서 생기는 불안을 줄이기 위해 원가족과의 접촉을 끊는 행위로 부모와의 미해결된 융화에 대한 과장된 독립성의 표현이다.

정서지능(emotional intelligence)

자신과 타인의 정서를 잘 파악하고, 자신의 정서를 분명하게 표현하며, 자신과 타인의 정서를 조절할 수 있는 능력을 의미한다.

정신병(psychosis)

사고 과정의 와해, 정서혼란, 시간, 장소, 사람에 대한 방향감각의 상실, 때로는 망상과 환상의 특징을 지닌 심한 정신질환.

정신분석치료(psychoanalysis)

치료자가 내담자의 억압된 무의식적 갈등을 의식화시켜줌으로써 내담자의 갈등을 해결해 주는 치료로써 자유연상, 해석, 꿈의 분석, 저항분석, 전이 분석을 사용한다.

정신분열병(schizophrenia)

심리적 기능 손상이 매우 심한 심리장애로써 사고 내용에서의 망상과 지각장애, 연상의 이완이나 와해된 사고, 와해된 행동이나 감정표현의 장애가 나타난다.

정신역동(psychodynamics)

태도, 행동, 증상 또는 정신장애와 같은 특정한 심리적 사건 또는 상태를 일으키는 의식적이거나 무의식적인 동기적 힘의 양상을 말한다. 이런 힘들은 욕동, 욕망, 감정 그리고 방어기전과 또 공복이나 성과 같은 생물학적 욕구를 포함한다.

정신연령(mental age)

발달수준이 정상적이라고 판단되는 생활연령의 단위로 정신적인 발달이 표현되는 수준.

정신위생(mental hygiene)

정신건강을 유지하고 또 증진시키는 데 필요한 적합한 지식 및 연구 활동. 환자로 하여금 정신장애를 극복하도록 돕거나 환경에 잘 적응할 수 있도록 하는 것들을 포함한다.

정열소진 증후군, 탈진 증후군(burnout syndrome)

일에 자신의 에너지를 다 쏟아붓다가 어느 순간 일로부터 자신이 소외당하면서 겪는 심리적, 행동적 증상들을 '정열 소진 증후군' 또는 '탈진 증후군'이라고 한다.

정적 강화(positive reinforcement)

먹이와 같이 반응 뒤에 이것이 주어지면 반응의 빈도가 증가되는 것이다.

정화(catharsis)

직접적, 간접적인 표현을 통해 충동 및 고조된 정서 상태를 감소시키는 것. 보통 언어적 토로나 환상적인 표현을 사용한다.

제반응(abreaction)

브로이어(J.Breuer)에 의해 시작된 치료방법의 하나로써 환자는 무의식 속에 억압되어 있어 고통스러운 경험을 상기하거나 또는 재연함으로써 그러한 경험과 결부되어 있던 억압된 감정을 방출하고 긴장감에서 해방되는 것이다. 제반응은 의식적으로 억압되어 있던 내용이 표현되는 고백과는 구별해서 생각하는 것이 상례이지만 임상적으로는 동시에 일어나는 경우가 흔하기 때문에 구별하기가 곤란할 때가 많다. 대개는 언어를 중심으로 한 표현이 사용되지만 눈물을 흘린다거나 몸부림을 친다거나, 기타의 신체적인 반응과 운동과 같은 신체표현을 수반하는 경우가 흔하다. 이 과정에서 치료자는 환자의 표현에 대해 옳고 그름을 지적하거나 비판을 해서는 안 되며, 수용적인 태도로 받아들이는 것이 중요하다. 또한, 환자의 자아기능 상태를 고려해서 환자의 자아가 감당하기 힘들 정도로 한꺼번에 억압된 내용을 표출시키게 해서는 안 된다.

조건형성(conditioning)

조건반응(자극과 또 다른 자극, 반응의 연합)이 학습되는 과정으로 고전적 조건형성과 조건적 조건형성이 있다.

조울증(manic-depressive psychosis)

정서 및 기분의 주기적 변화가 특징인 심한 정신질환. 조증 상태에서는 과대흥분, 고조된 기분, 지나친 운동, 사고의 도약 등이 나타나고 우울 상태에서는 우울, 소극성, 둔감성, 사고의 부진, 불안, 슬픔, 자살충동 등이 나타난다.

조작적 조건화(operant conditioning)

특정 행동의 결과를 체계적으로 조작함으로써 이 행동의 발생빈도가 증가 또는 감소되는 현상. 상담과정에서 내담자가 바람직한 행동을 했을 때 그 행동에 대해 상담자가 관심이나 찬성을 표현하면 그런 행동 유형을 계속하게 된다.

조정망상(idea of control)

자신이 타인에 의해서 또는 미지의 존재에 의해 조종당한다는 망상이다. 또는 남들이 자기 생각을 읽고 있다고 믿는 것으로 자기 생각이 다른 사람들에게 알려진다는 사고전파(thought broadcasting), 또한 자기 생각은 자신의 것이 아니라 다른 사람이 자신의 머릿속에 생각을 집어넣고 있다는 망상으로 사고흡입(thought insertion), 타인에 의해 생각이 빼앗긴다는 사고탈취(thought withdrawal) 등이 조정망상에 포함된다.

조증 삽화(manic episode)

비정상적으로 의기양양하고 과대적이거나 과민한 기분이 적어도 1주일간 지속되는 상태이다.

좌절(frustration)

목표 지향적 행동에 대한 방해나 그 결과로 생긴 긴장되고 불안한 상태.

죄업망상(delusion of sin)

자신의 건강, 사회적 지위, 가정의 미래, 사업의 장래성 등 모든 것이 절망적이라고 확신하면서 이러한 모든 불행의 원인이 자신이 큰 죄를 지었기 때문이라고 믿는 증상. 현실적 여건과는 맞지 않게 일정 기간 조증과 우울증 상태를 반복하는 과정에서 우울증의 형태로 나타나는 사고장애에 해당한다. 우울증의 사고 내용 장애는 주로 우울 감정의 결과로 발생한다.

주제통각 검사(Thematic Apperception Test: TAT)

개인의 내면적 요구– 압력관계를 비롯한 여러 가지 심리적 역동관계를 분석, 진단, 해석하는 검사. 여러 그림을 보고 떠오르는 대로 이야기를 엮어가도록 하는 검사.

주지화(intellectualization)

무의식적 갈등과 이에 수반하는 거북한 감정에 대한 대결을 지성을 사용하여 피하고자 하는 기전이다. 즉, 감정과 욕동을 직접 의식하거나 해방시키는 대신에 그것들에 대한 지적 인식, 논리적 사고, 또는 그것들에 관한 지식의 획득과 전달 등의 지적 태도로써 그것들을 조절하고자 하는 자아의 방어활동을 말한다. 이 기전은 안나 프로이트에 의하여 청소년기에 특히 활발하게 사용되는 자아의 방어기전으로써 주목되었다. 일반적으로 청소년들은 성욕에 대해서 그 욕동과 정서를 억압하고 그로부터 격리된 관념의 인식과 지식의 획득 등과 같은 지적 활동에 의하여 성욕을 조절하고자 하게 된다. 즉, 주지화는 본래 갈등 밖의 자아영역에 있는 자아의 기전인 지성을 방어기전으로 전용하는 자아의 활동으로써 일정한 지적 능력의 발달을 전제로 하며, 그와 더불어 욕동과 감정을 관념과 격리시킴으로써 적용되는 기전이어서 쉐퍼는 주지화란 격리의 보편적 형태라고 보고 있다. 따라서 주지화는 욕동과 감정의 직접적인 해방을 억제하는 경향을 가지고 있지만, 한편으로는 주지화 과정 자체가 방어된 욕동의 대리 만족의 의미를 가지게 되기도 한다. 즉, 주지화는 공격성과 성욕을 사회적으로 해방시키는 승화(sublimation)의 의미를 가지는 경우가 많다.

지남력 장애(disorientation)

환경을 이해하고 그에 대해 자신의 위치를 파악하는 것을 지남력이라 한다. 여기에는 시간, 장소 또는 상황, 타인과의 관계 등 세 가지 분야가 있으며, 현재의 때와 장소 또는 만나고 있는 사람에 대해 모르거나 잘 알지 못할 때 지남력 장애가 있다고 한다. 대개 기억, 주의, 지각에 장애가 있을 때 나타나며 뇌증후군, 심한 정신병, 격한 감정 상태에 있을 때 흔히 볼 수 있다.

지시적 치료(directive therapy)

비지시적 치료방법과 반대되는 개념으로 상담자가 직접적이고 적극적으로 내담자와의 문제해결에 참여하는 방법.

지지치료(supportive therapy)

① 내담자에게 충고나 용기를 주며 일련의 행동방향을 제시해 주고 내담자가 한 일과 장차 하려고 하는 것에 대해 확신을 높여주는 치료이다. ② 이 치료법은 내담자가 고통스러워하는 시기에 특히 적절하며, 증세가 가볍거나 일시적인 장애를 치료하는 데 효과적이다. ③ 통찰치료와 대비되는 치료.

직면(confrontation)

내담자가 스스로 인식하고 있지 못하거나 인정하기를 거부하는 내담자의 생각이나 감정에 주의를 집중시키는 상담기법.

직업상담(vocational counseling)

생애의 설계, 진로의 결정 및 직업 선정의 문제를 주로 다룬다. 내담자의 적성, 능력, 흥미, 포부, 자질과 함께 취업에 필요한 지식, 성공조건, 보상, 기회, 전망 등을 고려한다.

진지성(genuineness)

내담자와의 관계에서 상담자의 경험이나 감정을 솔직하게 표현하는 것. 상담자가 방어를 줄이고 개방적인 태도를 보이는 것으로 일치성과 비슷한 의미로 쓰인다.

집단 무의식(collective unconsciousness)

종족 경험을 통해 모든 인간에게 공통적으로 전해 내려오는 무의식의 일종.

집단상담(group counseling)

상담 또는 심리치료의 집단적 접근으로써 집단 속의 내담자들은 상담자의 인도 아래 개인 문제를 토의한다. 타인의 문제가 어떻게 해결되었는가를 들음으로써 정화 및 모방학습의 치료효과가 있다. 심리극은 집단치료의 특수한 형태이다.

집단역동(group dynamic)

① 집단 내의 대인관계의 형태와 집단 구조의 발달과 기능을 요구하는 분야 ② 집단 내의 원인– 결과 관계의 탐구 ③ 집단 역동은 응집력, 통솔력, 의사결정, 하위집단의 형성 및 이들 간의 상호관계를 포함한다.

착각(illusion)

감각기관을 잘못 해석하여 지각하는 것. 착각은 강한 감정, 욕구, 충동 때문에 투사에 의해 일어난다. 예를 들어, 죄책감이 심하면 바람 소리도 자기를 비난하는 소리로 듣는다. 뇌증후군에서 보는 착각은 신경전달의 착오 때문이다. 또한, 격한 격노 상태, 절박한 욕망과 충동 등 심리적인 혼란 상태에서도 착각이 생길 수 있다.

체계이론(systems theory)

세계를 모든 현상의 상호 연관성과 상호 의존성으로 파악하는 이론으로써 일반체계이론과 사이버네틱스로 구체화된다.

체계적 둔감법(systemic desensitization)

체계적 둔감법은 특정한 상황이나 상상에 조건 형성된 공포 및 불안 반응을 극복하도록 할 때 이용된다. 불안과 양립할 수 없는 이완반응을 끌어낸 다음 불안을 일으키는 경험을 상상하게 함으로써 불안 유발 자극의 위력을 약화시키는 방법이다. 상상적으로 극복한 불안을 실생활에 처해보는 단계적인 훈련을 병용하면 더욱 효과적이다. 이 방법은 대인관계 불안, 시험 불안, 신경증적 불안, 광장공포증, 일반 공포증 등을 제거하는 데 매우 효과적이다.

초자아(superego)

① 부모 특히 아버지로부터 영향을 받은 도덕 기준의 억제행동 등이 합쳐서 발달하는 성격의 일부로써 자아와 원초아의 활동을 자제하는 역할을 함. ② 야심의 세계와 밀접히 관련되며 어린 시절에 수립된 이상을 추구할 수 있도록 돕는다.

최면(hypnosis)

암시에 의하여 이완상태를 일어나게 하고 어느 하나의 사물에 주의를 집중케 하여 몽환상태에 빠지도록 하는 것을 말한다. 이 몽환(trance)상태를 최면상태라고 한다. 아직 그 본질은 확실히 밝혀져 있지 않지만 이 최면상태 하에서는 피암시성이 항진되기 때문에 감각, 지각, 운동, 기억, 사고 및 감정 등이 각성 시와는 다른 특이한 형태로 나타나기 쉽다. 몽환상태를 일으키기 위해서 여러 가지 종류의 암시조작이 사용되는데, 이런 조작을 최면유도법 또는 최면법이라고 한다. 즉, 최면이라는 용어는 조작기법을 말하는 경우와 그 기법에 의하여 일어난 상태를 의미하는 경우가 있다. 최면으로 유도하기 위해서는 첫째, 최면에 대한 불안과 오해를 해소시킴으로써 최면을 받고자 하는 동기가 생기게끔 한다. 둘째, 최면술자와 최면을 받고자 하는 사람의 사이에 마음이 통하게끔 하여야 한다. 셋째, 심신을 이완시켜야 한다. 넷째, 눈앞에 놓인 조그마한 빛나는 물체, 메트로놈의 소리 또는 어떤 상과 같은 일정한 사물에 주의를 집중시키게끔 할 필요가 있다. 다섯째, '눈이 감긴다', '손이 올라간다'는 등의 말을 통하여 언어적 암시를 주어야 한다. 이런 조작에 의하여 대부분의 사람이 최면상태에 빠지게 되며 특히 아동, 즉 7세에서 14세 사이의 연령층은 최면감수성이 더욱 높다.

추동(drive)

① 유기체의 각성된 목표 지향적 경향성, 추동은 결핍이나 고통을 일으키는 유해한 상태에서 발생하며, 추동과 관련된 행동은 이러한 상태에서 벗어나는 방향으로 움직인다. ② 행동이나 활동적인 투쟁에 대한 추진력을 뜻하는 용어로서 보통 동기 및 요구와 동의어로 쓰인다.

충격요법(shock therapy)

경련 또는 혼수상태를 일으키는 충격적 자극에 의해 행동장애를 감소시키는 치료법, 인슐린, 메트라졸 뇌의 전기충격 등이 활용된다.

충동(impulse)

① 원초아나 본능적 힘에 의해 움직이는 힘 ② 행동에의 갑작스러운 움직임.

치료적 동맹(therapeutic alliance)

환자를 이해하기 위한 치료자의 능력과 환자의 성숙하고 합리적이며, 관찰적 입장에 있는 자아와 연대(합)하는 것을 의미한다. 치료자는 환자의 고통을 이해하며 환자가 어떠한 이야기를 하더라도 참고 수용한다는 지지적인 태도를 견지해야 한다. 환자의 비언어적 표현을 잘 이해할 수 있어야 한다. 좋은 환자- 치료자 관계에서는 환자는 의사를 신뢰하여 마음의 가장 비밀스러운 내용까지도 얘기할 수 있게 된다. 치료자는 정신건강에 대한 전문가로서 환자와 좋은 협력관계를 이루어야 하며, 동시에 자신과 환자와의 관계를 객관적으로 관찰할 수 있어야 한다. 즉, 면담 중 치료자는 참여하는 관찰자(participant observer)의 입장을 취할 필요가 있다. 환자가 얘기하는 것이나 행동에 대해 항상 동참하되 객관성의 유지가 필요하다. 필요한 면담기술은 치료자의 인격 수준에 따라 다르지만 스스로를 철저하게 검토하면서 환자와의 끊임없는 다양한 실제 경험을 통하여 훈련 습득될 수 있다. 치료자는 환자와의 면담을 통하여 질환의 양상, 증상의 특징과 그 원인을 밝히고 환자의 인격과 인생사와의 관계를 이해해야 한다. 병력은 하나의 역사라는 관점에서 모든 자료와 그 발전과정이 생생한 내용으로 기술되어야 한다. 처음부터 개인력이나 가족력을 자세히 묻는 것보다 현재 증상부터 물어가는 것이 적절하다. 직접적으로 묻기도 하고 환자가 스스로 자기의 얘기를 해나가도록 하기도 하여 균형을 취해야 한다. 유도하는 질문이나 대화를 중단시키는 질문은 피해야 한다. 그러나 너무 일반화 시키려는 데 대해서는 특정한 실제의 예를 묻는다거나 의문이나 논평을 가하여 진술경향을 바꿈으로써 면담을 잘 이끌어 나가야 한다.

침묵효과(mum effect)

다른 사람들에게 나쁜 소식을 함구하고 전달하지 않으려는 현상을 '침묵효과'라고 한다.

카인 콤플렉스(Cain complex)

부모의 사랑을 더 차지하기 위해 형제간에 나타나는 심리적 갈등이나 적대감, 경쟁심.

크레스피 효과(Crespi effect)

낮은 보상에서 높은 보상으로 변하는 것은 수행을 촉진시키지만, 높은 보상에서 낮은 보상으로 변하는 것은 수행을 급격히 떨어뜨린다. 이렇게 보상의 방향에 따라 수행이 급격히 변하는 현상을 연구자의 이름을 따서 '크레스피 효과'라고 한다.

클라인펠터 증후군(Kleinfelter's syndrome)

여성의 성염색체가 하나 더 있어서 발달과 생식 능력에 장애를 초래하는 현상.

탈인격화(depersonalization)

인간이 자신의 정체감을 잃었다는 느낌. 정신분열증이나 심한 피로 및 우울증 상태에서 특히 나타나는 느낌이다.

탈개인화(deindividuation)

집단 내에서 구성원들이 개인의 정체성을 상실하고 자신의 평소 행위 기준에 어긋나는 행동들에 대한 개인적 정체감과 책임감을 상실하여 집단 행위에 민감해지는 현상이다.

토로(carharsis)

마음에 오랫동안 쌓인 정신적 고통과 번뇌를 상대에게 해소하는 과정을 가리킨다. 상담에서 상담자에게 토로하는 것은 내담자에게 매우 커다란 정신적 해방감을 준다.

통찰(insight)

① 문제 해결적 학습상황에서 관계성의 이해를 바탕으로 한 갑작스러운 해결. ② 환자가 의식하지 못했거나 잘 모르던 동기, 관계, 느낌, 추동 등의 문제를 통찰하게 함으로써 치료적 효과를 보는 것을 통찰 치료라 한다.

통찰학습(insight learning)

문제 상황에서 문제의 요소들을 재구성함으로써 갑작스럽게 문제 해결이 이루어지는 통찰을 통해 이루어지는 학습이다.

통합섭취(incorporation)

타인의 태도와 속성을 자신의 일부분으로 둔화시키는 것을 말한다. 정신분석학에서는 동일시와 투입(introjection)의 가장 초기의 형태 그리고 외부현실에 대한 가장 원시적인 인식을 의미한다. 이 기전은 어머니의 젖을 먹는 과정에서 유아가 어머니의 유방 또는 어머니 전체가 자기의 일부분이 되는 것 같은 느낌을 가지거나 또는 공상을 하는 과정에서, 즉 구순기에서 맨 처음 나타난다. 이 기전은 젖꼭지가 대상이 되는 가장 초기의 성 활동의 표현으로 생각되고 있다.

통합적 문제 중심치료 모델(integrative problem-centered therapy)

핀소프에 의해 개발되었으며, 상호구성주의, 체계이론, 상호인과 관계를 기본적인 이론의 틀로 하며 개인치료와 가족치료를 유기적으로 통합한 모델이다.

퇴행(regression)

① 좌절에 직면했을 때 행동발달의 이전 형태 또는 더 원시적인 형태로 후퇴함. ② 이전의 발달단계 수준으로 되돌아가는 것.

투사(projection)

자신의 속성을 다른 사람에게 전가시킴으로써 자신의 바람직하지 않은 속성을 자각하지 않으려는 방어기제.

투사법(projective technique)

애매한 자극제나 자료에 대한 지각적, 상상적 반응을 통해 피검사자의 욕구체계 및 성격기능을 탐색하는 검사, 가장 보편적으로 쓰이는 검사에는 로르샤하 검사와 주제통각 검사가 있다.

투입(introjection)

타인 또는 타 집단의 규범과 가치관을 자기 자신의 인격 내부로 섭취하는 과정을 말한다. 예를 들자면, 아동들이 부모의 태도를 받아들이고 청소년들이 그들 친구들의 행동을 받아들이는 것을 말한다. 투사(projection)의 반대이며, 의식적으로 용납할 수 없는 적개심에 대한 방어의 역할도 한다.

티 그룹(t-group)

실험적 집단 분위기에서의 상호작용적 관계를 통해 자기인식과 타인 행동에 대한 감수성을 증가시키는 집단훈련이다. 훈련기간이 짧고 자발적인 참여가 없으면 정서적 위기나 성격장애를 경험하고 있는 사람에게는 도움이 적은 훈련방식이다.

파랑새 증후군(blue bird syndrome)

변화의 적응에 어려움을 겪는 직장인에게서 나타나는 대표적인 부적응 현상 혹은 신경증의 일종으로, 현실생활에 만족하지 못하고 관심을 기울이지 못하는 반면, 미래의 행복 혹은 새로운 이상만을 추구하는 병적 증상.

페르조나(persona)

집단정신에서 빌려온 판단과 행동의 틀. 집단이 개인에 대하여 요구하는 도리, 본분, 역할, 사회적 의미, 혹은 그 집단 속에서라면 누구나 그렇게 생각하고 행동해야 할 여러 가지 유형을 말한다. 개인은 페르조나를 배우고 여러 가지 페르조나를 번갈아 쓰면서 사회 속에서 살아간다. 그러나 페르조나는 어떤 특정한 사회 집단 안에서만 통용되는 화폐처럼 집단 밖에서는 인정받지 못하는 경우도 있다는 측면에서 인간의 보편적이고 원초적인 행동유형과 반드시 일치하는 것은 아니다.

편집증 성격장애(paranoid personality disorder)

의심이 많고 고집이 세며, 음흉하고 완고하다. 또한, 규율에 대해 화를 내며 외롭고 불안전하다고 불행한 생각에 빠져 지내는 성격장애이다.

편집증(paranoia)

고도의 체계화된 피해망상이나 과대망상을 가지나 성격적 퇴화는 적은 것이 특징이며 정신적 망상은 없다.

폭식(binge eating)

2시간 이내에 대부분의 다른 사람들이 동일한 상황에서 먹는 것보다 더 많이 음식을 먹고, 먹는 데 대한 조절능력이 상실된 상태.

표상(representation)

각종 자극에 대한 정보들이 부호화되어 기억에 저장되는 것.

품행장애(conduct disorder)

사회화된 공격성 행위 장애의 경우와 내용과 양상은 같지만 비사회화 되었기 때문에 타인과의 정상적인 정도의 애정, 감정이입 또는 결속을 교환할 수 없는 것이다. 행실장애의 기본 양상은 소아의 행동이 반복적, 지속적으로 다른 사람의 기본 권리를 침해하거나 나이에 맞는 사회적 규범이나 규율을 위반하는 것을 말한다. 이런 행동은 최소한 6개월 동안 지속되어야 행실장애의 진단을 내릴 수 있다.

피그말리온 효과(Pygmalion effect)

피그말리온이라는 사람이 자기가 만든 여자 조각상을 너무도 사랑했기 때문에 그 조각이 진짜 여자가 되었다고 해서 나온 말로, 긍정적으로 기대하면 그 기대에 부응하는 행동을 하게 된다는 것이다.

피드백(feedback)

체계의 어떤 과정이나 행동의 결과(output)에 대한 정보를 그 근원(input)에 전달하는 과정으로써, 부적(negative)피드백은 체계의 안정성을 유지하는 방향으로의 피드백을 말하고, 정적(positive)피드백은 체계를 변화시키려는 방향으로의 피드백을 말한다.

피터팬 증후군(peter pan syndrome)

어렸을 때부터 부모님이 지나치게 모든 것을 다 해준 아이의 경우 어린 시절에 만족해 다음 발달단계로 넘어가지 못하는 경우가 종종 있다. 한 발달단계에서 다음 발달단계로 넘어가지 못하는 현상을 '고착'이라고 한다. 고착이 일어나면 몸은 커지는 데 반해 심리적 발달은 제자리걸음을 한다. 마치 동화 속에 나오는 피터팬이 어린이에 만족하면서 다음 발달단계로 넘어가지 않으려는 현상을 말한다.

피해망상(delusion of persecution)

누군가 자신을 해치려 한다는 망상으로 대개 자신의 증오, 공격성이 투사(projection)된 결과이다. 추적당하고 있다는 추적망상, 감시 내지 관찰 당하고 있다는 망상, 독약이 들어있다는 피독 망상 등도 이에 속한다. 때때로 과대망상과 복합되어 나타나기도 한다. 그 예로 자신이 신의 아들이기 때문에 박해당하고 있다고 믿는 것. 사회에 적응을 잘하지 못하는 자신의 어떤 속성에 대한 민감한 자기 불만 같은 것이 외계에 투사되어 주위 사람들이 자기를 못마땅하게 생각하는 것으로, 즉 증오하는 것으로 생각하게 되는 경우가 있다. 피해망상 형성은 현실 판단을 그릇된 방향으로 이끌기 쉬운 투사(projection)라는 정신방어기전에 의하여 조장된다. 즉, 피해망상증 환자가 다른 사람이 자기를 미워하고 또 공격한다고 믿고 있는 것은 바로 그의 무의식 세계에 남을 미워하고 공격하려는 경향이 있음을 말해주는 것이다.

학교상담자(school counselor)

학교에서 교육 관계자들이나 학생들에게 상담을 해 주는 전문가.

학습 딜레마(learning dilemma)

시도와 실패라는 시행착오를 통해 새로운 해결책을 찾아내고 좀 더 넓고 깊게 세상을 보면서 세상을 배워나가는 원리.

학습(learning)

연습 및 경험의 결과로 나타나는 비교적 영속적인 행동의 변화. 성숙이나 신체기관의 일시적인 조건(피로, 약물의 영향 등)에 의한 행동변화는 포함하지 않는다.

함구증(mutism)

실어증도 없고 구음근의 장애도 없는데 입을 다물고 말하지 않는 상태를 말하며, 무언증이라고도 한다. 정신분열에서는 의욕의 감퇴로써 혼미상태인 경우에 감동이나 거부증도 함께 나타난다. 우울증에서는 사고 및 의욕의 제지가 강한 경우에 혼미가 되어 이 상태를 나타낸다. 히스테리에서도 볼 수 있는데 입을 움직이는데 목소리가 나오지 않는 것도 있다(실성). 뇌의 기질 질환에 따른 무동성 무언증(akinetic mutism)이라는 특유한 상태도 있다.

합리적-정서적 치료(rational-emotive therapy)

엘리스가 1960년대에 발전시킨 성격치료 이론. 내담자의 비합리적 생활태도, 사고방식, 철학이 정서적 증상이나 문제 밑에 깔려있으므로 이 비합리적 사고를 합리적인 것으로 바꾸어주면 합리적인 행동이 따른다는 것이다. 인간은 스스로를 통제할 수 있으며, 생각이 오히려 감정을 지배한다는 논리를 전제로 하며 지정요법이라고도 한다.

합리화(rationalization)

① 실제의 이유 대신에 그럴듯하거나 사회적으로 받아들여질 수 있는 이유를 댐으로써 자신의 행위를 정당화하는 방어기제. ② 현상에 대한 이유를 설명하거나 해석하는 절차.

해결 중심적 대화(solution talk)

과거와 현재의 성공사례에 초점을 두는 해결중심 모델의 치료적 대화이며, 문제에 초점을 두는 대화에서 해결에 초점을 두는 대화로의 이동을 목적으로 한다.

해리상태(dissociated state)

마음을 편치 않게 하는 근원인 성격의 일부가 그 사람의 의식적 지배를 벗어나 마치 하나의 다른 독립된 성격인 것처럼 행동하는 경우이다. 즉, 인격의 부분들 간에 의사소통이 잘 이뤄지지 않을 때 괴롭고 갈등을 느끼는 인격의 일부분을 인격의 다른 부분과 분리시키는 기제이다. 예로써, 이중인격 또는 다중인격 '지킬박사와 하이드'에게서 볼 수 있다. 이 경우 한 성격은 보수적이고 도덕적이며, 다른 한 성격은 거칠고 충동적이며 쾌락을 추구하는 것이 대개의 법칙이다. 그밖에 몽유증, 잠꼬대, 건망증, 둔주 등을 들 수 있다.

해마(hippocampus)

인간의 뇌에서 기억의 저장과 상기에 중요한 역할을 하는 기관으로, 뇌의 변연계 안에 있다. 변연계(limbic system)는 인지와 감정의 조절기능, 다양한 감각자극의 통합과 연합, 환경적 맥락의 파악과 분석, 자극검색 및 원초적 욕구와 감정의 생성 제어 정신기능들을 관장한다.

해석(interpretation)

내담자가 자기의 문제를 새로운 각도에서 이해하도록 그의 생활경험과 행동의 의미를 설명해 주는 것이다. 내담자가 부분적으로 또는 전체적으로 의식하지 못했던 것을 지적 이해시키고 무의식적인 동기 등을 의식화시키는 데 치료적인 의도가 있다. 해석기법의 종류로는 명료화 해석, 비교해석, 원망- 방어의 해석이 있다.

해체형 정신분열병(schizophrenia disorganized type)

와해된 언어와 행동 그리고 둔마되거나 부적절한 행동이 현저한 정신분열병. 이때 긴장성 증상이 없어야 한다.

행동발산(acting out)

심리치료나 정신분석과정에서 내담자가 의식 수준에 접근된 과거에 억압했던 충동을 자기도 모르게 행동으로 나타내는 것. 흔히 아동기 행동양식의 상징으로 나타나며 상담자에 대한 전이감정도 그 한 예이다.

행동 수정(behavior modification)

고전적 조작적 조건형성 등의 학습 원리를 이용하여 행동상의 문제를 변화시키려고 하는 심리치료의 한 가지 형태 체계적 둔감법, 보상 치료 자기표현 훈련 등이 그 주요 방법이다.

행동장애(behavior disorder)

① 신경증적 반응, 정신병적 반응, 성격장애, 만성적 뇌증후로 나타나는 행동 등을 포함하는 용어로 정신장애나 정신 불건강과 비슷한 개념. ② 행동이 기능적인 면에서 비정상일 때 쓰이는 개념.

행동조성(behavior shaping)

목표행동에 접근하는 행동을 점진적으로 보강함으로써 행동을 습득시키는 과정.

행동주의(behaviorism)

심리학의 행동을 연구하는 학문으로 정의하고 연구 자료를 관찰할 수 있는 대상에 한정시킨 학파. 의식 및 정신구조에 대한 언급을 배격한 왓슨이 처음 주장하여 1930년대까지 심리학의 주요학파로 군림했다. 오늘날에는 조건형성의 원리를 주 연구영역으로 삼고 있는 행동주의적 심리학자들이 있을 뿐이며, 스키너가 왓슨의 전통을 가장 많이 계승했다고 볼 수 있다.

허무망상(nihilistic delusion)

자신은 죽었다, 뇌가 없다는 등의 망상. 이러한 우울한 내용의 망상들은 죄의식, 자존심 손상, 자기 징벌, 적개심 등이 투사된 결과이다. 즉, 죄악망상은 좋지 않은, 사회적으로 용납받을 수 없는 방법으로 남보다 돋보이는 자리를 차지하게 되었다는 느낌을 가지게 하는 심리적 요소가 '나 같은 죄 많은 놈은 죽어 마땅하다.'라는 등의 망상을 일으키게 한다.

현상학(phenomenology)

자세한 설명이나 요소, 주의적 분석이 없이 인간 경험이나 행동현상을 연구하는 것. ① 현상이나 사건을 경험되는 즉시 해석 없이 연구하는 것. ② 선험적 주관이 즉각적인 경험이라는 철학적 이론.

현실검증(reality testing)

외부세계에 대한 객관적인 평가와 판단을 포함하는 자아의 기본적 기능.

현실원칙(reality principle)

① 개인의 적응과정에서 성취 가능한 목표를 세우고 갈등제거 및 욕구충족을 위한 실용적 방법을 발견한다는 행동원리. ② 주위 환경의 요구에 대한 자각과 사회적 요구의 순응 필요성을 자각하는 자아의 기능이다.

혐오치료(aversion therapy)

어떤 공포를 제거하기 위해 조건형성 원리를 이용하는 것이 아니라 해로운 상황을 피하게 하기 위해 공포를 학습시키는 치료방법. 바람직하지 않은 행동을 하면 혐오적인 자극을 주는 방법을 사용하는 행동치료법이다.

협소공포(claustrophobia)

좁은 장소에 갇히게 된다거나 하는 따위의 주위가 모두 막혀있는 장소에서 경험하는 공포증으로 불안장애에서 흔히 볼 수 있다. 심할 때는 공황장애로까지 발전한다. 광장공포증(agoraphobia)과는 그 불안발작의 양상이 유사한 점이 많고, 또 동일 환자에게서 이 두 가지 공포증이 동시에 나타나는 경우도 적지 않다.

혼재성 삽화(mixed episode)

조증삽화와 주요 우울증 삽화의 증상이 동반되면서 빠르게 교차되는 기분을 경험하는 경우를 말하며 1주 이상 지속된다.

환각(hallucination)

감각 양상에 대한 정상적인 신체 자극 없이 실제의 감각적 자극들이 느껴진다고 주관적으로 받아들이는 지각경험. 환각은 정신적 혼란의 고전적인 지표이자 정신분열증과 같은 여러 장애의 주요증상으로 간주된다. 그래서 이 용어는 기타의 '지각오류들(false perception)'과는 보통 구분되어 사용된다. '지각오류들'이란 정상적으로 일어나는 과정으로서, 선잠이 들려고 할 때(입면상태, hypnogogic)나 잠에서 막 깨어날 때(출면상태, hypnopompic), 혹은 생생한 종교적 체험을 할 때 드물게 볼 수 있는 이미지들을 말한다.

환기(ventilation)

가정이나 직장생활을 통하여 발생한 여러 가지 갈등이나 불안, 의문, 충동성 및 죄악감을 치료자에게 속 시원히 털어놓음으로써 불만이 해소되거나 긴장이 풀리게 하는 치료법이다. 선생님이나 선배와의 우정 어린 대화나 각 종교의식의 기도나 고백 행위가 이에 부합된다고 본다.

환상(fantasy)

현실에서 충족시킬 수 없는 욕구와 소망을 만족시켜주는 상상의 반의식적 과정으로 나타나는 자아 방어기제. 일종의 백일몽(daydreaming)으로 자신에게 충족되지 못한 욕망이 직접적으로 또는 간접적으로 충족되는 비현실적인 세계를 생각하거나, 상상하는 과정 또는 그러한 꿈을 말한다. 몽상이나 환상과는 달리 비현실적 관념, 표상의 수동적인 계열적 과정이며 반드시 도피적인 의미를 갖지 않는다.

환청(auditory hallucinations)

소리에 대한 지각과 관련되는 환각으로 대부분 음성을 지각한다. 의식이 명료한 상태에서 환청이 있는 경우는 정신분열증이나 정동장애에서 흔히 볼 수 있으며, 의식이 혼탁한 상태에서 환청이 있는 경우는 기질성 뇌증후군을 의심하게 한다.

화병(hwa-byung)

분노를 억제함으로써 불면, 피로, 공황에 대한 두려움, 우울한 감정, 소화불량, 식욕부진, 호흡곤란, 빈맥, 전신 동통 및 상복부에 덩어리가 있는 듯한 느낌 등의 증상을 나타내는 한국문화 특징적 장애이다.

회피성 성격장애(avoidant personality disorder)

사회적 위축, 부적절함, 자신의 부정적 평가에 대한 과민성이 주 증상으로 대인접촉이 많은 학교나 직장생활을 피한다.

효과의 법칙(law of effect)

반응 후 보상이 오면 그 반응이 반복되고 반응 후 불만족스러운 결과가 오면 반응이 사라지는 경향. 즉, 반응이 일어날 확률은 그 반응이 환경에서 초래하는 효과에 달려있는 현상이다.

후광 효과(halo effect)

어떤 대상이나 사람에 대한 일반적인 견해가 그 대상이나 사람의 구체적인 특성을 평가하는데 영향을 미치는 현상을 말한다.

훈습(work through)

정신 분석치료에 있어서 환자가 인지한 저항을 좀 더 숙지시키고 반복 강박의 지배로부터 해방시켜 주는 심리적 작업을 말한다. 이 작업을 하지 않으면 통찰은 지적인 단계에 머물고, 경험적인 확신으로까지 도달하지 못한다. 프로이드에 의하면 정신분석자가 환자의 저항을 지적하고 해석해 주는 것만으로는 저항을 포기하게끔 할 수는 없다는 것이다. 이 해석을 진정으로 받아들이고 동화한다는 것은 환자에게 상당한 시간이 걸리는 힘든 과제이며, 정신분석자의 입장에서도 상당한 인내가 필요한 작업이다. 프로이트는 환자의 자아가 그 저항을 버리고자 결심을 하고 나서도 억압을 해소시키는 것에 대해 상당히 힘겨워 하기 때문에 이 훌륭한 결심을 하고 나서의 마무리라고 할 수 있는 계속적인 노력의 시기가 필요함을 지적하고 있다. 그것은 자아의 저항이 없어지고 나서도 이드(id)로부터 유래하는 반복 강박의 힘이 계속 작용하기 때문이며, 이런 의미에서의 철저한 작업은 이드저항을 목표로 해서 진행하게 된다.

히스테리(hysteria)

자궁을 뜻하는 그리스어에서 온 용어로 히스테리는 한때 여성 고유의 질환으로 여겨지기도 했다. 정신의학에서는 이 용어를 신경적 행동을 일컬을 때 쓰게 되었다. 그런 행동에서는 마비나 경련 등과 같은 생리적 증상이 생리학적 장애보다는 심리적 장애로부터 비롯된다. 공포증, 즉 극도의 신경적 불안증세 역시 히스테리의 하나이다. 융은 히스테리 증상이 환자 개인의 백그라운드에 억압된 기억의 부활에서 생겨나며, 그에 따라 정신적 에너지, 특히 성적 에너지를 잘못된 곳에 보내게 된다는 프로이트의 해석에 동의했다. 증상의 형태는 심리적 문제의 본성에 대한 하나의 상징인 것이다.
